GÜNTER BEHM-BLANCKE

HÖHLEN
HEILIGTÜMER
KANNIBALEN

GÜNTER BEHM-BLANCKE

HÖHLEN HEILIGTÜMER KANNIBALEN

ARCHÄOLOGISCHE FORSCHUNGEN IM KYFFHÄUSER

DINGSDA-VERLAG

Herausgegeben von Joachim Jahns

Mit 40 Bildtafeln und 3 Karten

1. Auflage 2005

Chopinstraße 11a, 04103 Leipzig
Internet: www.dingsda-verlag.com

Umschlaggestaltung: Klaus Nitsch
Titelzeichnung der Radnadel: Juliane Jahns
Wissenschaftliche Zeichnungen: Praßler, Roscher
Fotos: Goertz, Gonsior
Frontispiz: Prof. Dr. Günter Behm-Blancke mit der „Kleinen Göttin"
aus dem Opfermoor Oberdorla
Bildnachweis: Landesamt für Archäologie, Weimar
Erstveröffentlichung: Leipzig 1958
Druck und Binden: Ueberreuter
ISBN 3-928498-86-X

Inhalt

Prof. Dr. Günter Behm-Blancke – Lebensdaten

1912	geboren am 10. März in Berlin, Besuch von Schulen in Nordhausen und Nauen
1933 – 1938	Studium der Vor- und Frühgeschichte, Ethnologie und Volkskunde an der Wilhelms-Universität in Berlin
1938	Promotion „Kultur- und Stammesgeschichte der Elb-Havelgermanen des 3. bis 5. Jahrhunderts"
1938 – 1944	Wissenschaftlicher Assistent am Märkischen Museum Berlin; 1943 beauftragt, wichtige Ausgrabungsgegenstände und Dokumentationen nach Eckersdorf bei Glatz in Schlesien auzulagern
1944 – 1945	Angestellter des Landratsamtes in Glatz; März 1945 Flucht nach Rehungen bei Nordhausen
1945 – 1947	Lehrer an der Volksschule in Rehungen
1947	Berufung als Leiter des Städtischen Museums für Urgeschichte Weimar und Lehrauftrag an der Friedrich-Schiller-Universität Jena
1948	Habilitation „Opfer und Magie im germanischen Dorf der römischen Kaiserzeit"
1949	Direktor der Landesstelle für Vor- und Frühgeschichte Thüringens Weimar
1953	nach der Vereinigung von Museum, Forschungsstelle und Bodendenkmalpflege Direktor des Museums für Ur- und Frühgeschichte Thüringens Weimar
1961	Professor mit Lehrstuhl
1977	Emeritierung
1994	verstorben am 23. März in Weimar

Professor Dr. Behm-Blancke war u. a. seit 1965 korrespondierendes Mitglied des Deutschen Archäologischen Instituts und seit 1966 der Jysk Arkæologisk Selskab. Am 15. 9. 1971 wurde er in Belgrad als Mitglied in den Conseil Permanent der UISSP (Union Internationale des Sciences Pré et Protohistoriques) der UNESCO gewählt.

Meiner lieben Frau zugeeignet

Vorwort

Von 1951 bis 1957 arbeitete das Museum für Ur- und Frühgeschichte Thüringens unter meiner Leitung im südlichen Kyffhäusergebirge an der Ausgrabung einer urgeschichtlichen Höhlen-Fundstätte. Abseits vom Getriebe der modernen Zeit, in einer reizvollen und eigenartigen Gipslandschaft, forschten wir dort, nicht selten unter Gefahr für unser Leben.

Reiche Funde aus verschiedenen Jahrtausenden fielen uns zu. Die ältesten stammen aus der Jungsteinzeit und sind rund 6000 Jahre alt, die meisten aber sind bronze- und früheisenzeitlich; sie wurden zwischen 1600 und 600 v. u. Z. hergestellt. Sie halfen nicht nur das Wissen um die materielle Kultur erweitern, sondern gaben vor allem überraschende Aufschlüsse über das geistige und religiöse Leben der bronze- und hallstattzeitlichen Feldbauer Mitteldeutschlands. Bisher ungeklärte Fragen über Wesen und Bedeutung des bronze- und früheisenzeitlichen Kannibalismus konnten ihrer Lösung nähergeführt werden.

In vielen Lichtbildervorträgen habe ich deutsche und ausländische Fachleute und Laien mit den Ergebnissen der Ausgrabungen bekannt gemacht. Immer wieder wurde ich gebeten, die erlebnisreiche Forschungsgeschichte aufzuzeichnen.

Es hat wohl Berechtigung, einen solchen Tatsachenbericht zu veröffentlichen. In der wissenschaftlichen Monographie werden die Funde und Fundumstände nüchtern, ja oft trocken behandelt. Das große Erlebnis des Ausgräbers, der in einer eigentümlichen, spannungsgeladenen Atmosphäre seine Funde entdeckt und birgt, sowie das Ringen um die manchmal in mühseliger Kleinarbeit gewonnenen Erkenntnisse gehen dort leider meist verloren.

So sei also dem Wunsche vieler entsprochen, wenn ich hier zu schildern versuche, wie es zur Ausgrabung einer der bedeutendsten urgeschichtlichen Kultstätten auf deutschem Boden im sagenumwobenen Kyffhäuser kam, wie die Arbeiten und Geländeforschungen vor sich gingen und wie die Höhepunkte der Entdeckungen – Augenblicke der höchsten Beglückung im Dasein des Forschers – erlebt wurden.

Aber nicht nur das persönliche Erlebnis soll hier beschrieben sein. Es soll auch versucht werden, das Wesen der alten Kulturen, die uns hier ihre Reste hinterlassen haben, zu kennzeichnen, und vor allem das kultische Geschehen, das einst vor mehreren Jahrtausenden die Menschen auf einen Höhlenberg des Kyffhäusers geführt hat, gedanklich zu durchdringen, soweit das heute noch möglich ist. Ethnographische und volkskundliche Vergleiche wurden zur Aufhellung des urgeschichtlichen Lebens herangezogen, um die Glaubenswelt längst vergangener Kulturen dem Leser nahezubringen.

Das Buch wurde nicht nur für den Laien geschrieben, sondern auch für Prähistoriker, Völker- und Volkskundler, die einen Überblick über die wichtigsten Ausgrabungsergebnisse gewinnen sollen.

Prof. Dr. Günter Behm-Blancke

Einführung

Wer zum ersten Male von längst vergangenen Kulturen hört, die vor Jahrtausenden bestanden haben, dem fällt es nicht leicht, sich in so weit entfernte Zeiträume zurückzudenken, zu denen ihm meist alle Beziehungen fehlen. Nur der Fachmann, der ihre Abfolge auf einem größeren Gebiet oder gar auf der ganzen Welt überblickt und sich ungefähr ein Bild von ihrem Werdegang machen kann, sieht deutlich die lange Kette der Geschehnisse; für ihn ist die Gegenwart nur ein Glied dieser Kette.

In diesem Buch wird besonders von drei urgeschichtlichen Kulturen der Bronze- und frühen Eisenzeit die Rede sein, und es soll versucht werden, ihre Merkmale und ihre Verbreitung kurz zu beschreiben. Was in der Urzeit auf mitteldeutschem Boden geschah, ist nur ein winziger Ausschnitt aus dem damaligen Weltgeschehen. Deshalb soll auch ein vergleichender Überblick gegeben werden über die großen kulturellen Zusammenhänge und die wichtigsten Ereignisse, die sich in dieser Zeit in anderen Ländern abgespielt haben.

Die älteste bronzezeitliche Kultur, die unsere Forschungen im Höhlengebiet des südlichen Kyffhäusers beobachteten, blühte in der Epoche von 1800 bis 1600 v. u. Z.; die Urgeschichtswissenschaft nennt sie „Aunjetitzer Kultur". Ihr Name wird von dem böhmischen Fundort Únětice bei Prag, Bezirk Smíchov, hergeleitet. Dort hatte man 1879 zwei größere Gräberfelder mit Hockerskeletten ausgegraben, denen eigenartige Gefäße und Schmucksachen beigegeben waren.

Die Grabungen, für die damalige Zeit vorbildlich durchgeführt, wurden ebenso vorbildlich von Ryzner beschrieben. Deshalb zog man bei ähnlichen Funden immer wieder die beiden böhmischen Gräberfelder von Únětice zum Vergleich heran und bezeichnete schließlich auch die gleich alten Funde an anderen Orten nach der ersten Fundstelle als zugehörig zur „Aunjetitzer Kultur". Bald stellte sich heraus, daß diese Kultur nicht nur in Böhmen, sondern auch in Mähren, Westungarn, Schlesien, Niederösterreich und sogar in Mitteldeutschland weitverbreitet war. Die Forschungen der letzten Jahrzehnte haben besonders im Gebiete der ČSSR viele Wohnplätze und Gräberfelder entdeckt. Sonach scheinen die Aunjetitzer ein großes Volk gewesen zu sein. Die Fachwelt nimmt an, daß sich ihre Kultur aus jungsteinzeitlichen Elementen entwickelt hat, besonders aus solchen der mitteldeutschen Schnurkeramik, zu denen offenbar noch bedeutende Kulturströmungen aus dem slowakisch-ungarischen und slawonischen Raum gestoßen sind.

Noch fehlt es an großangelegten Siedlungsuntersuchungen. Bekannt ist nur, daß es neben rechteckigen Pfostenhäusern, deren Dach durch ein Firstsäulen-System gestützt wurde, größere runde, eingetiefte Wirtschaftsgebäude gab. Gerste, Hirse und Weizen wurden angebaut, wie ver- und inkohlte Getreidereste beweisen. Man hielt damals Pferde, Ziegen, Schafe, Schweine, Hunde und Hühner und jagte Auerochsen, Hirsche, Wölfe, Bären, Füchse, Bisons und Biber. Wie schon die jungsteinzeitlichen Menschen, stellten auch die Aunjetitzer Bekleidungsstoffe her. Dazu benützten sie neben tönernen Wirteln zum Verspinnen von Flachs und Wolle auch „Streckgewichte" aus Ton, die die einzelnen Fäden am Webstuhl straffhalten sollten. Auch auf die Lederherstellung verstand man sich; allerdings blieben nur sehr selten kleine Lederstücke durch die Metallsalze von in der Nähe liegenden Bronzegegenständen unversehrt erhalten.

Während wir über den Hausbau vorläufig noch wenig wissen, sind wir über das Bestattungswesen jener Zeit sehr gut unterrichtet. Man stellte bei der Untersuchung Aunjetitzer Gräberfelder fest, daß die Bestattungen häufig in Gruppen – wahrscheinlich waren das Sippengrabstellen –, seltener in unregelmäßigen Reihen lagen. Über den einzelnen Gräbern wölbten sich anscheinend kleine Erdhügel, die womöglich eine hölzerne Markierung trugen. In der Regel legte man die Toten in Särgen aus ausgehöhlten Baumstämmen auf die rechte Seite, den Kopf gegen Süden und das Gesicht nach Osten gewandt, der aufgehenden Sonne zu, und versenkte sie in einer Erdmulde. Öfters lagen mehrere Tote in einem einzigen Erdgrab. Sie waren gleichzeitig oder nacheinander begraben und gehörten sicher einer Familie an. – Neben diesen einfachen Erdgräbern wurden auch Steinkistengräber verschiedener Konstruktion beobachtet. Der Grabboden war dann gepflastert und mit einem Steinkranz als Stütze für die abdeckenden Holzbohlen umrandet. Auch baute man richtige Kisten aus großen Steinplatten.

An Beigaben bekamen die Toten am häufigsten Tongefäße, gefüllt mit Speise und Trank, auf ihre weite Reise ins Totenreich mit, daneben einfache Drahtringe als Hals- und Haarschmuck. Es fanden sich Gräberfelder, die viele bronzene Gerätschaften, Waffen und Schmuck aufwiesen. Offenbar waren diese Toten wirtschaftlich bessergestellt. In anderen Gräberfeldern wieder fehlten Metallgegenstände fast ganz, oder sie waren sehr einfach.

Neben diesen unterschiedlich mit Beigaben versehenen Gräberfeldern gab es Bestattungen unter gewaltigen Erdhügeln, die als „Fürstengräber" bezeichnet werden. In Leubingen, Helmsdorf, Nienstadt und Kirchheilingen sind einige solcher Gräber entdeckt worden. Der Leubinger Hügel war 8,5 Meter hoch, sein Durchmesser betrug 34 Meter, sein Kern bestand aus einer 2 Meter hohen Steinpackung von 209,5 Kubikmeter Inhalt, die mit ungefähr 3060 Kubikmeter Erde abgedeckt war. Unter dem Steinmantel fand sich eine sauber gefügte, 3,90 × 2,15 Meter große Holzhütte, in der die Skelette eines älteren Mannes und eines Mädchens lagen sowie viele Beigaben, darunter auch goldene Schmucknadeln.

In Mitteldeutschland besiedelten die Leute der frühbronzezeitlichen Kultur ein Gebiet, das von der Elbe im Norden und Osten begrenzt wurde, von der Elbe-Elster-Saale-Linie bis nach Magdeburg, von dort

an den Nordhang des Harzes, zum Kyffhäuser und bis zum thüringischen Gebiet in Richtung Gotha reichte und an einer Stelle bis in die Gegend von Mühlhausen vorstieß.
In diesem Gebiet der Aunjetitzer Kultur scheinen einige landschaftsgebundene Sondergruppen jeweils einen „Gau" gebildet zu haben. Solche Gaue gab es im Ostharz, an der Unstrut und an der mittleren Saale; sie sind uns heute durch ein bis zwei Häuptlingsgräber kenntlich.
Die Aunjetitzer Kultur hat uns eine ganze Reihe „Depotfunde" hinterlassen, nämlich vergrabene Bronzeschätze, die bis zu zwei Zentnern wiegen können und vor allem aus Hals- und Armringen bestehen, aus Beilen, auch solchen mit Bronzegriffen, aus Axthämmern und „Dolchstäben", merkwürdigen Geräten, bei denen im rechten Winkel zum langen Griff eine waagerechte Dolchklinge angebracht ist. Auch kostbare verzierte Gürtelplatten, Kettenbehang und stulpenförmige Armbänder sind zuweilen in solchen Funden enthalten, und selbst goldene Gegenstände, wie Armringe und Haarschmuck, oder auch Äxte aus Edelmetall wurden dem Boden anvertraut.
Einige dieser Gegenstände müssen von weither stammende Handelsware gewesen sein: die goldenen anscheinend aus Transsylvanien, andere aus Italien und dem Rhônetal. Viele Bronzegerätschaften stammen aber aus dem Siedlungsgebiet der Aunjetitzer selbst und scheinen auch dort angefertigt zu sein. Es muß also einen Handwerkerstand der Bronzegießer gegeben haben. Ein ausgegrabener Schmelzplatz bei Jena mit einem kugelförmigen Schmelzofen und zwei trichterförmigen Gruben bezeugt, daß sich die Aunjetitzer „Werkplatzgemeinschaften" darauf verstanden, in komplizierten Verfahren Kupferkies aufzubereiten; denn in der Schlacke waren nur noch 0,45 Prozent Kupfer enthalten. Diese bäuerlichen Handwerker waren nicht nur Meister im Schmelzen und Gießen, sondern auch in der Technik des Schweißens.
Wahrscheinlich befand sich in Mitteldeutschland ein erzverarbeitendes Zentrum der Aunjetitzer. Bereits in der Jungsteinzeit war hier die vom Balkan, letztlich aber aus Mesopotamien stammende Technik der Kupferverarbeitung bekannt. Die mitteldeutschen Aunjetitzer aber scheinen

etwas Wichtiges entdeckt zu haben – allerdings wird diese Entdeckung auch anderen Kulturen zugeschrieben: Auf der Suche nach Kupfererzen an den „Ausbißlinien" der Kupferschieferflöze dicht unter der Erdoberfläche war man auf zinnhaltiges Kupfersulfid gestoßen, bei dessen Verarbeitung eine natürliche Kupfer-Zinn-Legierung entstand. Damit war die Bronze entdeckt, das Metall, das härter war als Kupfer und aus dem sich besonders gute Schneidwerkzeuge herstellen ließen. Bald hatte man erkannt, daß die Beifügung von Zinn das Kupfer festigt, und man schürfte nunmehr nach Zinn, das die systematische Herstellung der Kupfer-Zinn-Legierung erst ermöglichte.

Was ging jedoch zu der Zeit in anderen Ländern vor, als sich die Aunjetitzer, die einige Forscher für die Urillyrer ansehen, in Mitteldeutschland aufhielten? In Ägypten, im Vorderen Orient und auf Kreta blühten hochstehende Stadtkulturen; das wichtigste Ereignis für die menschliche Gesellschaft aber war wohl die Aufzeichnung der Gesetze durch König Hammurabi, der in der ersten babylonischen Dynastie ein riesiges Gebiet beherrschte. Er ließ um 1700 v. u. Z. in 280 Artikeln das Recht der Allgemeinheit und des Einzelnen in babylonischer Volkssprache auf einem zwei Meter hohen Stein einmeißeln. Die damals herrschenden Standes- und Besitzunterschiede wurden damit gekennzeichnet. – Die Aunjetitzer Häuptlingsgräber, die Gräber mit vielen und die mit wenigen oder gar keinen Bronzebeigaben und die Tatsache, daß sich in der bäuerlichen Gemeinschaft ein spezialisierter Handwerksstand formte, lassen darauf schließen, daß auch bei den Aunjetitzern solche Unterschiede bestanden und daß die einzelnen Gesellschaftsschichten und Berufe festen Gesetzen, Rechten und Pflichten unterworfen waren. Nichts davon ist aufgezeichnet, denn die Aunjetitzer kannten keine Schrift.

Um 1600 v. u. Z. vollziehen sich im Gebiet der Aunjetitzer Kultur, ähnlich wie in den Ländern der alten Stadtkulturen, große Wandlungen. In verhältnismäßig kurzer Zeit scheint das großartige Staatsgefüge mit seinen weitreichenden Handelsbeziehungen zusammengebrochen zu sein. Ein Altmeister der Urgeschichtsforschung äußerte als erster, daß kriegerische Unruhen in Mitteleuropa diese Kultur vernichtet haben müssen und daß kurz vor ihrem Zusammenbruch das Vergraben der Bronzeschätze wohl eine Sicherheitsmaßnahme gewesen sei. In den letzten Jahren haben wichtige Bodenfunde und Beobachtungen in Mähren und weiter südöstlich einen der Unruheherde ermittelt, von denen die kriegerischen Handlungen ausgingen, die allmählich ein Gebiet nach dem anderen erfaßten. Die Einwanderer beschäftigten sich intensiv mit dem Abbau der Kupfererzlager im nördlichen Ostalpengebiet und hatten anscheinend schon früher die Tätigkeit der mitteldeutschen Aunjetitzer Werkplatzgemeinschaften empfindlich gestört. Aber es blieb nicht bei diesem „Wirtschaftskampf". Die Angreifer drangen in das Aunjetitzer Siedlungsgebiet vor und zerschlugen den sorgfältig aufgebauten, von mächtigen Häuptlingen geführten Bauern- und Handwerkerstaat.

Wer waren diese Unruhestifter, und wie sah ihre Kultur aus? Wieder nennt keine Überlieferung den Namen des Volkes; die Urgeschichtsforschung hat sie daher nach ihrer Sitte, über die Bestatteten einen hohen Hügel zu wölben, als „Hügelgräberleute", ihre Kultur als „Hügelgräberkultur" bezeichnet. Ihr Machtzentrum lag im westlichen Karpatenraum; von da aus haben die Hügelgräberleute anscheinend die mährische und dann die böhmische Aunjetitzer Kultur vernichtet. Warum wanderten sie nach Westen? Vielleicht haben die Streitwagenfahrer von den Ostküsten des Schwarzen und des Kaspischen Meeres, die weit in das eurasische Steppengebiet vordrangen und die gerade damals, als die Hügelgräberleute in Mitteleuropa auftauchten, Verwirrung angerichtet und Wanderungen anderer Völker ausgelöst hatten, auch sie zur Wanderung oder zur Flucht bewogen.

Die neue Kultur erfaßte nicht nur das alte Stammgebiet der Aunjetitzer, sondern breitete sich von der mittleren Donau bis nach Ostfrankreich und von den Ostalpen bis an den Niederrhein aus. Viele kleine Gruppen, vielleicht politische Einheiten in etwa 50 bis 100 Quadratkilometer großen Gebieten, entwickelten Variationen der sonst bei den Hügelgräberleuten gebräuchlichen Geräte- und Schmuckformen, und es entstanden sogar bedeutende Unterschiede in der Keramik.

Nur selten fand man bisher ihre Siedlungen. Meist untersuchte man die Hügelgräber, die in den Wäldern erhalten geblieben waren, und ihre Umgebung blieb unerforscht. Und gerade dort scheinen die Haus- und Hüttenstellen zu liegen! Es ist möglich, daß die Siedlungsverhältnisse denen der jungsteinzeitlichen Schnurkeramiker geähnelt haben, die um 2000 v. u. Z. in Mittel- und Osteuropa lebten. Erst vor kurzem sind bei mitteldeutschen Grabungen inmitten eines solchen schnurkeramischen Hügelgräberfeldes Hausstellen entdeckt worden. Über die Wirtschaftsform der Hügelgräberleute weiß man wegen der spärlichen Ausgrabungen von Siedlungen wenig. Sie scheinen vornehmlich Viehzucht betrieben, dabei jedoch Feldbau und Jagd nicht vernachlässigt zu haben.

Bronzeschmuck, wie gerippte und herzförmige Anhänger, Nadeln, durchbrochene Radnadeln, feingliedrige Spiralfederringe, sowie die Gerätschaften des Mannes und die feinen Punzarbeiten verraten ein hervorragendes handwerkliches Können. Wie schon die Fayenceperlen der Aunjetitzer lassen Bernstein-, dunkelblaue und weißliche Glasperlen Handelsbeziehungen nach Süden und Norden vermuten. Nadeln, deren Kopf ein mehrspeichiges Rad bildet, kommt sicher kultischer Symbolwert zu. Meist wurden sie paarweise, nämlich eine an der linken und eine an der rechten Schulter getragen; sie befestigten wahrscheinlich einen Überwurf an der Kleidung.

Das Frauengewand, besonders ein langes schürzenartiges Kleidungsstück, war mit verschieden großen Hohlbuckeln aus Bronze oder Weißblech besetzt. Dem Manne wurden ein Dolch, später ein Kurzschwert, Lanzen und Pfeilspitzen ins Grab gelegt. Sein Gewand war von einer langen Bronzenadel zusammengehalten, der Gürtel manchmal mit einem Bronzehaken verschlossen. Sehr selten sind Goldgeräte – seltener als in der älteren Bronzezeit.

Die erste Welle der Hügelgräberleute, deren Kultur nach dem Fundort Sögel in Hessen auch „Sögelkultur" genannt wird, erreichte Thüringen von Nordwesten, über die Höhenzüge der Hainleite, der Schmücke und Finne, über das Eichsfeld und die Eisenacher Pforte, und drang bis zur Saale vor. Diese Hügelgräberleute durchquerten dabei eins der letzten Rückzugsgebiete der Spätaunjetitzer am Kyffhäusergebirge und im südlichen Harz, und wahrscheinlich begegneten sich die beiden Völker nicht sehr freundschaftlich. – Die zweite spätere Welle kam nach Thüringen nicht nur auf dem ersten Wege, sondern auch von Südwestdeutschland, und zwar von Nordbayern über das Maintal, wobei die uralte Verkehrsstraße nahe der Gleichberge bei Römhild eine Rolle spielte. Nord- und Nordwestthüringen wurden wiederum über die Eichsfelder Pforte eingenommen, dann besetzten die Hügelgräberleute zunächst das Gebiet südwestlich des Thüringer Waldes, überschritten die Begrenzung des Thüringer Beckens und erschienen im Orlagau. Diese Invasion fand etwa zwischen 1600 bis 1200 v. u. Z. statt.

Während dieser kriegerischen Periode wurden, wie bereits angedeutet, auch einige Länder der alten Stadtkulturen von einer Unruhe erfaßt, die wahrscheinlich von Streitwagenfahrern aus dem Osten ausgelöst wurde und die ganze Hügelgräberbronzezeit hindurch bestehen blieb, ja sich sogar am Ende dieser Periode verstärkte. – Nach Hammurabis Tod geriet sein riesiges vorderasiatisches Reich ins Wanken. Ein wildes Chaos breitete sich aus und dauerte bis zur Mitte des 16. Jahrhunderts. Etwas früher, um 1600, wurde die prächtige höfische „mittelminoische Kultur" auf Kreta vernichtet. Den großen Zerstörungen im Lande fielen auch die berühmten Paläste von Knossos und Phaistos zum Opfer.

Auch Ägypten und Vorderasien wurden durch die neue Kampftechnik der kriegerischen Streitwagenfahrer schwer erschüttert. – Andere Streitwagenmänner wieder waren mit ihrem Gefolge nach Osten bis nach Indien vorgedrungen und vernichteten dort ebenfalls die einheimische Kultur. Ja sogar bis China scheinen die schnellen Kriegerscharen vorgestoßen zu sein.

Auf griechischem Boden faßten sie festen Fuß. In den Schachtgräbern von Mykene bestatteten sie ihre Häuptlinge mit zahlreichen Beigaben. Diese mykenische Kultur beeinflußte viele Völker und Stämme; bis nach Mazedonien, Süditalien und Sizilien, sogar bis in die osteuropäischen Länder und in die atlantischen Küstenkulturen Spaniens reich-

ten ihre Fäden. Ein Handelsnetz überspannte Vorderasien und Ägypten, ferner Mitteleuropa und England, und großartige Bauten und Straßen lassen die schöpferische Kraft jener Kultur ahnen.
Gegen Ende der Hügelgräberkultur, im 13. Jahrhundert v. u. Z., überflutete eine neue Kriegswelle die Alte Welt ärger als je zuvor. Die Archäologen haben die Balkanhalbinsel, genauer den heute von Bulgarien, Serbien, Albanien, Bosnien und einst von Pannonien eingenommenen Raum als Ausgangsgebiet dieser Zerstörungswelle erkannt. Etwas später siedelte in Ostbulgarien und an der unteren Donau der Stamm der Thraker, deren Vorfahren die Brandfackel der Vernichtung vor allem nach Anatolien getragen haben müssen. Ein Volk der südrussischen Steppe, dessen Kultur im 9. bis 8. Jahrhundert v. u. Z. den Kimmerern zugeschrieben wird, scheint diese Proto-Thraker auf ihrer Unglücksbahn mitgerissen zu haben; denn im thrakischen Siedlungsraum sind deutliche Einflüsse der südrussischen Steppenkultur aufzuspüren.
Aber auch die Vorfahren eines anderen Stammes waren an der Zerstörung der alten Stadtkulturen beteiligt: die Ahnen der seit dem 7. Jahrhundert v. u. Z. nachweisbaren Viehzüchterstämme der Illyrer, die einst große Teile Albaniens, Serbiens und Bosniens bewohnten, auch im Alpengebiet und in Transsylvanien auftauchten und als Seeräuber sogar bis Südostitalien vordrangen. Sie sollen die Hauptschuldigen an den Katastrophen in Griechenland und Süditalien gewesen sein. Der Stamm der Dorer, der mit den anderen südosteuropäischen Völkern einige Male nach Süden vorstieß und vor allem in der Ägäis Trümmer und Brandspuren hinterließ, war mitschuldig, daß Kulturstätten wie Mykene, Korinth, Theben und andere Städte in Schutt und Asche versanken.
Die Hügelgräberleute, die in Thüringen siedelten und in denen die Aunjetitzer aufgegangen waren, standen mit den Trägern einer verwandten südöstlichen Kultur in Verbindung, einer Kultur, die Beziehungen zur süddeutschen Urnenfelderkultur unterhielt und sich parallel zur „Knovicer" und „Milavetscher Kultur" – so benannt nach böhmischen Fundplätzen – entwickelte. Die neue Sitte, die Toten zu verbrennen und ihre Asche auf Urnenfeldern zu bestatten, wurde in Thüringen nur

selten befolgt, wodurch sich die Leute der „Unstrut-Gruppe" aus dem Thüringer Becken grundsätzlich von ihren verwandten Stämmen östlich der Saale unterschieden. Die Toten wurden weiterhin bestattet, nicht selten in einer Steinpackung, und ein Hügelgrab darüber gewölbt. Die Angehörigen dieser Unstrut-Gruppe haben um 800 v. u. Z. zu einem verwandten Stamm im Saale-Mündungsgebiet Beziehungen unterhalten.

Die Bevölkerungsverhältnisse müssen zwischen 1200 bis 1000 v. u. Z. in Thüringen sehr verworren gewesen sein. Vom Osten rückte die „Lausitzer Kultur", die ihre Toten verbrannte, bis an die Saale vor und besetzte auch den Orlagau. Diese Kultur ist in Deutschland nach der Landschaft benannt, in der sie häufig durch Urnengräber nachgewiesen wurde, und wird gern mit den Illyrern in Verbindung gebracht oder für venetisch gehalten. – Gleichzeitig siedelten auf beiden Seiten des Thüringer Waldes die Angehörigen einer dritten Kulturgruppe, die mit der „Südwestdeutschen Urnenfelderkultur" Berührung hatte. – Alle diese Kulturgruppen gehen in Thüringen ineinander über, und es ist für den Urgeschichtsforscher oft sehr schwierig, sie nach allen Seiten scharf abzugrenzen.

Auch in den folgenden Jahrhunderten, von 800 bis 500 v. u. Z., als das Eisen seinen Siegeszug anzutreten begann und die Bronzeverarbeitung zurückgedrängt bzw. verfeinert wurde, dauerten diese komplizierten Verhältnisse an. Südlich des Thüringer Waldes hatte sich die „Hallstattkultur" ausgebreitet, benannt nach dem berühmten Fundort Hallstatt im Salzkammergut, deren Angehörige die Asche ihrer Toten zunächst mit der Holzkohle vom Scheiterhaufen begruben und viele Gefäße mit Speise und Trank für den Verstorbenen dazustellten. Später beerdigte man die Toten und wölbte Hügel über die Gräber. Die alten Kulturgruppen im Thüringer Becken, die mit der „Urnenfelderkultur" verbunden waren, haben wohl einige Anregungen aus Südthüringen empfangen, behielten aber ihre alten Sitten bei. – Um 600 v. u. Z. hatte sich die Leichenbrandbestattung immer mehr durchgesetzt. Als sich schließlich die einzelnen Gruppen in einer „Thüringischen Kultur der

frühen Eisenzeit", wie wir sie nennen, vereinigten, wurden die Toten bestattet und nicht mehr verbrannt. Diese Kultur reichte bis Nordbayern, und viele Forscher halten sie für veneto-illyrisch.
Ähnlich wie in Nordbayern ist auch in der späten Hallstatt- und der frühen Latènezeit Thüringens keine Adelsschicht nachweisbar. Ganz anders in Südbayern. Dort pflegte man enge Beziehungen zur südwestdeutschen „Hallstattkultur" und war vorwiegend mit dem nordwestalpinen Kulturkreis verbunden, wenngleich auch Bindungen zum südost-, ost- bzw. westalpinen Kreis bestanden. In Südwestdeutschland wurden Adelssitze und „Fürstengräber" mit in Holzkammern beigesetzten Wagen und Pferden gefunden. Die Stammesfürsten unterhielten regen Handelsverkehr vor allem mit Griechenland über Marseille (Massilia) längs des Rhôneweges und über die Schweizer Alpenkessel und waren so mit der mediterranen Welt verbunden. Es ist allerdings fraglich, ob auch die südbayrische und allgemein südwestdeutsche Hallstattbevölkerung Veneto-Illyrer oder Kelten waren.
Die Veneto-Illyrer des urnenfelder- und hallstattzeitlichen Thüringens waren Feldbauer. Wir kennen von ihnen bisher noch kein einziges vollständig untersuchtes Dorf; daher müssen viele Fragen nach ihrer Wirtschaftsform noch unbeantwortet bleiben. Bestanden diese Dörfer vielleicht wie die der eng verwandten böhmischen Kulturen aus dicht nebeneinander liegenden, verhältnismäßig schmalen, kleinen Häusern? Die Verbindungen Thüringens mit der Oberpfalz und Oberfranken und mit Süd- oder Mittelböhmen ermuntern zu dieser Vermutung.
Auch über die gesellschaftliche Gliederung der Veneto-Illyrer wissen wir nur wenig. Die verstorbenen Frauen der thüringischen und nordostbayrischen Späthallstattzeit sind oft mit reichem Schmuck beigesetzt, die Männergräber häufig nur spärlich mit Beigaben bedacht. In den südwestdeutschen und südbayrischen Männergräbern dagegen finden sich unter dem Einfluß der westungarischen, in Mitteleuropa herumschweifenden Kriegerscharen die schwerbewaffneten Reiterkrieger, was vielleicht als patriarchalisches Element der damaligen Gesellschaftsordnung zu werten ist.

Bis zum 6. Jahrhundert wurde die thüringische Bevölkerung in keine größeren Kriegshandlungen verwickelt. Dann aber mußte sie zu den Waffen greifen und das Land gegen Eindringlinge verteidigen. Hatte bisher immer der Südosten neben sehr fruchtbaren Kulturimpulsen auch Vernichtung und Verdrängung der einheimischen Stämme gebracht, so kam der Angreifer diesmal aus dem Norden: Die Germanen fielen in das Gebiet der mitteldeutschen Stämme ein! Während der Bronze- und frühen Eisenzeit hatten sie sich in Skandinavien, an der Nord- und Ostseeküste entwickelt und waren langsam nach Süden vorgedrungen. Solange sie nördlich des Harzes blieben, pflegten sie friedlichen Handel mit der einheimischen thüringischen Bevölkerung; doch es blieb nicht dabei. Den Germanen gelüstete es nach dem mitteldeutschen Salz, das sie bisher nur als kostbares Tauschmittel erhalten hatten. Zum Schutz gegen die feindlichen Absichten ihrer Nachbarn errichteten die mitteldeutschen Volksstämme nunmehr im Grenzgebiet, längs des Kyffhäusers und des Harzes, eine Reihe von Burgen. Wir wissen nicht, ob sie Schauplatz heißer Kämpfe wurden, aber wir wissen, daß die Veneto-Illyrer unterlagen. Sie gingen in den Kelten und Germanen auf.
Während die thüringische Bevölkerung von 1000 bis 500 v. u. Z. verhältnismäßig friedlich in ihrem Lande leben durfte, war in vielen anderen Ländern nichts von dieser Ruhe zu spüren. Aus Südrußland, vom Nordufer des Schwarzen Meeres, waren die schon erwähnten Kimmerer unter dem Druck der Skythen, die auf ihren flinken Pferden aus den östlichen Steppen geritten kamen, abgewandert. Die kleinasiatischen Stämme und die Assyrer kämpften verzweifelt gegen die über den Kaukasus nach Anatolien eingedrungenen Ostleute. Wie die Thraker, Illyrer und Veneter strömten diese nicht nur nach Süden, sondern auch nach Westen. Während ein Teil der Kriegerscharen in Mazedonien eindrang, folgte ein anderer einem uralten Weg über Transsylvanien und Pannonien in das Ostalpengebiet und von dort wahrscheinlich weiter bis nach Bayern. Eine dritte Kolonne stieß nach Norditalien in das Kerngebiet der Etrusker vor. Verhältnismäßig schnell verschmolzen die in Bewegung geratenen Stämme des Ostens und Südostens mit der ein-

heimischen Bevölkerung der überfallenen Länder, und zunächst schien die Ruhe wiederhergestellt. Doch da fielen die Treiber der Kimmerer, die Skythen, selbst im alten thrakischen Gebiet ein! Wie die kriegerischen Reitervölker und Hirtennomaden besetzten sie schnell die wichtigsten Zentren, von denen aus sie das Gebiet beherrschen konnten. Dann verschwanden die wendigen Reiter wie ein Spuk, und nur in Südbulgarien, in der unteren Donauebene, in Transsylvanien, an der oberen Theiß und in Südostpolen, wo sie sich besonders wohlfühlten, wurden sie seßhaft und gingen in der einheimischen Bevölkerung auf. Nachdem sich die Skythen in Südostpolen am oberen Dnestr eine Ausgangsbasis für die nächsten Unternehmungen gegen den Westen geschaffen hatten, erschienen sie in der Lausitz. In der Gegend von Vettersfelde hinterließen sie einen kostbaren Goldschatz in der Erde. Manche ihrer charakteristischen dreiflügeligen Pfeilspitzen blieben in den Lausitzer Burgwällen stecken. Jedenfalls gaben die kimmerische und die skythische Steppenkultur den späthallstattzeitlichen Gruppen Mitteleuropas manche Impulse.

Von 1800 bis 500 v. u. Z. suchte man in gewissen Zeitabständen immer wieder einen Berg im Kyffhäusergebirge auf. Fast bedeutungslos scheint dieses Geschehen im großen Getriebe der Bronze- und frühen Eisenzeit Mitteleuropas zu sein. Und doch haben sich durch die neuen Forschungen auf diesem Berg bisher verschlossene Pforten geöffnet: Wir durften einen Blick auf das geistige Leben vieler Generationen werfen. Uralte Vorstellungen und Gedanken vom Leben und Tod, wie sie sich viele Tausende Menschen innerhalb großer Gebiete Mittel- und Südosteuropas in jener Zeit machten, wurden wieder wach. Mag den rituellen Handlungen auf dem Berge nur eine örtliche Bedeutung zugekommen sein, die Ideen, die ihnen innewohnten, verkörperten Entwicklungsstadien des menschlichen Geisteslebens vergangener Epochen.

Erste Begegnung mit dem Kyffhäuser

Jeder Mensch hat in seiner frühen Jugend Erlebnisse, die für immer in seinem Gedächtnis haftenbleiben, weil sie das kindliche Gemüt besonders ansprechen. Ich selbst erinnere mich noch sehr gut an Eisenbahnfahrten zu den Großeltern nach Nordhausen. Die Goldene Aue mit ihren goldgelben Getreidefeldern hinterließ keinen nachhaltigen Eindruck auf mich – um so mehr das Kyffhäusergebirge, das aus dem abendlichen Dunst der weiten Ebene stieg. Viele Reisende traten ans Fenster, um einen Blick von der schmalen Silhouette des Kyffhäuserdenkmals zu erhaschen. Auch einige Einheimische unterbrachen ihre Gespräche und schauten mit den Fremden aus den Abteilfenstern, stolz, etwas über die schwachen Erhebungen auf der dunklen Wand am Horizont sagen zu können. Da wurde auf den Turm der Oberburg und auf die Rothenburg hingewiesen. Und dann erzählte mir die Mutter die Sage vom Kaiser Rotbart, der angeblich im Berge an einem steinernen Tisch sitze und schlafe. Sein roter Bart sei durch die Tischplatte gewachsen. Alle hundert Jahre erwache er und befrage einen Zwerg, ob die Raben noch um den Berg flögen. Und wenn er höre, die Raben fliegen noch, dann seufze er, er müsse nun weitere hundert Jahre schlafen. – Immer wieder ließ ich mir diese Sage erzählen, und meine Mutter wurde nicht müde, sie stets mit neuen Einzelheiten auszuschmücken, bis ich schließlich glaubte, den Alten in seiner weiten, glanzerfüllten Höhle, von unermeßlichen Schätzen umgeben, leibhaftig vor mir zu sehen.
Später erzählte uns der Heimatkundelehrer abermals vom geheimnis-

umwitterten Berg. Der reiche Sagenschatz des Kyffhäusers wurde vor uns Schülern ausgebreitet. Wir erfuhren, daß zum Hofstaat des Kaisers neben Zwergen und Rittern noch eine ewig junge Prinzessin, eine schlüsseltragende alte Schaffnerin und sogar Frau Holle gehören. Und in all den vielen Geschichten kam immer wieder das gleiche zum Ausdruck: Der gute Mensch, der sich auf den Zauberberg verirrt hatte, empfing Glück und Segen, der böse aber Strafe. Für ihre musikalischen Darbietungen, die sie dem alten Kaiser zudachten, brachten die Hirten oder Musikanten, die Sänger oder Spieler seltsame Gaben vom Kyffhäuserberg mit: Pferdeköpfe, Pferdekeulen, laubgefüllte Mulden und grüne Zweige, die sich dem, der dieses scheinbar wertlose Zeug nach Hause trug, in pures Gold verwandelten.

Viele Jahre vergingen; ich studierte in Berlin Vorgeschichte. Und wieder führte mich der Weg an einem schönen Sonnentag im Jahre 1937 zum Kyffhäuser hinauf. Wie sah ich jetzt doch alles hier oben mit anderen Augen an! Das Kyffhäusergebirge war zweifellos ein lohnendes Objekt der Spatenforschung. Die vielen Sagen, die sich die Bevölkerung der Goldenen und Diamantenen Aue von diesem Berg erzählte, deuteten darauf hin, daß sich nicht erst im Mittelalter, sondern schon in früheren Jahrhunderten bestimmte Vorstellungen der umwohnenden Bauernbevölkerung mit diesem Ort verbunden hatten. Mit großen Erwartungen betrat ich den schmalen Bergrücken, auf dem sich einst, 608 Meter lang und ungefähr 60 Meter breit, eine der größten deutschen Burgen erhob. Seit 1934 legte dort das Institut für Vorgeschichte an der Universität Jena die Ruinen der Reichsburg Kyffhausen frei, die Burg, deren Name (Haus auf der Bergkuppe) auf den ganzen Gebirgszug übertragen worden war.

Schnell überflog ich meine Aufzeichnungen:

Anfang des 12. Jahrhunderts wird die sehr starke Burg Cuphese in Verbindung mit den Aufständen der Sachsen und Thüringer gegen Heinrich V. zum ersten Mal erwähnt.

1118 ist sie Stützpunkt der kaiserlichen Partei; sie wird von den Aufständischen überrannt und dem Erdboden gleichgemacht. 1153 nennt

eine Kaiserurkunde Friedrichs I. als Zeugen einen kaiserlichen Ministerialrat Burgvogt von Cuphese. Dieser hatte die Burg also wieder aufgebaut und sie zur Reichsburg gemacht. Veranlaßt hatte ihren Aufbau wahrscheinlich Friedrich I., als er 1152 in der Kaiserpfalz Tilleda am Fuße des Kyffhäusers weilte.
Bis 1290 fehlen die Nachrichten.
1348 wird die Kyffhäuserburg zum letzten Male als Kaiserburg erwähnt (Ghöffhusen). Sie wechselt mehrmals ihre Besitzer, zuletzt verbleibt sie in den Händen des Hauses Schwarzburg und verfällt dann langsam.
1430 restauriert man die Kyffhäuserkapelle auf der Unterburg.
1433 wird der Neubau eingeweiht, und die Kapelle wird ein berühmter Wallfahrtsort. Bestattung auf dem Friedhof an der Kapelle sei dem Seelenheil der Gläubigen besonders zuträglich. Für diese Gnade müssen aber große Geldbußen entrichtet werden.
1434 spricht die „Düringsche Chronik" von Johann Rothe (gest. 1434) von dem „wüsten slosze Kuffhuczen".

Ich folgte den Geleisen, auf denen Loren hin- und hergeschoben wurden. Ein breiter Abschnittsgraben, wohl einst von einer Zugbrücke überspannt, trennte mich noch von der Oberburg. Um ihren wehrhaft-klotzigen Bergfried scharten sich mittelalterliche Gebäudereste. Aller Romantik entkleidet, duckten sie sich in der prallen Sommersonne. Der Schutzturm war gewaltig. Den Erbauern erschien demnach der westliche Teil der Kyffhäuseranlage am meisten gefährdet. 30 Meter ragte im 12. Jahrhundert dieser gewaltige Wohnbau aus Bossenquadern gegen den Himmel. Über einem Untergeschoß erhoben sich drei durch Kamine heizbare Stockwerke. Das Ganze wurde von einem hohen Turm abgeschlossen. Von da hatte man einen weiten Blick in die Landschaft und konnte Belagerer gut beobachten.
Nördlich des Turmes waren Arbeiter dabei, Erde in die Loren zu schippen. Ich trat zu ihnen und sah in einem Mauerbezirk viele Tierknochen in der tiefschwarzen Erde liegen. Man war hier offensichtlich auf die

Küchen- und Wirtschaftsgebäude der Burg gestoßen. Langsam ging ich um die Turmruine herum auf die Südseite. Dort waren die Grundmauern eines dreiteiligen Pallas freigelegt worden. Schnell warf ich noch einen Blick auf den viereckigen Mauerturm der Westseite, der von einem jüngeren Ringmauerteil umgeben war; dann eilte ich zu den Ausgräbern zurück. Das Grabungsfieber hatte mich gepackt. Gerade jetzt, vielleicht schon in dieser Minute, konnten die schönsten Dinge geborgen werden. Ich mußte dabeisein! Erwartungsvoll hockte ich mich auf einen niedrigen Mauervorsprung und schaute den Männern zu.

Leider kamen nur eine Unmenge mittelalterlicher Scherben und Tierknochen zum Vorschein, die viele Kisten bis zum Rande füllten. Ich besah mir den Inhalt einiger Behälter, um die Randprofile der Gefäße zu studieren, die für die Zeitstellung der mittelalterlichen Tonware besonders wichtig sind. Da entdeckte ich eine Kiste mit vorgeschichtlichen Scherben. Obwohl recht unansehnlich, waren sie doch wertvolle Beweise dafür, daß bereits lange vor dem Mittelalter der Mensch vom Berge Besitz ergriffen hatte.

Bald kam ich mit den jungen Arbeitern ins Gespräch. Einige von ihnen glaubten fest daran, daß eines Tages ein großer Schatz zum Vorschein kommen werde. Sie verteidigten sich gegen witzelnde Besserwisser und meinten, die vielen Schatzsagen vom Kyffhäuser könnten wohl nicht aus der Luft gegriffen sein. Es machte mir Vergnügen, in der Mittagspause mit den Männern über ihre Vorstellungen und Meinungen vom Kyffhäuser und von seiner Vergangenheit zu sprechen. Einige hatten bereits gehört, daß der Kyffhäuser schon in der Glaubenswelt der Germanen eine Rolle gespielt haben müsse. Aber wie konnte man die vielen Kyffhäusersagen so auswerten, irgendwelche Funde lagen doch nicht vor? Was hatte der Kaiser Barbarossa mit den alten Germanen zu tun? Das waren berechtigte Fragen, die exakt beantwortet werden mußten.

Zunächst war die Sage vom schlafenden Kaiser zu erklären. Ich überlegte kurz. Am besten ging ich von Friedrich II., Barbarossas Enkel, aus! Dieser Kaiser war beim deutschen Volke damals sehr beliebt, obwohl er nur kurze Zeit in Deutschland weilte und sich fast ausschließlich in

Italien aufhielt. Als erbitterter Gegner der Kirche wünschte er, das Reich von der Macht der Kirche zu befreien. Die erste Kirche sei in Armut und Einfachheit gegründet worden, jetzt aber sei sie habgierig und „wälze sich im Reichtum". Er nannte den Papst einen brüllenden Löwen, einen Ungetreuen, einen besudelten Priester und wahnwitzigen Propheten. Diese Worte gefielen dem Volke, denn die Faust der Kirche ruhte schwer auf ihm. Es meinte, die Kirche müsse bald für ihre Missetaten bestraft werden, und sehnte sich schon lange nach dem Mann, der dieses Werk vollbringen werde. Und nun war er endlich gekommen. Trotz der päpstlichen Bannflüche blieb Friedrich II. der verehrte volkstümliche Herrscher. Als der 56jährige 1250 in Firenzuola, Apulien, starb, zermürbt im vierzigjährigen Kampf gegen die allmächtige Kirche, da konnte das Volk die Todesnachricht nicht fassen. Man erzählte, der Kaiser sei gar nicht gestorben, er halte sich nur eine Zeitlang vor dem Papste und seinen Anhängern verborgen. Eines Tages aber werde er wiederkommen, das Volk von den Fesseln der Kirche befreien, das Reich kraftvoll beschirmen und damit den Frieden erhalten.

Eine um 1300 bis 1350 geschriebene hessische Chronik berichtet zum ersten Male vom Glauben des Volkes, der verschwundene Kaiser wohne auf dem Kyffhäuser. Auch die Chronica nova des Dietrich Engelhusius von Einbeck spricht 1426 davon, und eine lange Reihe von Handschriften bestätigen immer wieder das gleiche. Die unerschütterliche Hoffnung auf die Wiederkehr des Kaisers wird deutlich in einer Schrift aus dem Jahre 1537: „... dann wird er auffheben sein Scepter vnd wird Fried seyn in aller Welt, dann wird das gülden Alter vnd die güldene Zeit erfüllet und herfürkommen. Also vnd der gestalt wird keyser Friedenreich kommen, dass Fried vnd Einigkeit wird seyn in aller Welt, ein Hirt und ein Schafstall."

Doch das Volk erhoffte noch weitere Großtaten – wie es in einer Schrift des 14. Jahrhunderts zum Ausdruck kommt. Da heißt es, der Kaiser werde die Tochter des armen Mannes dem reichen Manne zum Weibe geben, die Nonnen verheiraten, die Mönche zur Ehe anhalten, den Witwen und Waisen und allen Beraubten ihr Hab und Gut zurückerstatten und allen Recht zuteil werden lassen. Die habgierigen Priester werde er vernichten, und dann mit einer großen Streitmacht über das Meer ziehen und auf dem Ölberg das Reich niederlegen. Nach altem Volksglauben herrschte also nicht Barbarossa, sondern sein Enkel auf dem Berge. Es scheint heute, als ob ein Irrtum des Stadtarztes Adelphus zu Landshut 1519 den ersten Anlaß zu dieser Verwechslung gegeben hat, indem die Schrift Kaiser Friedrich I. als Barbarossa mit einem langen roten Barte bezeichnet und davon spricht, daß er in einem „holen Perg" hause. Aber noch sprach man in der Umgebung des Kyffhäusers von Friedrich II., dem Anderen, wie ein Schreiben von 1546 beweist. Langsam verwechselte auch das Volk die beiden Friedriche, bis das bekannte Rückertsche Lied von 1870 endgültig Friedrich Barbarossa in den Berg verwies. Doch wie kam es dazu, daß man den Kyffhäuserberg für den Wohnort des geisterhaften Kaisers hielt?

1245 war der thüringische Landgraf Heinrich Raspe zum neuen deutschen König zwar nicht gekrönt, doch gewählt worden. „Pfaffenkönig" wurde er genannt, da er den Befehlen des Papstes treu gehorchte. Nach einem unglücklichen Krieg mit König Konrad, dem Sohn Kaiser Friedrichs, starb er 1247 auf der Wartburg. Im Volke gärte es. Auch die folgende Zeit der Gegenkönige vermochte es nicht zu beruhigen. Während des Interregnums, der „kaiserlosen Zeit", überzogen Kriegswirren Thüringen, Hessen und Sachsen und brachten Leid und Vernichtung. Das Volk war der Kriege müde, und immer mehr sehnte es sich nach dem Frieden zu Zeiten Friedrichs II., dessen Großvater die Kyffhäuserburg als Wahrzeichen machtvollen Kaisertums erbauen ließ. Der Kyffhäuser wurde in Thüringen, dessen politische Bedeutung seit dem 11. Jahrhundert durch seine Lage zwischen den beiden großen welfischen Herzogtümern ständig gestiegen war, zum Sinnbild dieser Sehnsucht, die schließlich wie eine Welle das ganze deutsche Volk ergriff.

So erklären die Historiker die Tatsache, daß der Kyffhäuser im Volksglauben der Wohnsitz Friedrichs II. wurde. –

Alle hatten interessiert zugehört. Diese historischen Tatsachen waren

den meisten viel zuwenig bekannt. Doch noch weniger der Zusammenhang zwischen den Resten des germanischen Glaubens in den Kyffhäusersagen. Da hatten die Volkskundler in Gegenden mit sagenumwobenen Orten beobachtet, daß sich verschiedenaltrige Schichten von Überlieferungen im Laufe von Jahrhunderten miteinander verquickt haben. Die Phantasie des Volkes ruht nicht, sie spinnt alte Fäden weiter. Wenn sich auch das Gewand mancher Sage im Laufe der Zeiten geändert haben mag, der ursprüngliche Kern war erhalten – obwohl nur für die Sagen- und Märchenforscher kenntlich.
Andere Wissenschaftler erwogen, ob die Gestalt Friedrichs II. nicht deshalb mit Rotbart vereinigt worden sei, weil die Bauern aus den Taldörfern noch von einer viel älteren Sagengestalt des Kyffhäusers wußten, nämlich vom rotbärtigen Donar und von Wotan. Das war eine sehr kühne These, für die sich wohl einiges ins Feld führen ließ. Eine mittelalterliche Urkunde der Klöster Walkenried und Sittichenbach nennt einen „Wotansberg". Einige Heimatforscher glauben, daß damit vielleicht ein kleiner Höhenzug zwischen Riethnordhausen und Artern gemeint sei, andere halten den Kyffhäuserberg dafür, dessen wahrer Name durch den Burgnamen verdrängt worden sei. Die Widersacher dieser Ansicht machen geltend, die Kyffhäusersagen deuteten eher auf Donar als auf Wotan und verwiesen auf die beiden Kegelsagen: In der einen Sage beobachtete ein Sängerchor aus Kelbra an einem Neujahrsmorgen mitten im Schneegestöber auf dem Berge eine Kegelgesellschaft. Die Sänger erbaten sich den Kegelkönig, der sich im Dorfe in Gold verwandelte. Die andere Sage weiß von einem Schäfer zu erzählen, der, durch eine Wunderblume geistersichtig, kegelschiebenden Rittern auf dem Berge die Kegel aufsetzen mußte und dafür belohnt wurde. – Es gibt auch an anderen Orten Sagen von geisterhaften Kegelspielen, die zur Nachtzeit von Riesen betrieben wurden, und von drei Kegeln, die Potz, Donner und Blitz heißen. Noch heute sagen manche Leute, wenn es donnert: „Petrus schiebt Kegel." Petrus gilt häufig heute noch als Wettermacher und ist offensichtlich der christliche Nachfolger des heidnischen Donnergottes – Bonifatius gründete in Hessen an Stelle der ge-

fällten Donareiche eine Petruskirche; es ist daher wohl möglich, daß einst auf dem Kyffhäuser der Donnergott verehrt wurde.
Es gibt auch noch anderes Material, das ältere Sagengeschichten kennzeichnet. Die vielen Gestalten des kaiserlichen Hofstaates entstammen fast alle der heidnischen Glaubenswelt; diese Wesen gehören wahrscheinlich zu den alten sagenhaften Bergbewohnern und wurden später vom Volksglauben dem christlichen Kaiser Friedrich II. oder dem Rotbart beigegeben.
Da gibt es eine Anzahl weiblicher Gestalten; zunächst Frau Holle. Eine Sage berichtet vom ruhelosen Geist einer ermordeten Königin namens Holle, die in die Hofhaltung des Kaisers aufgenommen wurde, dort die Wirtschaft führte und für das Wohl der zahlreichen Ritter und Knappen sorgte, die um Rotbarts Tisch saßen. Immer wieder tauchen in den Sagen die Flachsknoten der Frau Holle auf, die sich in Gold verwandeln. Nach der einfachsten Version trafen einige Kinder die spinnende Frau Holle auf dem Kyffhäuser an. Neben ihr lagen Flachsknoten. – Ein Schäfer, der die merkwürdige Beobachtung machte, daß unten im Tale Tag für Tag Regenwetter, auf dem Berg aber schönster Sonnenschein herrschte, begegnete ihr ebenfalls. Sie hatte Flachsknoten bei sich, die sie getrocknet hatte. Er erbat sich einige Handvoll als Beweis für das schöne Wetter auf dem Berg und nahm sie in sein Dorf mit. Als er zu Hause ankam, hatten sich die Knoten in Gold verwandelt.
Heute wissen wir, daß Frau Holle eine sogenannte Sammelgestalt des jüngeren Volksglaubens ist. Der Hörselberg bei Eisenach und der Singerberg bei Stadtilm sind neben dem Kyffhäuser die thüringischen Orte, von denen die meisten Frau-Holle-Sagen erzählt werden. Frau Holle wird bisweilen mit dem „wilden Heer" zusammen genannt. Sie muß also im germanischen Totenmythos eine Rolle gespielt haben, ohne daß man sagen könnte, ob sich eine bestimmte Gottheit unter ihrem Namen verbirgt. Viele Wesenszüge germanischer Göttinnen haben sich in den Jahrhunderten der Ausbreitung und Festigung des Christentums in ihrer Person vereinigt. Obwohl mit dem wilden Jäger verbunden, erscheint sie jedoch nicht als Schreckgespenst. Sie vertritt viel-

mehr das Prinzip der großen Erdenmutter; denn sie spendet den Fluren und den Menschen Segen und Fruchtbarkeit und nimmt die Toten in ihr Reich auf. Besonders gewogen ist sie den ordnungsliebenden tüchtigen Hausfrauen und den fleißigen Spinnerinnen.
Prinzessin Utchen, die andere weibliche Sagengestalt des Kyffhäusers, scheint mit Frau Holle verwandt oder gar mit ihr identisch zu sein. Auch sie besitzt wunderbare Flachsknoten und wird zusammen mit der weiblichen Tätigkeit des Spinnens genannt.
Die dritte Gestalt, die Schlüsseljungfrau, erscheint nicht selten auch an anderen thüringischen Orten. Sie führte einst einen Schäfer trügerisch an einen See im Gebiet des Kyffhäusers, in dem er beinahe ertrunken wäre. – Fraglich bleibt das Wesen der Schaffnerin. Sie besitzt einen großen Schlüsselbund, könnte daher auch die Schlüsseljungfrau sein. – Schließlich wird noch von vier Fräulein aus Kelbra berichtet. Sie haben nichts mit Rotbarts Hofstaat zu tun, doch die von ihnen erzählte Sage enthält manche Eigentümlichkeit, die sicherlich einer älteren Glaubensschicht angehört: Sie wurden von Rittern der Kyffhäuserburg geraubt. Ihre Mutter suchte sie vergebens im Walde – und dort, wo die Weinende täglich verweilte, entsprang dem Boden eine Quelle. Zuweilen sieht man die Fräulein in mondhellen Nächten auf prächtig geschmückten Schimmeln über den Berg reiten, aber es soll nicht gut sein, ihnen zu begegnen.
Alte Volksbräuche, die mit dem Kyffhäuser zusammenhängen, gibt es so gut wie gar nicht. Es ist eigentlich nur aus Sagen zu schließen, daß man nachts um 11 Uhr aus dem Kyffhäuserbrunnen Osterwasser holte, das sich sogar in Wein verwandeln konnte. Dürfen wir nun von den Kyffhäuser-Sagengestalten auf eine Sonderstellung des Berges in heidnischer Zeit schließen? Funde oder Anlagen, die seinen Kultcharakter beweisen könnten, fehlen. Würden mittelalterliche Quellen über irgendwelche Volksbräuche berichten, die mit dem Berge verbunden waren, oder wären noch in neuerer Zeit solche Bräuche zu beobachten gewesen, so könnte man diese Frage nachdrücklicher bejahen. Da beides, abgesehen vom nächtlichen Osterwasserholen, fehlt, kann man nur auf be-

stimmte Tatsachen hinweisen, die indirekt den Kyffhäuserberg als geistigen Mittelpunkt vergangener Kulturperioden bestimmen lassen.
Da fällt zunächst die Vielzahl der Geisterwesen auf. Mag man nun die Kegelsagen und den Rotbart auf Donar, die um den Berg kreisenden Raben und die Pferdefleischgeschenke auf Wotan beziehen, mag man die verschiedenen weiblichen Gestalten als letzte Reste alter mythischer Wesen ansehen, man muß den Eindruck gewinnen, daß diese Vereinigung mehrerer Typen einer anderen älteren Vorstellungswelt über den so auffälligen Berg angehört.
Das Auftreten Frau Holles und der übrigen Frauengestalten auf dem Kyffhäuser, auf dem Hörsel- und dem Singerberg läßt diese Stätten als Seelenberge erkennen, in die die Toten nach dem Glauben unserer Vorfahren eingingen. Und wenn in einigen deutschen Sagen davon die Rede ist, daß derjenige mit Pferdeköpfen und Pferdekeulen beworfen wird, der dem „wilden Heer", dem Heer der Seelen, begegnet, so passen zu diesen merkwürdigen Geschenken auch die Pferdeköpfe, mit denen die Mamsell die Musikanten belohnte. –
Ein schriller Pfiff unterbrach meine „Vorlesung": Die Mittagspause war beendet. Ich verabschiedete mich und wanderte mit langen Schritten zur Mittelburg, zum Kyffhäuserdenkmal, dem Werk des Architekten Bruno Schmitz, der auch das Leipziger Völkerschlachtdenkmal entworfen hat.
Der Weg wurde etwas abschüssig. Ich überschritt den noch teilweise erhaltenen Burggraben und stand dann inmitten eines alten Steinbruchs, aus dem man früher das Rohmaterial für Mühlsteine geholt hatte. Dabei war die alte Mittelburg fast völlig zerstört worden. Nur die Hälfte ihres viereckigen Turms und die Reste eines Rundturms waren erhalten geblieben.
Ein Schluchtweg führte zum östlichen Teil der Burganlage, der Unterburg. Abermals überquerte ich einen halb freigelegten Graben der Unterburg. Durch ein gewaltiges Kammertor konnte man einst die Befestigungsanlage betreten, deren Gebäudereste mit Ausnahme der Burgkapellen-Ruine erst durch die Ausgrabungen wieder ans Tageslicht

gekommen waren. Tausende Kubikmeter Erde hatte man hier bewegt, um dieses Mauersystem vom Schutt der Jahrhunderte zu befreien. Bis zu 8 Meter mächtige Erdschichten mußten an den Außenmauern abgetragen werden, dort, wo man auf dem schmalen Bergkamm einst künstliche Bauterrassen geschaffen hatte.

Mein Blick verfolgte die fast lückenlose Ringmauer. Vergebens suchte ich nach Türmen oder Zwingeranlagen, den Kennzeichen der Burgen, die nach den Erfahrungen der Kreuzzüge gebaut worden waren. Die Unterburg stammt aus dem 11. Jahrhundert, und man hatte offenbar nach den Kreuzzügen keine baulichen Veränderungen an ihr vorgenommen. Das macht die ganze Anlage, die wohl einfacher und kleiner schon im 10. Jahrhundert zum Schutze der Pfalz Tilleda bestanden hat, dem Burgenforscher und Kunsthistoriker so aufschlußreich und interessant. Die Grundmauern der Holz- und Fachwerkhäuser waren leider im 15. Jahrhundert, als der Burghof zu einer kirchlichen Anlage umgebaut wurde, stark zerstört worden. Bei den Ausgrabungen hatte man auch einige Treppen entdeckt. Sie führten in ehemalige Keller und Gewölbe. Als die Burg zerfiel und die Keller bereits halb verschüttet waren, haben dort sicher nicht selten Schatzgräber gewühlt, um den Eingang zu unterirdischen Schatzkammern und -höhlen zu finden. Noch heute reizen ja verstürzte Kellerräume zu abenteuerlicher Schatzsucherei.

Aber trotz Zauberspruchs und mystischer Handlung findet das Graben manchmal ein unrühmliches Ende. Das mußte auch der Musikant Sauerbier aus Sondershausen erfahren, der einst mit seinem Kameraden in einer Himmelfahrtsnacht auf den Kyffhäuser gestiegen war, um Schätze zu gewinnen. Nach acht Tagen kam Sauerbier blaß und düster mit zerrissenen Kleidern zurück. Drei Tage später folgte, auf einem Karren liegend und todkrank, der andere. Lange wollten die beiden mit der Sprache nicht heraus. Schließlich erfuhr man, daß sie Kaiser Friedrich gesprochen und sehr schlimme Dinge erlebt hätten. Sauerbier blieb sein Leben lang krank, sein Kumpan behielt ein lahmes Bein, das ihm, wie er sagte, zerschlagen worden sei, als die Bergtür hinter ihnen unsanft

zuschlug. Wahrscheinlich waren die beiden bei ihrer Wühlerei von Mauerwerk verschüttet worden. Sie wollten ihre Schlappe jedoch nicht zugeben und erfanden Erlebnisse, die sie zu Helden stempeln sollten. Ob bei ihrer Schatzsuche auch die Magie eine Rolle gespielt hat, wissen wir nicht. – Die drei Schatzgräber dagegen, von denen die Überlieferung berichtet und die 1732 den Berg besuchten, waren Geisterbeschwörer. Die herbeigerufenen Höllengeister entführten einen von ihnen in die Lüfte, worauf die anderen entsetzt flohen. Ihre Zauberbücher und Arbeitsgeräte fanden sich am folgenden Tag zerrissen und zerstört. Sicher war der eine Schatzsucher verschüttet worden.
Bestimmt wird man im Bauschutt der Keller manchen verrosteten und patinierten Bronzegegenstand entdeckt haben, den man mit ins Tal schleppte. Wie enttäuscht mag man gewesen sein, wenn sich der Schatz am nächsten Morgen nicht in Gold verwandelt hatte! Vielleicht hielt man auch manchen angeschabten Bronzegegenstand lange Zeit für Gold.
Ein tiefer Erdschnitt innerhalb des Unterburg-Geländes ließ einige übereinanderliegende Bodenschichten sehen. Ich kletterte in den Graben. Da und dort steckten rotgebrannte Scherben zerbrochenen Geschirrs in der Erdwand. Diese unscheinbaren Scherben gaben dem Fachmann Auskunft, wann die Unterburg erbaut wurde und in welche Zeit die verschiedenen Bauperioden fielen. Drei Kulturschichten konnte man erkennen, und die Keramikreste wiesen alle drei dem Mittelalter zu. Bei den Ausgrabungen waren auch hin und wieder urgeschichtliche Funde geborgen worden, so einige Steingeräte der ältesten Feldbauer Europas, der Bandkeramiker, die vor nahezu 6000 Jahren unser Gebiet besiedelt hatten. Diese Werkzeuge wurden in den mittelalterlichen Schichtenverbänden und im Schutt gefunden. Das bedeutet, daß sie nicht der Steinzeitmensch auf den Berg gebracht hat. Man hatte sie wahrscheinlich erst im Mittelalter in der Aue aufgelesen und auf den Berg getragen. Der Volksglaube hielt ja diese Steinbeile für versteinerte Blitze, die das Haus vor Blitzschlag schützen sollten. Auch über die Herkunft einiger bronzezeitlicher Scherben ließen sich keine sicheren Angaben machen.

Erstaunlich blieb zunächst, daß sich von den Germanen keine Spuren fanden. Ich war etwas enttäuscht; denn der reiche Sagenschatz um den Kyffhäuser hatte mich auf allerlei hoffen lassen. Doch vielleicht konnten die Beweise für germanische Opfer nur nicht gefunden werden, weil sie sich im steinigen Boden nicht erhalten hatten? Es konnten Tieropfer an heiligen Bäumen aufgehängt oder an Felsen niedergelegt worden sein; aber welchem Tierknochen sollte man es ansehen, ob er von einem germanischen Opfer stammte, vor allem da mittelalterliche Burgenbauer den Boden so verwühlt hatten!

Ich betrat den Pallas. Er war während einer zweiten romanischen Bauperiode mit der Kapelle verbunden worden. Vom Pallas konnte man in die Ruine der alten Wallfahrtskirche sehen, die im 15. Jahrhundert das Ziel Tausender Pilger war. Die Wunder des hölzernen Kreuzes und der 40-Tage-Ablaß bewogen die Gläubigen, die Mühen dieser Pilgerfahrt auf sich zu nehmen. Die Reformation machte diesem Glaubensmißbrauch ein Ende. Als Thomas Müntzer und seine Anhänger in Nordthüringen wirkten, lag die Burg bereits in Trümmern, und nur ein Einsiedler hauste noch in der Kapelle.

Der Abend nahte. Im Innern der Kirchenruine breiteten sich die abendlichen Schatten aus. Da kam mir plötzlich ein Gedanke, der mich nicht mehr losließ: Welche Rolle mochte der Kyffhäuserberg bei den Völkern gespielt haben, die bereits vor den Germanen in der nordthüringischen Landschaft gesiedelt hatten? Waren in den Sagen vielleicht noch ältere Glaubensvorstellungen enthalten? War es nicht möglich, daß dieser Berg, dessen 300 Meter hohe Wand sich majestätisch über die Goldene Aue erhebt, schon in früheren Jahrtausenden eine Verehrungsstätte höherer Wesen war? Ich nahm mir vor, diese Sache nicht aus den Augen zu verlieren. –

Nach dem Examen beschäftigte mich mehrere Jahre eine große germanische Siedlung des 2. bis 3. Jahrhunderts bei Königswusterhausen. Hausgrundriß um Hausgrundriß stieg aus dem märkischen Sandboden und machte mich trunken vor Freude. Der Kyffhäuser war vergessen bis zu dem Tage, als ich in der Berliner Museumsbibliothek den ersten wissenschaftlichen Ausgrabungsbericht in Händen hielt. Da las ich, daß die Schürfungen auf der Oberburg Wälle, Trockenmauern und Gräben einer Befestigung aus dem 6. bis 5. Jahrhundert v. u. Z. angeschnitten hatten. Sofort erinnerte ich mich an die vorgeschichtlichen Scherben, die ich einst in der Fundkiste entdeckt hatte. Im Bericht wurde klargelegt, die gefundene Tonware weise nach Süddeutschland (Nordbayern, Hessen), und die kulturellen Verbindungen zum germanischen Gebiet, das heißt nach Norddeutschland (nordöstliches Harzvorland, Mittel- und Westhannover), müßten wesentlich schwächer gewesen sein. Daraus schloß man, daß die Erbauer des Burgwalles keine Germanen sein können, die, südwärts drängend, hier eine Vorpostenstellung gründen wollten. Vielmehr sei anzunehmen, daß die alten Kyffhäuser-Siedler dem illyrischen Volksstamme angehörten. Ende des 5. Jahrhunderts bis zur ersten Hälfte des 4. Jahrhunderts v. u. Z. wurde die Befestigung aufgegeben; nicht freiwillig, sondern unter dem Druck der Sweben, die sich langsam in das thüringische Gebiet hineinschoben.

Die Ausgrabung hatte also auf der Oberburg wie auch auf der Unterburg nicht einen einzigen sicheren germanischen Fund geliefert – keinen Anhaltspunkt für große Opferhandlungen, die an einem doch offenbar heiligen Ort der Germanen zu erwarten waren. Dafür hatte man aber etwas entdeckt, was nach einem Opfer aus älterer Zeit aussah: In einer auffallend mächtigen Kulturschicht (0,50 Meter) lagen ein verkohltes, aus drei Sorten bestehendes Bündel Getreide, daneben viele Tonscherben und Tierknochen – darunter auch Pferdeknochen – und zwei Bruchstücke von Bronzegegenständen. Es ist möglich, daß hier Reste eines Opfers der Wallburgleute entdeckt worden waren. Ich nahm eine Fundkarte des Harz- und Vorharzgebietes zur Hand. Dort waren die verschiedenen Wallanlagen eingezeichnet, und ich setzte das Ergebnis der Oberburg-Grabung dazu. Es gab noch eine Reihe gleichaltriger Befestigungen in nächster Nähe der neuentdeckten urgeschichtlichen Anlage. Man konnte fast meinen, die Illyrer hätten dort eine nach Norden gerichtete Abwehrfront aufbauen wollen. Die Frage war, ob diese alten Wallanlagen nur als Befestigungswerke oder der ansässigen Bevölkerung auch als Kultstätten dienen sollten. Dieser Gedanke, der mich damals sehr beschäftigte, war nicht abwegig, denn es gibt Hinweise, daß sich im Schutze ur- und frühgeschichtlicher Wallanlagen Heiligtümer befanden.

Eine Wallanlage im nordwestlichen Ausläufer des Kyffhäusergebirges, die wohl so alt sein mag wie die hallstattzeitliche Befestigung im Gebiet der Oberburg, nämlich die Numburg auf den Schloßbergen, schien mir ein solches altes Heiligtum zu sein. Auch um sie spinnen sich Sagen und Überlieferungen – ein Beweis, daß das Volk trotz Einführung des Christentums heidnischen Glauben und heidnische Vorstellungen bewahrt hat. Erzbischof Werner von Mainz berichtet im Jahre 1266, am Feste der heiligen Apostel Petrus und Paulus kämen die Bauern „in monte St. Petri prope Kelbra" – damit war der westliche der beiden Schloßberge gemeint – zusammen, um den Kirchweihtag der dortigen Kapelle zu feiern. Dagegen hätte die Kirche bestimmt nichts einzuwenden gehabt, wenn die Feste nicht nach heidnischem Brauch gefeiert worden wären. Über diese Sitten wissen wir zwar nichts, der Kirchenvater schweigt darüber. Wir dürfen jedoch vermuten, daß Tiere geschlachtet und am offenen Feuer gebraten und verzehrt wurden, daß man vielleicht Lieder sang, die den Ohren der Kirchenherren recht unheilig klangen. Auch wird es allerhand derbe heidnische Belustigungen gegeben haben.

Noch heute erzählen alte Leute aus der Goldenen Aue folgende Sage: Am Himmelfahrtstage, also an einem Donnerstag, erscheine auf der Numburg eine Schlüsseljungfrau, und „ein hoher heiliger Mann" reite bei Blitz und Donner auf einem Ziegenbock den Schloßberg hinan. – In nächster Nähe des Schloßberges entspringt eine starke Solequelle, und in urgeschichtlicher Zeit wurde dort Salz gesotten. Tacitus berichtet uns, daß nach germanischem Glauben die Salzgegenden dem Himmel nahe waren und die Götter dort den Gebeten der Menschen besonders gnädig ihr Ohr liehen. War mit dem mysteriösen gewitterbegleiteten Ziegenbockreiter Donar gemeint? Doch die Vergleiche mit der germanischen Mythologie hatten einen Haken: die Numburg war genausowenig germanisch wie die Wallanlage unter der Oberburg des Kyffhäusers. Beide waren wahrscheinlich illyrische Gründungen. Sollten die Germanen, die nach den Illyrern das Land besetzt hatten, die

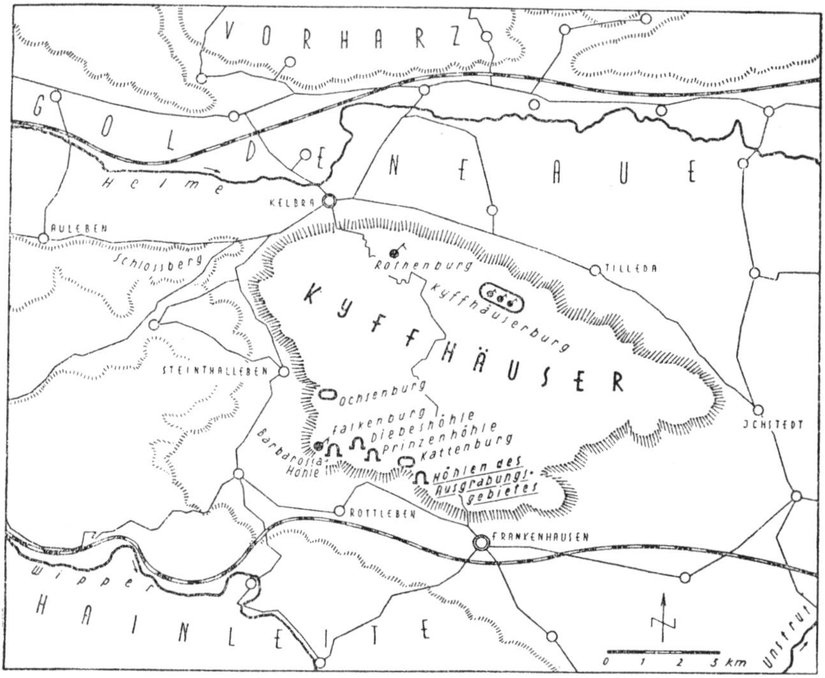

Höhlen im Kyffhäusergebirge

verlassenen Wallanlagen als Kultstätten weiterbenutzt haben? Auf der Oberburg war nichts davon zu bemerken, was aber nicht viel besagte. Das waren Rätsel, die vielleicht niemals zu lösen waren. Man müßte einmal ein richtiges Heiligtum auf dem sagenreichen Kyffhäuser entdecken! Das war der Wunschtraum eines jungen, vielleicht etwas schwärmerisch veranlagten Prähistorikers, der fest daran glaubte, daß so etwas möglich sei.

Der Wunsch sollte in Erfüllung gehen. Nicht ein Heiligtum, sondern gleich zwei oder drei wurden eines Tages entdeckt. Doch sie waren nicht germanisch, sondern gehörten einer älteren Kulturperiode an: Wie die hallstattzeitliche Befestigung unter der mittelalterlichen Oberburg waren sie wahrscheinlich illyrisch oder veneto-illyrisch. Sie sollten beweisen, daß das Kyffhäusergebirge schon in früheren Jahrtausenden ein heiliger Bezirk war.

Wieder vergingen etliche Jahre. Die Wirren des Krieges hatten mich nach Thüringen, nach Weimar verschlagen, wo im Rahmen des gesamten Neuaufbaus aus dem kleinen Stadtmuseum für Urgeschichte ein Landesmuseum für Ur- und Frühgeschichte Thüringens einzurichten war. Die völlig daniederliegende Bodendenkmalpflege mußte neu organisiert werden, daneben waren noch Vorlesungen an der Universität Jena abzuhalten.

Da führten mich Fundmeldungen in die Diamantene Aue, in die Nähe des Sagenberges. Längere Zeit grub ich in Ichstedt erst auf einer Siedlung, dann auf einem Friedhof der Jungsteinzeit und in einem germanischen Dorf um die Zeitwende. Oft schaute ich in den Arbeitspausen zum Kyffhäuser, den ich jetzt bei jeder Witterung kennenlernte. Ich versäumte keine Gelegenheit, mit den Bauern über den geheimnisvollen Berg zu sprechen. Abends, wenn die Dämmerung über die Aue sank und das bäuerliche Leben sich vom Acker in die Höfe zurückzog, klopfte ich da und dort bei den ältesten Dorfbewohnern an und ließ mir aus dem Sagenschatz der Landschaft erzählen.

Damals spielte ich bereits mit dem Gedanken, im Kyffhäusergebirge nach Höhlen zu suchen und dort nach Steinzeitfunden zu graben. Eines Tages wurde durch einen Außenstehenden aus dieser Idee schneller Wirklichkeit, als ich je geahnt hatte.

„Geländeschnüffler“ am Werk

Schüler aus Bad Frankenhausen hatten, angeregt durch den Unterricht einer Lehrerin, einer ehrenamtlichen Mitarbeiterin des Museums für Ur- und Frühgeschichte Thüringens, die ganze Umgebung ohne nennenswerte Ergebnisse nach Höhlen durchsucht. Nur in einem Quertal beim Kosakenstein waren sie auf eine verstürzte Höhle gestoßen.
Eine andere Entdeckung aber sollte zum Anlaß unserer amtlichen Ausgrabungen werden: Einige hundert Meter von der Talkerbe am Kosakenstein, in der typischen Gipslandschaft südlich des Kyffhäusers, zieht sich in nordsüdlicher Richtung ein weites Tal hin. Die Einheimischen nennen es „Eschentälchen“. Dicht bei ihm liegt ein kleiner, oben abgeplatteter Gipsberg mit dem eigentümlichen Namen „Kattenburg“, von dem die Alten erzählen, daß dort einst Raubritter gehaust hätten. Die Frankenhäuser Jungen kletterten also in der östlichen Steilwand dieses Tales auf und nieder, um auch dort nach Hohlräumen zu forschen. Ihre Mühe wurde belohnt: Sie fanden schließlich zwei kleine Höhlen, die, so stellte sich bald heraus, viel tiefer in den Berg führten als das zuerst entdeckte Loch im Nebental. Merkwürdig war nur, daß die beiden neuen Höhlen genau auf den Hohlraum des Nebentales zuliefen. Die Phantasie der Jungen verband die Höhlen miteinander, und bald war es ihnen klar, daß sie hier den Ein- und Ausgang eines langen unterirdischen Ganges gefunden hatten, eines Ganges, den vielleicht die Raubritter von der Kattenburg benutzten, um sich in Sicherheit zu bringen, wenn sie nach einem Überfall des Feindes Hals über Kopf aus ihrer Burg flüchten mußten. Diese Entdeckung wurde dem Landesmuseum in Weimar gemeldet.
Wenig später fuhr ich mit meinen Mitarbeitern zum Kosakenstein, um die Höhlen selbst zu untersuchen. Der Weg führte, von einzelnen Büschen umsäumt, durch Wiesensteppe. Oben auf dem Felsen löste die offene Felsheide die Wiesensteppe ab. Wir wanderten in westlicher Richtung weiter und standen plötzlich oberhalb des kleinen Tälchens,

in das der mysteriöse Gang einmünden sollte. Viele Büsche, von schattenliebenden Hochgräsern umgeben, zogen sich in die Senke hinein. Weit konnte das Auge von hier aus über den südlichen Teil des Kyffhäusergebirges schweifen. Wie anders war hier doch die Landschaft als im Nordteil! Dort türmt sich in der Umgebung der Rothenburg das Gneisgestein steil über der Goldenen Aue. Merkwürdig wölben sich nördlich der Burganlage die granitenen „Bärenköpfe". Sandsteinkonglomerate, auch Porphyrkonglomerate aus dem Rotliegenden, lagern im Norden auf der Kernmasse des Paläozoikums. Kurze, meist gerundete Täler durchziehen dieses Gebiet, das vom 477 Meter hohen Kulpenberg überragt wird. Hier, im Süden des Gebirges, breitet sich die Zechstein-Gipslandschaft aus. Ihre Eigenart wurde durch Auslaugungen unterirdischer Gipslager geformt. Kleine trichterförmige Erdfälle, sogenannte Dolinen, hatten sich da und dort gebildet, wo das Deckgebirge in die Hohlräume unter der Erde eingebrochen war. Außerdem waren auch breite steilwandige Trockentäler durch den Einsturz ganzer Hohlraumzüge entstanden. Während unseres jahrelangen Aufenthaltes im südlichen Kyffhäuser stellte ich fest, daß auch die Tier- und Pflanzenwelt in den beiden Zonen des Gebirges grundverschieden ist.
Die Sonne brannte unbarmherzig auf den steinigen, wasserdurchlässigen Kalkboden. Da und dort warfen Steilhänge die Lichtstrahlen blendendweiß zurück. Jetzt wendeten wir uns zum weiten Frankenhäuser Tal und schauten zum Kurort hinüber. Die Talaue ist sehr reizvoll. Im Süden wird sie vom sanften Höhenzug der Hainleite mit ihren ausgedehnten Wäldern begleitet. Deutlich kann man hinter Frankenhausen das in weite Rohrwiesen eingebettete Dörfchen Seehausen erkennen. Dort beginnt die Diamantene Aue, die vom großen Unstrutried bei Artern begrenzt wird. Ebenso fruchtbar wie die Goldene Aue im Norden des Gebirges, bringt auch sie der Landwirtschaft mit schweren Getreideähren und Zuckerrüben reiche Ernten.
Auf dem gegenüberliegenden Hang, an dessen Südecke zerklüftetes Gipsgestein aus dem Erdreich hervortrat, tummelten sich einige Wild-

kaninchen vor den kleinen Spalten, huschten hin und her und verschwanden wieder. Nun aber wurde unsere Aufmerksamkeit auf etwas anderes gelenkt, was uns schon auf dem Herwege aufgefallen war: Parallel zum Höhenzug, der vom Kosakenstein bis zu unserer Aussichtsstelle führt, durchzieht das Tal, eng an die Gipsberge geschmiegt, eine tiefe, breite Rinne, die nach Westen weiterläuft. Von Bäumen und Sträuchern ist sie dicht bewachsen – offenbar ein uralter Hohlweg, der im Laufe vieler Jahrhunderte tief in den Boden eingefahren und eingetreten wurde. Die Frankenhäuser Bauern nennen diesen mittelalterlichen, vielleicht schon prähistorischen Handelsweg die „Salzstraße".
Wir kletterten hinunter zu der Stelle, wo die Jungen ihre erste Entdeckung gemacht hatten. Wie groß war die Enttäuschung für alle, als ich feststellte, daß der vermutete Eingang durch Preßlufthämmer und moderne Sprengungen in allerjüngster Zeit entstanden war! Allerdings konnte durch diese Arbeiten ein alter Spalt vergrößert worden sein. Umfragen ergaben bald, daß die faschistische Wehrmacht in den letzten Kriegsmonaten 1945 versucht hatte, hier in den Gipsberg einzudringen, um unterirdische Bunker anzulegen. Die Bohrarbeiten waren offensichtlich nicht abgeschlossen worden. Regen hatte durch einen Spalt von oben her lehmige Erde in den Gang eingewaschen; überall sah man nur sterilen Boden ohne Spuren des urgeschichtlichen Menschen. Nach diesem wenig ermutigenden Resultat unterblieb die Besichtigung des Eschentälchens, da ich hier ähnliche Dinge vermutete. Sie wurde für einen späteren Termin vorgesehen.
Langsam gingen wir dem Ausgang des Tälchens zu. Am Steilrande der Salzstraße ließen wir uns eine Weile im Grase nieder, und zufällig fiel unser Blick auf die steile Südwand am Wege. Da sah man unter der Humusschicht „Himmelsmehl", das ist heller Gipsstaub, der sich aus verwittertem Gips gebildet hat; darunter ein dunkles Erdband. Wie groß war unser Erstaunen, als wir in dieser offenbar vom Berge herabgespülten Schicht mehrere urgeschichtliche Scherben entdeckten, die der Bronze- oder der frühen Eisenzeit angehören mußten. Zweifellos hatte sich dort oben der vorzeitliche Mensch aufgehalten. So war uns

doch noch ein kleiner Erfolg beschieden. Das Interesse für Ausgrabungen aber flaute bei den Jungen stark ab.
Eines Tages meldete sich bei mir im Museum ein junger Mann aus Bad Frankenhausen, um mir einige Funde zu zeigen. Das war nichts Außergewöhnliches. Sehr oft kommen Liebhaber der Urgeschichte ins Museum, zeigen ihre meist auf Äckern abgelesenen oder in Kiesgruben gefundenen Schätze und erkundigen sich nach ihrem wissenschaftlichen Wert. Er sprach davon, daß es im Eschentälchen – wie ich bereits wußte – mehrere Höhlen gäbe, in denen er mit anderen Kameraden, sie gehörten alle zu den „Geländeschnüfflern" der Frankenhäuser Schule, herumgestöbert habe. In einer dieser Höhlen sei er auf frische Erdberge und ein neu gegrabenes Loch im Boden gestoßen. Auf dem Sand habe er einige Scherben gefunden, die nach seiner Meinung urgeschichtlich sein müßten, da in der Schausammlung des Heimatmuseums von Bad Frankenhausen ganz ähnliche zu sehen seien. Diese Entdeckung habe ihn veranlaßt, sofort nach Hause zu eilen und eine Schaufel sowie mehrere Kerzen zu holen, um an dem bereits vorhandenen Loch weiterzugraben. Scherbe auf Scherbe sei ihm während der Buddelei in die Hände gefallen.
Vorsichtig öffnete er nun die Aktentasche und nahm mehrere Zeitungspapierpäckchen heraus, in denen eine Reihe größerer Scherben sorgfältig eingewickelt waren. Ich betrachtete eine sehr eingehend. Es war das Bruchstück einer feingeglätteten Schale von schöner rotbrauner Farbe, auf dem man deutlich Malspuren erkennen konnte. Der niedrige Hals des Gefäßes war einst mit einem breiten schwarzen Strich und seine Schulter mit schwarzen Winkelbändern verziert. Das war etwas Besonderes. An Hand von Abbildungen ähnlicher Gefäße in einem Buch erläuterte ich dem Finder, daß die bemalte Scherbe aus der sogenannten Hallstattzeit stammt. Die Schale war offensichtlich am Ende der Periode, vielleicht um 600 v. u. Z., hergestellt worden. Bald hatten wir Zeichnungen von Gefäßen aus Melsungen in Nordhessen gefunden, die das gleiche aufgemalte Muster zeigten wie die Höhlenscherbe. – Als ich meinem Zuhörer sagte, daß er jedes weitere Buddeln in der

Höhle unterlassen müsse, weil er ja nicht wissen könne, was dabei zu beachten sei, versprach er es hoch und heilig.
Nun bedurfte es keiner langen Überlegung; hier mußte schnell gehandelt werden, wenn nicht kostbare Befunde durch unsachgemäße Buddelei verlorengehen sollten.

Wir besichtigen das Höhlengelände

An einem herrlichen Spätsommertag fuhren wir abermals nach Bad Frankenhausen, um die fündige Buddelstätte in der angegebenen Höhle zu besichtigen. Wir gingen zu Fuß zum Eschentälchen. Ein Stück wanderten wir am Kyffhäuserweg entlang, dann führte am Rande der Stadt, kurz hinter dem letzten Haus, ein mit Schotter bestreuter Weg langsam in die Höhe. Weiter oben lagen die großen Platten des anstehenden Stinkschiefers frei. Dieser dunkelbraungraue Schiefer trennt innerhalb der Zechsteinformation den Oberen vom Unteren Gips. Er hat eine merkwürdige Eigenschaft: Wenn man ein Stück durchbricht und die Bruchflächen an die Nase hält, nimmt man den eigentümlich intensiven, für ein Bitumengestein typischen Geruch wahr. Längs des Weges, der von großen, schön gewachsenen Kastanienbäumen eingefaßt war, hatten Schüler Täfelchen aufgestellt, die die geologischen Schichten und die Gipsflora erklärten.
Rasch machten wir noch einen Abstecher zum Galgenberg, dem im Walde versteckt liegenden kleinen, künstlichen Hügel, den ein Steinkranz umgibt und von dem die Überlieferung erzählt, daß dort im Mittelalter und in späteren Jahrhunderten der Galgen gestanden habe.
Noch ein Stück bergan, und endlich zweigte ein Feldweg ab. Er verlief in westlicher Richtung parallel zum Frankenhäuser Tal, das sich tief unter uns entlangzog. Eine lange Hecke wilden Flieders umsäumte den Weg, er führte an Fichtenwald vorbei, über eine kleine Waldlichtung, und – plötzlich standen wir vor einem etwa neunzig Meter tiefen Steil-

abfall, der einen weiten Blick ins Frankenhäuser Tal freigab. Wie rote Punkte flammten die Dächer des Dörfchens Rottleben in der Aue. Unmittelbar vor uns dehnte sich eine Senke, im Westen begrenzt durch einen sanft gewölbten waldbestandenen Berg, den der Volksmund „Breiter Berg" nennt. Auf seinen Abhängen leuchteten die gelben Kleckse Hunderter aufgestellter Garben. Die Salzstraße furchte die Senke in weitem grünem Bogen. Zu unserer Rechten erhob sich ein hoher Gipsbuckel – ein berühmter Berg, von dem ich mir erzählen ließ, daß er allen Botanikern Deutschlands wegen seiner seltenen Pflanzenwelt bekannt sei. Wir nannten ihn den „Orchideenberg".

Schräg zur Linken, mitten im Acker, öffnete sich eine riesengroße tiefe Grube, die „Äbtissinnengrube". Sie wirkte wie der ungeheure Krater eines Meteoriten, war jedoch eine Doline, die sich nach einem gewaltigen Deckeneinbruch über einem ausgelaugten Gipsstock gebildet hatte. Die Umwohnenden hatten sich in alter Zeit eine Entstehungsgeschichte ausgedacht: Vor langer Zeit lebte im ehemaligen Kloster zu Bad Frankenhausen eine Äbtissin. Sie führte einen so liederlichen Lebenswandel, daß Gott sie zu bestrafen beschloß. Eines Tages nun zogen sich über dem Kloster schauerliche Gewitterwolken zusammen, aus denen unaufhörlich Blitze zuckten. Die Äbtissin fühlte, daß das Strafgericht für ihre Missetaten gekommen sei. Sie bat ihre Mitschwestern, im Hause zu bleiben, sie selbst aber verließ das Kloster so schnell sie konnte. An der Stelle, wo heute der tiefe Krater zu sehen ist, traf sie ein Blitz; und sie wurde mitsamt dem Boden in die Tiefe gedrückt. Dann klärte sich der Himmel wieder auf, das Strafgericht war vorüber.

Der Berg, auf dem wir standen, fiel zunächst pultförmig nach Süden und dann gegen das Frankenhäuser Tal verhältnismäßig steil ab. Langsam gingen wir zum Südabhang hinunter. Herrliche alte Eichen streckten ihre Äste zum Himmel. Wer mag sie einst gepflanzt haben? Wir beschlossen, das obere steilste Drittel des Gipsberges, in dem sich die Höhle befinden sollte, vom Tale her zu bezwingen, und wandten uns also in das Quertal unter uns. Langsam und mühselig stapften wir in die Höhe bis zur schmalen Erdkante, hinter der der Gipsfelsen empor-

ragte. Es war schwer, sich vorzustellen, daß diese Steilwand einst vor 150 bis 200 Millionen Jahren auf dem Grunde eines Meeres, des Zechsteinmeeres, entstanden war, das sich vom Ural bis England und von der Ostseeküste bis an die Sudeten und nach Schwaben ausbreitete.
Das Einschlupfloch in die Höhle war so klein, daß man sich bäuchlings hineinschieben mußte. Kühle Luft umfing uns. Hinter dem schmalen Eingang hob sich jedoch plötzlich die Decke, so daß man bequem stehen konnte. Wir nannten diese Höhle „Stopfnadelhöhle", einmal, weil eine Bronzestopfnadel darin gefunden worden war, zum anderen, weil man wie durch ein Öhr in sie hineinkriechen mußte. Später wurde sie als „Höhle 1" eingeordnet. Im Scheine unserer Lampe flimmerte es am Höhlenfirst und an den Wänden hin und wieder hell auf. Hier verlief eine Ader Marienglas. Wir standen schließlich in einem kleinen Kessel, dessen First, obwohl rissig, ziemlich fest aussah. Ein größeres Loch war in den weichen Höhlenboden eingegraben worden. Ich sprang in die Grube und putzte die Erdwand mit einer Fugenkelle sauber. Eine schwärzliche Schicht, mit Holzkohlebrocken durchsetzt, wurde sichtbar. Sie zog sich waagerecht auf dem Boden des Loches entlang. Zweifellos hatten sich in dieser Höhle einst urgeschichtliche Menschen aufgehalten. Ich sah mich in dem kleinen Kessel um. Viel Raum, um sich bequem einzurichten, gab es hier nicht. Vor allem lud die niedrige Temperatur nicht zum längeren Aufenthalt in diesem unterirdischen Hohlraum ein.
Einige Scherben – ich hatte sie beim Spachteln aus der Schicht gelöst – sahen genauso aus wie die Gefäßbruchstücke, die mir der Schüler im Museum gezeigt hatte. Was hatten die Hallstattleute also in dieser winzigen Höhle gesucht? Es war doch bekannt, daß die Menschen der frühen Eisenzeit ebenso wie ihre Vorfahren in der Bronze- und jüngeren Steinzeit feste Häuser bauten. Einige Leute eines Stammes mußten sich in diese Höhle zurückgezogen und wie Altsteinzeitmenschen gehaust haben! Welche Gründe mochten sie dazu bewegt haben? Waren es Flüchtlinge, die ihr Dorf im Tal verlassen mußten, um sich hier zu verstecken? Lange sprachen wir über die rätselhaften Beweggründe.

Es stand fest, hier mußte bald eine Untersuchung des Landesmuseums stattfinden. Ich träumte bereits davon, unter der Schicht mit den eisenzeitlichen Gefäßscherben noch ältere Kulturen und vielleicht ganz unten, auf dem Höhlenboden, sogar Werkzeuge des Altsteinzeitmenschen zu finden. Höhlen, in denen die Hinterlassenschaften vieler Kulturen übereinanderlagen, wurden in Deutschland und auch in anderen Ländern schon öfters ausgegraben. Warum sollte uns hier nicht etwas Ähnliches begegnen?

Wieder vergingen mehrere Tage. Da erfuhr ich, daß bereits vor einigen Jahrzehnten im Höhlengebiet der Kattenburg gegraben worden sei. Der Altertumsforscher Dr. Hauser, der durch die Ausgrabungen fossiler Menschenskelette des Eiszeitalters in Frankreich bekannt geworden ist, besuchte um die Jahrhundertwende auch Bad Frankenhausen. Er hörte von den Höhlen am Eschentälchen, besichtigte sie und war begeistert von der Schönheit der Landschaft, die ihn in mancher Hinsicht an das Paradies des Urmenschen in Frankreich erinnerte. Er glaubte fest daran, daß auch hier am Kyffhäuser der altsteinzeitliche Mensch gehaust habe. Als er nach Frankreich zurückkehrte, äußerte er, er wolle wiederkommen und den Kyffhäuser-Urmenschen ausgraben. Doch Jahre vergingen, und er kam nicht. Da machte sich ein Lehrer daran, selbst nach dem Urmenschen zu forschen. Er grub im Eschentälchen und in den Höhlen. Böse Zungen behaupten, er habe in die engen Spalten schmalbrüstige Schüler geschickt, die ihm, dem vor dem Loche hockenden Dicken, erzählen mußten, was sie sahen, und herausreichen, was sie beim Buddeln fanden. Viele Scherben kamen in die Hände des Lehrers; er packte sie in Kisten und schaffte sie ins Heimatmuseum. Dort standen tatsächlich heute noch Kisten mit der Aufschrift „Kattenburg", aber sie enthielten mittelalterliche und noch jüngere Scherben. Viele Kisten waren jedoch unbeschriftet. Und gerade die bargen urgeschichtliche Funde! Stammten sie aus unserem Höhlengebiet? Eine Antwort konnte man nicht mehr darauf geben.

Dr. Hauser hatte also als erster die Höhlen oberhalb des Eschentälchens als altsteinzeitliche Wohnplätze angesprochen; die alten Frankenhäuser kannten sie aber schon länger. Sie waren in ihrer Jugendzeit öfters dort herumgestreift und hatten in den „Schubberlöchern" – so nannten sie die Höhlen – die erste, dem Vater entwendete Zigarre ausprobiert. Auch entsann man sich der Wilderer, die nach erfolgreichem Pirschgang in den Höhlen die Beute abbalgten.

Die Grabung beginnt

Wissenschaftliche Großgrabungen erfordern eine gute Vorbereitung. Ausreichende Geldmittel und Instrumente müssen zur Verfügung stehen. Außerdem müssen die Ausgrabungen an Ort und Stelle von Fachleuten überwacht werden. – Es war nicht einfach, im Herbst noch größere Geldsummen zu erhalten. So wurde beschlossen, zunächst nur eine kleine Untersuchung durchzuführen und erst im neuen Etatjahr großzügiger vorzugehen. Überdies würden erst die Erfolge oder Mißerfolge der Probeschürfungen zeigen, was in den nächsten Wochen oder Monaten geschehen mußte. Zunächst kam es also darauf an, die ganze Angelegenheit vorzubereiten.

Ich bat den Bürgermeister von Bad Frankenhausen um Unterstützung bei der Beschaffung von Baumaterial und Arbeitswerkzeug. Mit seiner Hilfe waren in kurzer Zeit vier Männer ausgesucht, die mit unserer Museumsmannschaft in die Höhlen eindringen sollten.

An einem sonnigen Herbstmorgen trafen wir uns zu früher Stunde auf dem Berggipfel. Im nassen Gras funkelten die Spinnweben, als wir über den Abhang liefen, um unser künftiges gemeinsames Arbeitsfeld zu besichtigen. Ich sprach von den Aufgaben, die auf uns warteten, doch die Männer wollten ihre eigentliche Arbeitsstelle, die Höhle, so bald wie möglich kennenlernen. Über eine Leiter turnte einer nach dem andern vorsichtig in die Tiefe. Langsam krochen wir in das Innere des kühlen Kessels. Diese und viele andere kleine Höhlen in der südlichen Gipslandschaft des Kyffhäusers waren durch gewöhnliche Sickerwässer entstanden. Die Feuchtigkeit ist jahrtausendelang von oben durch das weiche, wasserdurchlässige Gestein in die Tiefe gedrungen und hat zunächst eine Spalte oder eine Kluft zu einem Hohlraum und schließlich zu einer Höhle erweitert. –

Als die Vorbesprechungen beendet und der feierliche Augenblick der Grabungseröffnung gekommen waren, packten die Männer ihr Schanzzeug, um zuerst den Vorplatz der Höhle freizulegen. Es ist nämlich bekannt – eine Reihe in- und ausländischer Höhlenforschungen zeigten es –, daß sich der Urmensch sehr gerne vor der Höhle aufgehalten hat. Dort fand man nicht selten schönere Gegenstände als im Innern des Berges. Auch einen grabungstechnischen Vorteil bietet diese Methode: Die Erde, die später aus der Höhle geräumt wird, kann auf dem bereits untersuchten Vorplatz abgeladen werden.

Zuerst wurde also der Höhlenvorplatz von Gebüschen gesäubert, quer zum Steilhang ein Schnitt abgemessen, der unmittelbar auf den Höhleneingang zulief, und der filzige Waldboden abgetragen. Bald kamen kleine Gipsbruchsteine zum Vorschein. Während zwei Männer sich abmühten, langsam in die Tiefe zu dringen, begannen die beiden anderen, die schmale Kante am höchsten Punkt des Erdsteilhanges zu verbreitern, indem sie die Erde einen Meter abschachteten und über die Böschung warfen. Hier sollte ein neuer, sicherer Abstieg vom Plateau entstehen, von dem auch die „Rauchlochhöhle" schnell zu erreichen war. Diese neue Höhle – später Höhle 2 – lag nördlich der Stopfnadelhöhle und wurde deshalb so genannt, weil der Rauch eines in ihrem Kessel entzündeten Feuers durch ein Loch in ihrer Felswand abzog.

Auf dem Vorplatz der Stopfnadelhöhle, unmittelbar unter dem Höhlenportal, machten die beiden Männer eine wichtige Entdeckung: Unter der Gipsbrockenschicht lag eine schwarze, mit zahlreichen winzigen Holzkohleflocken durchsetzte Brandschicht. Der urgeschichtliche Mensch hatte also in der Nähe eine Feuerstelle unterhalten. Mit dem Spachtel untersuchten wir vorsichtig den Boden. Aber keine Scherbe war zu finden, so daß wir zunächst die Schicht nicht datieren konnten. Überraschend schnell war die schwarze Erdlage durchstoßen. Darunter wurde

hellbrauner, anscheinend fundleerer Ton sichtbar. Plötzlich knirschte der Spachtel auf einen Gegenstand, den man unter dem anhaftenden Ton für eine kleine Stinkschieferplatte halten konnte. Als wir das Stück gereinigt hatten, gab es eine Überraschung: Ein kleines Steinbeil aus Amphibolit lag auf meiner Hand! Das war wirklich ein verheißungsvoller Anfang! Ich nannte es damals ein glückverheißendes Omen. Und so war es auch. Sieben Jahre lang blieb uns hier das Finderglück treu.
Das Beil stammte offenbar aus der jüngeren Steinzeit, seine uncharakteristische Form erschwerte jedoch seine Zuweisung zu einer bestimmten Kultur. Wichtig war die Frage: Wie war das Gerät in diese Schicht gekommen? Denn nach dem Schichtenaufbau, den das Buddelloch in der Höhle zeigte, mußte die oberste Kulturschicht hallstattzeitlich sein. Das Beil entstammte entweder einem älteren Fundverband, oder es war als Einzelfund verschleppt worden, und zwar zu einer Zeit, da Steinbeile nicht mehr in Gebrauch waren.
Sehr bald stießen wir unter weiteren Brandschichten auf gewaltige Steinblöcke und beschlossen, den Erdboden in der ganzen Länge des Schnittes bis zur Steinblockschicht abzugraben. Aber nun zeigten sich neue Schwierigkeiten: Überall tauchten riesige Blöcke auf, von denen sich nur wenige mit Stemmeisen und Picken zertrümmern und ins Tal rollen ließen. – Hier konnte nur Dynamit weiterhelfen, wenn wir die darunterliegende Kulturschicht mit ihren sicherlich aufschlußreichen Funden kennenlernen wollten. Zunächst mußten einige große Blöcke beseitigt werden, die um einen riesigen Felsklotz gruppiert waren, und bald erzitterte das stille Tal vom Widerhall der Detonationen. Die Gesteinstrümmer waren schnell weggeräumt, ein Brocken nach dem anderen sauste den Abhang hinab in die Tiefe. Doch bald war klar, daß uns der Steinriese noch viel zu schaffen machen würde. Allen wuchtigen Pickenschlägen hielt er stand, ohne auch nur den geringsten Riß zu zeigen. Unsere Sprengmeister besahen sich den Giganten von allen Seiten, um seine „schwache Stelle" ausfindig zu machen. Schließlich stand fest, wo die Bohrlöcher angebracht werden mußten. Da uns hier kein Preßlufthammer zur Verfügung stand, wurden mit einem Spitzeisen

einfach mehrere Bohrlöcher eingehauen und das Gipsmehl mit einem Speziallöffel aus der Vertiefung geholt.
An einer Stelle konnte man jetzt schon eine interessante Erdschichtenfolge beobachten: Die noch im Profil steckenden Steinkolosse saßen genau zwischen zwei schwachen oberen und einer kräftig ausgebildeten unteren Brandschicht. Die Steine waren offenbar aus größerer Höhe auf die untere Kulturschicht gefallen. Ihre Unterseite zeigte deutlich kleine Inkrustationen, also haben sie einmal zum Höhlendach gehört. Der Höhleneingang lag demnach einst zwei Meter vor dem heutigen.
Ein Dröhnen und Poltern hatte hier vor mehreren tausend Jahren die urgeschichtlichen Menschen erschreckt. Ob vorher das Gestein geknistert hat, ob unheimliche Risse und niederfallende kleine Steinbrocken die Gefahr rechtzeitig angezeigt haben, das wissen wir nicht. Jedenfalls haben die Gesteinsmassen keinen hier ahnungslos Hockenden oder Stehenden zerschmettert. Vielleicht hatte der Zufall seine Hand im Spiel, und zur Stunde der Katastrophe war gerade niemand an dieser Unglücksstätte.
Die Kulturschichten, die sich über die Einsturzmassen hinwegzogen, bewiesen eindeutig, daß man nach nicht allzulanger Zeit die Höhle wieder aufgesucht hatte. Während man aber früher unmittelbar in die Höhle gelangen konnte, mußte man nun erst einen Trümmerhaufen überklettern.
Während die Arbeiter am Vorplatze der Stopfnadelhöhle die Trümmer der gesprengten Steine beseitigten und Bohrlöcher einschlugen, machten wir in der Rauchlochhöhle eine interessante Entdeckung: Wir hatten mit unseren Lampen jeden Riß und jede Spalte im Kessel sorgfältig abgeleuchtet, aber außer einigen etwa hundert Jahre alten Namenszügen nichts Besonderes gefunden. Als wir nun auch den schmalen Spalt untersuchten, der hinter dem Kessel zum Hang zurücklief, stockte unser Fuß. Altertümliche Buchstaben waren hier tief in den Gips eingegraben und hoben sich deutlich von der senkrechten hellen Gipswand ab. Mühelos ließen sich da und dort Jahreszahlen des 17. und 18. Jahrhunderts und ganze Namenszüge entziffern. Einige waren mit künstle-

rischem Schwung ausgeführt; ihr Schreiber mußte Zeit und Muße für diese Arbeit gehabt haben. Manche Buchstaben waren nicht eingeschnitten, sondern eigentümlich eingekerbt; sie sahen aus wie Kordelabdrücke. Die Inschriften überzogen da und dort ältere, dünne Linien, ein bestimmtes System war jedoch nicht zu erkennen.
Lange blieben wir in der Spalte und schrieben die entzifferten Namen auf. Später nannten wir die Kluft den „Inschriftengang". Seit dem 16. Jahrhundert waren also immer wieder Menschen in dieser Höhle gewesen und hatten ihre Namen in den weichen Gips gegraben, um nachfolgenden Höhlenbesuchern eindringlich vor Augen zu führen, daß sie bereits vor ihnen hier waren. Hatten Spaziergänger diesen idyllischen Winkel entdeckt? Erst viel später, nachdem wir in alten Urkunden geblättert hatten, stellte es sich heraus, daß im Dreißigjährigen Krieg viele Frankenhäuser in die Wälder der Umgebung geflüchtet waren. Die ältesten Inschriften bewiesen, daß sie sich auch in unseren Höhlen aufgehalten hatten. Hier konnten sich die Historiker betätigen, indem sie die Namenszüge und die Jahreszahlen in alten Kirchenbüchern und Chroniken verglichen und nachprüften, ob auch die anderen Daten mit lokalen Ereignissen in Zusammenhang stehen. – In den oberen Erdschichten des Kessels lagen Scherben und Gebrauchsgegenstände aus historischer Zeit, die wohl kaum Sonntagsbesucher, spielende Kinder oder Wilddiebe nach kurzem Aufenthalt hier zurückgelassen hatten! Selbstverständlich werden auch solche „Höhlenbesucher" nicht gefehlt haben, und mancher hat seinen Namen mit dem Messer in die Gipswände gegraben.
Vom Inschriftengang führte ein Hohlraum nach Norden. Auch dort suchten wir die Wände nach Schriftzeichen ab. Besorgt betrachteten wir den First des hintersten kesselartigen Höhlenabschnitts. Dort hingen lange Wurzeln von der erdigen Decke, und viele große Gipsblöcke lagen auf dem Boden herum. Es war die einzige Decke im Höhlenbereich, die einst wegen ihrer geringen Mächtigkeit eingebrochen war. Nach dem Absturz des steinernen Firstes hatte sich das erdige Höhlendach deutlich gesenkt und hing nun bedrohlich über unseren Köpfen. Wann

würde es von oben herabstürzen? Wir waren noch zu unerfahrene Höhlenforscher, um zu wissen, wie man sich in einer so unsicheren Höhle verhalten muß, ohne eine Katastrophe auszulösen. So kletterten wir vorsichtig über die Einsturzblöcke und ließen unsere Blicke hin und wieder mißtrauisch zur Decke schweifen. Aber gerade so ängstliches Verhalten bringt manche Gefahren mit sich! Beinahe hätte es damals schon die erste Quetschung gegeben, denn in einem schmalen Spalt lag ein tückischer großer Gipsblock, der blitzschnell zur Seite kippte, wenn man auf ihn trat.
An der Nordseite der hintersten Kammer, dicht unter dem unsicheren Erdfirst, beleuchteten unsere Lampen doch noch etwas Interessantes: Ein schaufelartiges Zeichen war von zwei Pfeilen, die nach unten wiesen, schräg durchkreuzt. Die eine Pfeilspitze zeigte auf eine mit Erde gefüllte Vertiefung, die wie ein verschütteter Spalt aussah. Wir rätselten hin und her, was das wohl zu bedeuten habe. Fast konnte man annehmen, eins der geheimnisvollen Zeichen der mittelalterlichen Venezianer vor sich zu haben, von denen die Überlieferung erzählt, daß sie in den Höhlen und Bergen Mitteldeutschlands emsig nach Gold gesucht hätten. Nun, im Gips war kein Gold zu finden. Vielleicht aber hatte jemand hier ein Versteck angelegt? Wir erwarteten damals von dem geschlossenen Spalt, auf den der Pfeil wies, manche Überraschung. Die eigenartige Höhlenatmosphäre beflügelte unsere Phantasie. Als wir ihn nach einigen Monaten untersuchten, entpuppte sich unser Spalt als eine leere Mulde. Damals hatten wir aber im Höhlengebiet schon reiche urgeschichtliche Funde gemacht, und die romantischen Vorstellungen waren nüchternen Gedankengängen gewichen. So fanden wir uns damit leicht ab, zumal wir hier auch nichts Urgeschichtliches erwartet hatten. Was aber das merkwürdige Zeichen bedeuten sollte, konnte nie geklärt werden.
Im Inschriftengang der Rauchlochhöhle hatten wir etwas Unerfreuliches festgestellt, das mir wieder eindringlich bestätigte, wie notwendig unsere amtliche Grabung war: Im Höhlenboden hatten wir ein von Erdbergen umgebenes Loch bemerkt; unbefugte Hände hatten hier nach Funden

gesucht. Wir wollten diese Erde jetzt sorgfältig durchspachteln und die Scherben sammeln, die der „Raubgräber" etwa übersehen hatte. Schließlich wollten wir ein kleines Profil herrichten, denn wir hofften, daß es uns wie in Höhle 1 einige Kulturschichten entdecken ließe. Doch die aufgeworfene Erde enthielt nichts, und auch das Profil zeigte nur lehmigen Boden. Wir verlegten das Profil nochmals um einige Zentimeter nach hinten. Plötzlich stießen wir auf einen runden Gegenstand. Am schmalen Felsspalt, durch den das Tageslicht nur spärlich eindrang, konnten wir unseren Fund betrachten: Es war das Bruchstück eines kleinen dunkelgrünen Bronzeringes. Trotz eifrigen Suchens fand sich jedoch seine andere Hälfte nicht. Wir stellten also unsere kleine Probeschürfung ein, gewiß, daß auch die Rauchlochhöhle Überraschungen für uns bereithalte.
Zwei unserer Grabungsmänner versuchten den zerschmetterten Steinriesen vor der Stopfnadelhöhle wegzuräumen. Die beiden andern bemühten sich, am Höhlenportal in tiefere Schichten vorzustoßen. Der steile Gipsfelsen trat hier etwas zurück. Die Picken gingen der kleinen Vertiefung nach, und plötzlich beförderte das Arbeitsgerät einen schönen Bronzefingerring ans Tageslicht. Er war von einer hellgrünen schwammigen Patina überzogen, doch leider sehr brüchig, so daß man nur sehr vorsichtig die ihm anhaftende Erde abkratzen durfte. Jetzt erst konnten wir erkennen, daß er aus einem mehrfach gewundenen, schmalen Bronzeband bestand. Solche Ringe wurden in der Bronze- und frühen Eisenzeit getragen. Vorsichtig packten wir ihn mit einem Fundzettel in eine Schachtel.
Hatte uns schon das Steinbeil am vorhergehenden Tag zuversichtlich gestimmt, so spornten diese kleinen Metallgegenstände den Arbeitseifer zu höchsten Leistungen an. Verbissen schlugen wir auf den Steingiganten ein und gruben ihn bis zu seinem Fuß frei, so daß er nur noch mit den „Zehen" im Boden stand. Endlich hatten wir es geschafft: Der gewaltige Gipsfelsen lag frei! Wieder wurden Bohrlöcher eingeschlagen, wieder brach die Hölle los. Aber diesmal hatten die Sprengungen keinen rechten Erfolg. Mehrere Schüsse verpufften, und der Koloß saß

noch immer wie eingewurzelt im Boden. Da entschloß sich der Sprengmeister zu einem gefährlichen Experiment. Er hatte entdeckt, daß die Sprengungen eine dicke Platte an der Oberseite des Steins gelockert hatten und daß man diese Platte mit Brechstangen etwas hochheben konnte. Er wollte nun die Patronen dort einschieben und die Platte langsam wieder senken. Lakonisch erklärte er, wenn alles klappe – er betonte dabei das Wort „alles" merkwürdig –, dann bliebe von dem Brocken nicht viel übrig. Wenn aber nicht alles klappe, könne unter Umständen von uns nicht allzuviel übrigbleiben. Wir faßten das Ganze als Spaß auf. Das war es jedoch nicht. Der Sprengmeister führte zunächst ohne Patronen vor, wie er sich die Sache dachte. Mehrere kräftige Arme hebelten an den Brechstangen, bis sich die Platte an der waagerechten Sprungfläche etwas hob. Jetzt wurden leere Patronen eingeschoben, und dann kam es darauf an, langsam und behutsam die Platte wieder herunterzulassen. Die Brechstangen durften auf keinen Fall ausgleiten, denn die obere Platte würde auf ihre explosive Unterlage wie ein Hammerschlag wirken. Die Folgen waren nicht auszudenken. Alle Handgriffe wurden mehrmals geübt. Nachdem der Sprengmeister die letzten Handgriffe getan und wir alle volle Deckung in der Rauchlochhöhle gesucht hatten, ertönte das Signal. Der Berg dröhnte, deutlich spürte man das Zittern des Gesteins und hörte, wie Steine auf die Felsen und auf das Holz der Hangbäume prasselten. Dann wurde es still; nur hin und wieder rumpelten noch einige Brocken herab.

Endlich konnten wir unseren Unterschlupf verlassen. Am Höhlenvorplatz waren die Auswirkungen der ungeheuren Kräfte, die sich hier ausgetobt hatten, eindrucksvoll sichtbar. Der Steinriese lag endgültig besiegt vor uns, von unzähligen Rissen durchzogen. Die Steilwand hinter ihm war durch den Anprall der hochfliegenden Gipsbrocken von Schlag- und Schrammstellen gezeichnet. Bald hatten wir große Teile des Steins gelockert und ins Tal gerollt. Es vergingen aber noch etliche Stunden, bis die Brandschicht fast ganz freilag. Zahlreiche Scherben verschiedener Gefäße wurden geborgen, alle zeigten sie Charakteristisches der Urnenfelderzeit.

In den nächsten Tagen und Wochen wurde auf dem Vorplatz unserer Höhle 1 unentwegt geschürft und gepickt. Zu unserem Leidwesen tauchten aus dem Erdenschoß neue Steinkolosse auf, die das Ausmaß der ehemaligen Einsturzkatastrophe immer deutlicher erkennen ließen. Einer dieser Steinriesen beschwor nochmals eine gefährliche Situation herauf. Er lehnte an der Steilwand und erschien uns als besonders heimtückisch; denn seine „Zehen" standen nur leicht im Ton. Bis dorthin mußten wir aber den Vorplatz abgraben. Während wir also schabten und kratzten, das Gesicht zu Boden gewandt, konnte der Gipsbrocken plötzlich ins Rutschen kommen und uns begraben. Er mußte daher verschwinden, und nach vielfachen erfolglosen Versuchen wurde er schließlich von oben her in mühseliger Meißelarbeit zerkleinert.
Nun war endlich alles frei, und der Vorplatz in seiner ganzen Breite und Länge konnte untersucht werden. Inzwischen war unser Museumszeichner schon eifrig dabei, das große, quer zum Hang verlaufende Erdprofil sorgfältig zu vermessen und auf Millimeterpapier zu zeichnen. Die Einsturzkatastrophe und die Brandschichten darunter und darüber waren für die wissenschaftliche Auswertung festgehalten worden. Die Zeichnung gab den neuesten Stand des Schichtenverlaufs wieder: Eine sterile Schicht hatte sich zwischen die Brandschichten geschoben. Das bedeutete, daß die Höhle, die ja ursprünglich noch den halben Vorplatz einnahm, längere Zeit unbewohnt war und daß Frost und Sickerwasser nach und nach Bestandteile der zersetzten Gipsfläche am Höhleneingang abgelagert hatten.
Langsam hatten die Arbeiter die Erdwand mit dem wichtigen Längsprofil abgetragen und die Erd- und Kulturschichten weggeschippt, nachdem sie sorgfältig durchsucht waren. Nun standen wir auf dem Tonboden, den wir liebevoll geputzt und geglättet hatten. Ein buntes Bild zeigte sich, so daß selbst der Laie, der sich mit der Urgeschichtsforschung nicht näher beschäftigte, interessiert hinschaute: Man sah eine größere Herdstelle in Form einer länglichen Grube, die bis obenhin mit heller Asche gefüllt war. Ihre Ränder waren rotgebrannt; hier loderte also einst ein Feuer. Nahe am Abhang lag eine zweite, fast rechteckige Grube

mit gefleckter Füllung. Auf der Nordseite der freigeputzten Fläche hob sich noch eine dritte zugefüllte dunkle Vertiefung vom graugrünen Ton ab. An der Südseite des Vorplatzes und nahe beim Höhleneingang rahmten Stinkschieferbänke das eigentümliche Bild aus satten Erdfarben ein, das eine alte Kultur geschaffen hat.

Die Arbeiter legten jetzt endgültig die Spaten beiseite und griffen zu den Fugenkellen. Jeder Quadratzentimeter des Vorplatzes wurde ab-

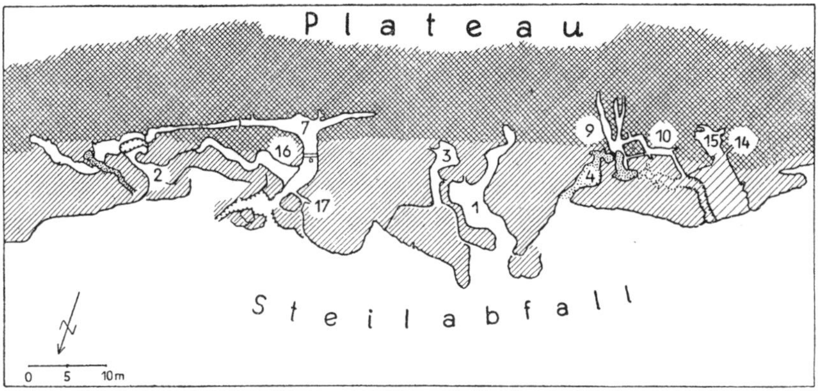

Lage der Höhlen am Hang von „Eichenhöh"

geschabt, die Herdstelle regelrecht aufgeschnitten. Hier hatten also vor mehreren Jahrtausenden Menschen gesessen und gekocht. Der Kochtopf, den wir bald freilegten, war leider vollständig zerscherbt. Wir stachen immer neue Profile, bis von der Herdstelle nichts mehr übrig war als die Mulde, die ihr Besitzer einst gegraben hatte. Mittlerweile häuften sich um uns eine Menge Kisten und Schachteln mit Erdproben aus den verschiedenen Herdschichten. Die Erde sollte im Laboratorium mikroskopisch und chemisch untersucht werden, um herauszubekommen, was man hier einst gebraten und gekocht hatte! Als wir die große rechteckige Grube ebenso wie die Herdstelle aufschnitten, stellte sich bald heraus, daß sie künstlich in den Stinkschiefer gebrochen war.

Holzkohle- und Ascheschichten sowie rötliche Erdmassen, die offenbar mit Feuer in Berührung gekommen waren, füllten sie bis zum Rande. Je länger wir an dem Objekt hantierten, um so deutlicher wurde, daß wir hier eine Aschengrube vor uns hatten. Sie gehörte sicher zum Herd nebenan. Als wir sie ausgeräumt und ihren Inhalt, wie den der Herdstelle, auf zahlreiche Kisten verteilt hatten, standen wir vor einem rund 2900 Jahre alten Miniatursteinbruch! Die hier gewonnenen Platten waren zu verschiedenen Zwecken zu gebrauchen; wir fanden sie später in allen Kulturschichten der Höhlen wieder. Hier, auf dem Vorplatz der Stopfnadelhöhle, waren sie wohl als Untersetzer für die Kochtöpfe verwendet worden. Als der winzige Steinbruch nicht mehr gebraucht wurde, füllte man das Loch nach und nach mit der Herdstellen-Asche zu.

Gerade als wir an der letzten dunklen Grube nördlich der „Aschengrube" buddelten, hörten wir über uns Stimmengemurmel: Die Invasion der Frankenhäuser Bürger hatte uns erreicht! Bald sahen wir uns völlig eingekreist. Die Wißbegierigen stellten Fragen über Fragen; sie alle zu beantworten, war sehr schwer, denn die ersten Erfolge unserer Grabung waren ja nicht gerade überwältigend. Die Grabungsleute ließen sich durch die Besucher nicht stören und arbeiteten ruhig an der Grube weiter. Es zeigte sich, daß die Erde auch hier ein Loch zufüllte, das absichtlich in den Stinkschiefer gebrochen war. In den Schichten fand sich aber nichts Besonderes; das war merkwürdig. Schon war der Boden des Loches fast erreicht, und noch immer hatten wir auch nicht die kleinste Scherbe gefunden. Unsere Besucher waren bereits etwas enttäuscht, und einige wandten sich schon zum Gehen. Da – plötzlich hob sich eine rundliche Scheibe aus gebranntem Ton vom Erdboden ab. Vorsichtig legten wir den Rand frei. Das Gebilde wurde nach unten zu immer größer! Jetzt fiel es mir wie Schuppen von den Augen: Das war ein Tongefäß, dessen Boden nach oben gerichtet war! Die lauten Gespräche um uns her verstummten, die Arbeiter kamen zu uns herüber, und alle schauten zu, wie ich nun langsam die Form des Behälters aus der Erde schälte. Ein kleines, bogenförmiges Etwas trennte sich von der Tonwand – ein Henkel. Endlich war es soweit: Eine Tasse aus der

Urnenfelderzeit konnte auf dem Grunde des Stinkschieferloches von allen Seiten betrachtet werden! Später wurde das Gefäß an der Luft gut getrocknet, bandagiert und gehoben.
Der Abend senkte sich langsam über die Grabungsstätte – der helle Gips wurde grauer und dunkler. Unsere Arbeiter aus Frankenhausen hatten den Berg längst verlassen. Ich stand allein auf dem Höhlenvorplatz. Meine Phantasie ließ das Bild der Höhle mit ihrem alten Eingang vor mir wiedererstehen. Deutlich sah ich das Feuer auf dem Herde flakkern und eine schemenhafte Gestalt hin und her huschen. Sie ging in eine Ecke, bückte sich zu einer Vertiefung, der sie ein kleines Gefäß entnahm, füllte es und trank daraus. War es eine Frau oder ein Mann? Auch die Tracht konnte ich nicht erkennen. Meine Vorstellungskraft war nicht stark genug, und die Grabungsbefunde waren zu spärlich, um mir die Wesen zu vergegenwärtigen, die vor 2900 Jahren hier gelebt hatten. Ich wußte noch zuwenig von diesen Höhlenmenschen, kannte ihre Kleidung nicht und ihre Beziehungen zu dem Gipsberg. Noch war alles in ein mystisches Dunkel gehüllt, nur das Feuer flackerte hell. Wann würden die Flammen so hell lodern, daß ich das Geschehen in der Höhle erkennen konnte?

Geheimnisvolle „Treppen"

Das wundervolle Spätherbstwetter dauerte an, und wir entschlossen uns, noch so lange im Freien weiterzuarbeiten, bis uns der Winter in die Höhlen treiben würde.
Der Vorplatz der Stopfnadelhöhle war inzwischen vollständig untersucht worden. Am Höhleneingang hatten wir ein Erdprofil freigeputzt, das viel versprach. Unter der Humusschicht aus verwittertem Laub zeigte eine mächtige sterile Gipsmehlschicht an, daß die Höhle längere Zeit unbewohnt war. Dann folgte Kulturschicht auf Kulturschicht in grauen, braunen und schwarzen Farbtönen, bis hinunter zur grünlichen

Tonbank. Überall waren Scherben und Tierknochen zu sehen. Da und dort schob sich ein schmales fundleeres Gipsflockenband dazwischen, das dem Kundigen Unterbrechungen in den Wohnperioden verriet. Dicke tiefschwarze Holzkohlestreifen traten eindrucksvoll aus dieser abwechslungsreichen Farbskala hervor. Das waren durchschnittene Herdstellen. Zweifellos würde uns schon der erste Quadrant am Höhleneingang eine Fülle interessanter Funde bringen. Aber das gute Wetter mußte ausgenutzt werden. Durch eine Bretterverschalung wurde das Profil am Höhleneingang geschützt; dann arbeiteten wir an der Rauchlochhöhle weiter.

Auf dem Vorplatz der Rauchlochhöhle hatten wir bereits in den vorangegangenen Tagen ein bißchen geschürft; was dabei herauskam, war nicht gerade verheißungsvoll. Zwei bis drei sehr dünne Kulturschichten lagen unmittelbar vor dem Höhlenportal – eine kleine urgeschichtliche Scherbe und ein Tierknochen aus der unteren Schicht waren das magere Fundergebnis. Nun sollte die geschlossene Grabungsmannschaft den Erdboden des Vorplatzes in ganzer Fläche abdecken.

Der Schwung, den uns die Funde vor der Stopfnadelhöhle verliehen hatten, hielt weiterhin an. Ganz anders als vor der ersten Höhle waren hier die geologischen Verhältnisse: Nirgends fand sich als Untergrund Ton; überall kam unter den schwachen Erdschichten der Gipsfelsen zum Vorschein, der fast waagerecht verlief, so daß wir erst gar nicht erkennen konnten, wo dieses Steinplateau zum Tale hin abbrechen würde.

Auf der Nordseite des Höhleneingangs, unter Gipsverbruch und Gipsmehl, fanden wir etwas Eigenartiges – unsere Arbeiter behaupteten felsenfest, es sei eine Treppenstufe. Ich versuchte zu erklären, daß es in unseren Breiten gar keine urgeschichtlichen Steintreppen gäbe und man so etwas höchstens in den bronzezeitlichen Palästen der Insel Kreta finden könne. Fieberhaft hackten und pickten die Männer jedoch neben der freigelegten Stufe weiter. Die Erdschichten führten in die Tiefe. Sie wurden beseitigt – und plötzlich kam zu meiner Überraschung eine zweite Stufe zum Vorschein! Alle triumphierten. Man konnte sich vorstellen, daß die Stufen immer weiter hinabführten, und die brennende Frage war nur, wohin! Ich glaubte nicht an die mysteriöse Treppe, sondern nur an eine natürliche Entstehung der Stufen. Der Vorarbeiter, ein alter Handwerker, wies auf die feinen Rillen, die die obere Stufe überzogen. Nach seiner Meinung ließen sie sich nur durch eine Bearbeitung des Felsens erklären. In den nächsten Tagen gehörte das Aufspüren weiterer Treppenstufen zum persönlichen Anliegen meiner Mitarbeiter. Ich muß gestehen, daß auch ich allmählich an die künstliche Anlage der Treppe zu glauben begann, zumal ein Geologe, der auf dem Berge weilte, ernsthaft versicherte, so könne das Gestein keinesfalls natürlich entstanden sein. Er wies darauf hin, daß der Gips im Gelände von Norden nach Süden abfalle, also schräg streiche. Da die Stufenoberflächen aber waagerecht verliefen, müßten sie auf jeden Fall künstlich hergestellt sein.

Mittlerweile hatten wir fünf zusammenhängende „Stufen" gefunden. Ein gewaltiger Felsturm, der sich neben dieser „Treppe" zum Tale vorschob, wies zudem noch an einer Seite zwei kleine Vertiefungen auf, die ebenfalls als eingehauene Stufen erkannt wurden. Als darunter das Gipsgestein auf schmaler Fläche abermals stufenförmig abfiel, konnte man wirklich an ein Treppensystem glauben. Wir bezeichneten das Ganze als die „Große Treppe".

Die Arbeiter hatten, nachdem sie die Untersuchungsfläche verbreitert und einen Baum gefällt hatten, im südlichen Teil des Vorplatzes ein neues System von drei Stufen entdeckt, das aber plötzlich am steilen Felsabfall endete. Der Sinn dieser Anlage, die wir die „Kleine Treppe" nannten, blieb rätselhaft. Die Stufenoberflächen fielen diesmal wie der Gips schräg von Norden nach Süden, und ich hoffte, dem Geologen und der Grabungsmannschaft klarmachen zu können, daß es sich hier um natürliche Gebilde handle. Immerhin war es möglich, daß den Natursteinen da und dort durch Menschenhand eine ebenere Form gegeben worden ist, wie es bei einigen Stufen der „Großen Treppe" den Anschein hatte.

Die Meinungen gingen auseinander, und ich forderte alle auf, noch etwas Geduld zu haben; denn die nächsten Tage oder Wochen mußten ja Aufklärung über den Sinn der Anlage bringen. Entweder wir überschätzten die Bedeutung dieser merkwürdigen Treppen, über deren künstliche Entstehung man streiten konnte, oder wir würden etwas Besonderes entdecken.

Zunächst wurden die Erwartungen unserer Grabungsmannschaft erheblich gedämpft, als sich herausstellte, daß die „Große Treppe" plötzlich endete und der Felsen unterhalb der letzten Stufe steil in die Tiefe abfiel. Ich war froh, daß ich mich keinen großen Illusionen hingegeben hatte. Die Hoffnung der Arbeiter, die Treppe führe in das 90 Meter tiefer gelegene Tal, wurde stillschweigend zu Grabe getragen.

Nachdenklich betrachtete ich mir nochmals die kleinen Kisten mit dem Fundmaterial aus der Treppen-Deckschicht. Neben Tierknochen und Holzkohleteilen hatten wir dort jungbronze- und hallstattzeitliche Scherben geborgen. Waren diese „Stufen" einst wirklich von Menschen benutzt worden? Dann hatte man sie aber nicht oft gereinigt! Hatte man Abfälle aus der Höhle geworfen? Dann würden wir sicher auch unterhalb der letzten „Stufe" Gegenstände finden. Bis zum Tal konnten sie kaum gerollt sein, denn das Gipsmassiv besaß ja auch damals schon eine Schutthalde aus verwittertem Gips und Steinbrocken; sie lag allerdings talnäher als heute. Da unsere neuen Grabungen offenbar viel Erde durchstoßen würden, mußten Profile geschaffen werden, damit man die Abfolge der Schichten erkennen konnte. Wir steckten daher einen breiten Graben ab, der senkrecht zum Hang und in Talrichtung verlief.

Nicht allzu tief unter der letzten Steinstufe der „Großen Treppe" wurde eine waagerecht gelagerte Kulturschicht sichtbar, die aber nur die Südhälfte unseres Schnittes einnahm, nach Norden zu jedoch darüber hinauslief. Merkwürdigerweise erstreckte sie sich nicht über die ganze Länge des Schnittes, sondern war plötzlich wie abgehackt verschwunden. Wir waren in ein Dorado schöner Keramikfunde geraten! Große Mengen zerbrochenen Geschirrs und viele Tierknochen lagen in der freigelegten Kulturschicht. Ein halber hoher Topf der frühen Eisenzeit löste viel Freude aus, denn er war neben der Tasse, die wir vor der Stopfnadelhöhle gefunden hatten, das zweite keramische Erzeugnis, das uns gleich eine Vorstellung von der Gefäßform gab, ohne daß es erst aus vielen Scherben mühselig zusammengesetzt werden mußte.

Das unvermutete Aussetzen der Kulturschicht nach Westen, zum Tale zu, verlangte ein weiteres Abschachten der Hangerde. Eines Tages aber bemerkten wir zu unserer Überraschung, daß die Kulturschicht ganz plötzlich fast senkrecht in die Tiefe stürzte; ihr plötzliches Verschwinden auf der waagerechten Untersuchungsfläche war damit erklärt. Dann verlief sie abermals waagerecht, und noch einmal wiederholte sich das gleiche. Wir hatten also drei treppenförmig übereinanderliegende Terrassen, jede 5 Meter breit und 2,5 Meter lang, vor uns. Diese Podien setzten sich im oberen Felsen in drei gestaffelten Steinebenen fort, neben denen einige Stufen der „Großen Treppe" entlangliefen, so daß man sechs Terrassen unterscheiden konnte. Zweifellos waren die Erdpodien künstlich geschaffen worden; denn der darunterliegende Felsen fiel steil ab und konnte eine stufenförmige Ablagerung des Bodens nicht bewirkt haben. Also hatten Menschen den Hangboden abgeschachtet. Die Anlage war einst durch die eigentümlichen Steinstufen der „Großen Treppe" mit der Höhle verbunden! Dieser Befund war klar; doch schon tauchte die nächste Frage auf, wie ja sehr oft bei einer Ausgrabung die Lösung einer Frage sofort die nächste nach sich zieht: Was hatten diese Podien zu bedeuten? Warum waren sie angelegt worden?

Auf den Berghängen einiger urgeschichtlicher Wallanlagen Mitteleuropas hat man Terrassen mit den Resten von Hausstellen gefunden. Die auf solchen „Wohnpodien" errichteten Gebäude waren, nach der Größe der planierten Flächen zu schließen, oftmals sehr schmal und klein. Als Beispiel einer solchen Wallanlage mit Wohnpodien sei der Goldgrubenringwall in Hessen-Nassau genannt. Diese Befestigung bestand ursprünglich aus zwei keltischen Wallanlagen, die dann von den Germanen der Spätlatènezeit zu einem gewaltigen einheitlichen Bollwerk von etwa 200 Hektar Größe zusammengezogen wurden. Von dort konnte man die Wetterau-Ebene mit ihrem Wegesystem beherrschen. An den sonnigen unteren Hängen, in der Nähe eines Baches und einer Quelle, wurden vielfach Wohnterrassen mit winzigen Hausanlagen beobachtet.

Unsere Erdterrassen dienten offenbar auch als Wohnpodien. Die starken waagerechten Kulturschichten waren demnach durch das Bewohnen der Podien entstanden und nicht durch Abfall, den man aus der Höhle warf. Die Häuser, die einstmals hier standen, müssen allerdings verhältnismäßig klein gewesen sein. Leider fanden wir keine Gebäudereste. Vielleicht waren die Terrassen mit Blockbauten besetzt, so daß keine Spuren erhalten geblieben sind; vielleicht haben aber auch ungünstige Bodenbedingungen die Pfostenreste zerstört. Glücklicherweise gruben wir später im Tale eine Hausstelle der späten Urnenfelderzeit aus. Im Lößboden waren die Konstruktionselemente des Gebäudes noch zu erkennen. Dieses Haus war 2,5 mal 5 Meter groß, besaß eine zentrale Herdstelle und an einer Giebelseite eine Apsis.

Die urgeschichtlichen Menschen müssen längere Zeit auf den Podien gewohnt haben; denn viele Tongefäße, besonders Vorratstöpfe, auch solche mit den beliebten Fingertupfenrändern, waren hier zerbrochen worden. Kiste auf Kiste schleppten wir heran, um den Keramiksegen zu bergen. Tierknochen, die sich im Gipsmehl vorzüglich erhalten hatten, lösten wir sorgfältig aus dem Boden. Der Spezialist würde sie später zum Studium der damals gezüchteten Haustiere gebrauchen können!

Beim Durchspachteln der Kulturschicht kamen unzählige haselnuß- bis walnußgroße, hellrot gebrannte, mit groben Quarzkörnern durchsetzte Tonstückchen zum Vorschein. Lange Zeit wußten wir nichts damit anzufangen – bis wir mehrere große Stücke erwischten und erkannten, daß sie zu halbkugeligen, dickwandigen Tiegeln gehörten. Schließlich fanden wir noch Bruchstücke von fest gebrannten Tonzylindern. Diese kleinen Säulen haben schon manchem Prähistoriker Kopfzerbrechen bereitet. Sie pflegen meist dort aufzutreten, wo Solequellen dem Boden entspringen – im Hallenser Gebiet fand man unzählige –, und man ist sich darüber einig, daß sie irgend etwas mit der urnenfelder- und hallstattzeitlichen Salzgewinnung zu tun haben müssen. Hat man auf unseren Terrassen Salz gesotten? Wahrscheinlich nicht, denn dann hätte man die Sole aus dem heutigen Stadtgebiet von Bad Frankenhausen, wo jetzt noch eine Solequelle fließt, oder von einer anderen, unbekannten Talquelle auf den Berg schleppen müssen.

Wir sollten später das große Glück haben, in einer Höhle wichtige Aufschlüsse über das technische Verfahren der urgeschichtlichen Salzsiederei zu erhalten. Da kamen neben einer riesigen Feuerstelle zahlreiche Tiegelteile und kleine Tonsäulen zum Vorschein. Experimente, die wir im Museum anstellten, haben zusammen mit den Erkenntnissen anderer Forscher ergeben, daß man in der Höhle anscheinend das im Tal bereits gesottene, noch nasse Salz getrocknet hat. Man füllte es in die kleinen halbkugeligen Tontiegel, deren poröse Wände die Feuchtigkeit schnell aufsogen und an die Außenfläche leiteten, wo sie im Feuer rasch verdunstete. In den Tiegeln blieb das harte Salz zurück, das man herausschlagen mußte, um die handlichen halbkugeligen „Salzkuchen" zu gewinnen, die gehandelt wurden. Aber warum hatte man das Salz nicht im Taldorf oder in der kleinen Siedlung am Berggipfel getrocknet? Da wir damals bereits den besonderen Charakter der Höhlen erkannt hatten, mußten wir vermuten, daß das im Höhlenbezirk getrocknete Salz nicht für gewöhnliche Mahlzeiten bestimmt war. – Wir waren mit Feuereifer bei der Arbeit. Hatte schon der Vorplatz der Stopfnadelhöhle manch schönen Fund geliefert, hier lohnte sich das Spachteln noch mehr! Obwohl sich nun größere Kälte ankündigte und Hände und Füße langsam klamm wurden, hockte doch jeder auf seinem Platz, vor sich einen Pappbehälter mit der genauen Bezeichnung des Grabungsabschnitts, und bemühte sich, nichts zu übersehen. Wenn einer eine besonders große Scherbe entdeckt hatte, machte er die andern darauf aufmerksam, damit alle den schönen Fund bewundern konnten. Man kann sich vorstellen, welche Aufregung es gab, als mir einer einen kleinen Gegenstand überreichte, den er für etwas Besonderes hielt. Die anhaftende Erde ließ Einzelheiten vorerst schwer erkennen. Es mußte ein Bronzegegenstand sein. Nachdem das Stück gereinigt war, lag ein Tüllenmeißel der jüngsten Bronzezeit, etwa 3000 Jahre alt, auf meiner Hand.

Unser Hüttenidyll

Das Winterwetter hatte sich immer unangenehmer bemerkbar gemacht, doch der Fundsegen wurde reicher und reicher, und so beschlossen wir, eine Grabungshütte zu errichten. Unser Zeichner entwarf einen Bauplan, und wir überlegten, wo die Hütte am besten stehen sollte. Wir einigten uns auf den Eichenhain unmittelbar am Steilabfall, unsere „Eichenhöh", wo man eine herrliche Aussicht ins Frankenhäuser und Kattenburger Tal hat. Als das Holz endlich beschafft war und auf dem Plateau lag, machte sich unser Zimmermann an den „Hausbau". Für die westliche Hüttenwand war ein großes Fenster vorgesehen; es sollte uns die schöne Aussicht recht eindrucksvoll bieten. Drei Betten wurden eingebaut, damit der lästige Nachtmarsch nach Bad Frankenhausen wegfiel. Außerdem konnten die Funde gleich nach Feierabend an Ort und Stelle beschriftet und die Tagebücher geführt werden. Unentwegt wurde an dem Haus gearbeitet. Endlich war der feierliche Moment gekommen: Das Kanonenöfchen wurde zum ersten Male angeheizt, und wir genossen unsere neue Wohnlichkeit. Diese praktisch eingerichtete Hütte sollte viele Jahre hindurch unser romantisch gelegener Arbeitsplatz sein. Besonders freuten sich die Arbeiter aus Bad Frankenhausen; endlich hatten sie eine gemütliche Ecke, in der sie ihr Frühstück und ihr Mittagessen verzehren konnten. Bisher saßen sie in den Arbeitspausen bei gutem Wetter auf dem Plateau, bei schlechtem Wetter aber in einer der Höhlen.

Kaum war das Häuschen bezugsfertig, wurde ein Schuppen gebaut. Dort sollten die Funde untergebracht werden, die wir bisher jeden

Abend nach Bad Frankenhausen geschleppt hatten, von wo sie ein Auto nach Weimar transportierte. Auch Holz und Kohle konnten wir hier aufstapeln. Nachdem dieser Anbau fertig war, wurde er wie die Hütte mit großem Hallo begutachtet. Schließlich entstand unter den geschickten Händen des Handwerkers noch ein kleines verschwiegenes Örtchen, das, nach dem Steilhang zu offen, ebenfalls einen herrlichen Ausblick in die weite Landschaft gewährte. Seine anderen drei Wände waren durch geflochtene Ruten und Grasfüllung gegen jede Aus- und Einsicht geschützt; das ganze Bauwerk hielt sich im übrigen dicht neben einer Baumgruppe diskret im Hintergrunde verborgen. So war also eine winzige Siedlung entstanden, und man hätte meinen können, hier habe ein Naturfreund eine Schrebergartenlaube mit Zubehör erbaut. Es fehlte nur noch ein Weg vom Plateau zu unserem „Wohnpodium" und eine große Abfall- und Aschengrube in unmittelbarer Nähe der Hütte.
Tag für Tag schleppten wir den Fundsegen von den Podien unterhalb der Rauchlochhöhle zum Schuppen, der sich zusehends füllte. In der Grabungshütte roch es merkwürdig nach chemischen Speziallösungen – unser Präparator hatte sich hier mit seinen Sandkästen und verschiedenen Mixturen niedergelassen, um Scherben zu Gefäßen aneinanderzufügen. Stundenlang saß er über diesem Geduldsspiel. Ein Feldtelefon verband die Grabungsstellen mit der Hütte, und nicht selten wurde der Präparator hinuntergerufen, wenn Scherbennester geborgen werden sollten. Oder er mußte stark zermürbte Salztiegelreste gleich im Gelände härten oder größere Tierknochen mit Sorgfalt dem Boden entnehmen. In der Frühstücks- und Mittagspause drängten sich die Neugierigen um seinen Arbeitstisch. Alle wollten sehen, wie weit er mit dem Aufbau eines zerbrochenen Gefäßes gekommen war.
Abends, wenn die Dunkelheit den Berg umhüllte und man nur ahnen konnte, daß dicht vor der Hütte ein 90 Meter tiefer Abgrund gähnte, gab es wundervolle, unvergeßliche Stunden für uns. Kerzen wurden angezündet, das Öfchen nochmals gefüttert, die Pfeife gestopft oder Zigaretten hervorgeholt und dann in Muße alle Funde des Tages durchgesehen und im Tagebuch Aufzeichnungen gemacht. Der Zeichner be-

endete seine Pläne, der Präparator arbeitete weiter an seinen Gefäßen. Gemeinsam wurden schöne Fundstücke betrachtet und lebhaft besprochen.
Die ersten Nächte in unserer Hütte hatten abenteuerliche Reize. Der Wind riß hin und wieder am Dach, als ob er die Dachpappe mitnehmen wollte. Brauste er durch das Geäst der starken Eichen, dann knarrte es in schaurigen Tönen. Bisweilen fiel der Sturm plötzlich wie ein wildes Tier auf die Hütte, daß sie aufächzte und scheinbar hin und her schwankte, so daß sich einem das haarsträubende Bild eines talwärts rollenden Hauses mit mehr oder minder lebendigem Inhalt aufdrängte. Dann wieder war deutlich das helle Bellen und Keifen der Füchse zu hören. Einmal riß es mich jäh aus dem Schlafe: Neben der Hütte schnaufte es unheimlich, dann polterte es mehrmals gegen die Holzwand, als ob ein ungeschlachter Geselle ungestüm Einlaß fordere. Ich versuchte, die Kollegen zu wecken, damit auch sie sich mit den Mitternachtsgeräuschen eines Waldschrats bekannt machen konnten. Leider hatte ich keinen Erfolg. Beide schliefen so tief, daß sie mein Zischen und leises Rufen nicht störte. Das Waldtier – wahrscheinlich war es ein Wildschwein oder ein Dachs – hatte mich aber gehört und verschwand lautlos.
Nachts wurde es in dem kleinen Raum unerträglich warm. Öfters mußte man die Tür auf wenige Minuten öffnen. Diese nächtlichen Sauerstoffaktionen hatten ein Gutes – man sah die herrliche Landschaft unter und neben der Hütte einmal in Mondlicht getaucht, dann das Tal und die Berge im ersten Morgengrauen, und schließlich erlebte man den ersten hellen Streifen und die ersten tastenden Strahlenfinger der aufgehenden Sonne als beglückendes Ereignis in einer mit Schönheit gesegneten Natur.
Früh ging es aus den „Decken". Unsere Morgenreinigung mußte sich allerdings auf ein Minimum beschränken, denn Wasser war das Kostbarste auf dem Gipsberg. Wir holten es in Kannen aus einem Wirtshaus, das in der Nähe lag. Der Wirt bekam es von einem Bauern aus Bad Frankenhausen, und der mußte es mit einem Pferdegespann auf

den Berg fahren. So konnte es passieren, daß der Wirt selbst wenig Wasser hatte, weil der Tankwagen aus dem Tal noch nicht wieder heraufgekommen war. Dann gab er uns trotz allen Bittens keinen Tropfen. An solchen kritischen Tagen brachte jeder unserer Frankenhäuser Arbeiter eine größere Flasche Kaffee für uns Bergbewohner mit. Das Waschen regelten wir in der wasserarmen Zeit nach einem bewährten Verfahren: Eine rohe Kartoffel wurde in mehrere Scheiben zerschnitten und damit das Gesicht abgerieben.

Die ersten Menschenknochenfunde

Am Wohnpodienabschnitt vor der Rauchhöhle gingen die Schürfungen weiter. Auf der unteren Wohnterrasse war man auf größere Gruben gestoßen, die Scherben, Tierknochen und durch Verwesung organischer Stoffe dunkel gefärbte Erde enthielten. Vor einer dieser Gruben, an deren Ostrand zwei Rötelstücke lagen, wurde unmittelbar am Steilabfall eine dunkle, langgestreckte Fläche sichtbar, die zunächst nur Scherben und einen Schweineknochen erbrachte. Ich nahm die Schippe zur Hand, um den Arbeitern einen „Tanzsaal" vorzuführen; das ist eine sauber geputzte Erdfläche, auf der sich alle Verfärbungen für das Foto und für die Vermessung deutlich abheben. Plötzlich löste die vorsichtig über den dunklen Bodenfleck gleitende Schaufel einen Knochen aus der Erde. Ich konnte vor Überraschung kaum etwas sagen: Ich hielt das obere Bruchstück eines menschlichen Oberschenkelknochens in der Hand! Die Bruchflächen waren alt, also nicht bei meinen Schürfungen entstanden. Trotz eifrigen Kratzens und Suchens konnten wir jedoch das fehlende Schaftstück nicht entdecken. Mein erster Gedanke war: Gräber! Aber die Scherben von Siedlungsgefäßen und die Tierknochen, die dabeilagen, paßten wenig zu einer Bestattung. Ich dachte an die eigentümlichen Beisetzungen in bronzezeitlichen Siedlungsgruben Mitteldeutschlands. Sollte hier etwas Ähnliches vorliegen? Da sich die Verfärbung noch weiter nach Norden erstreckte, mußte ich abwarten, wie das Flächenbild aussah, wenn unser Schnitt verbreitert und bis zur Tiefe der Erdverfärbung abgegraben war. Diese sollte nämlich als Ganzes betrachtet und untersucht werden.

Das allgemeine Interesse wandte sich wieder mehr den Podienfunden in dem bereits verbreiterten Schnitt zu. Der einzelne Menschenknochen war schon fast vergessen, da wurde das Problem durch einen neuen Fund wieder zum Tagesgespräch: Auf dem vierten Podium fand sich inmitten der Kulturschicht neben Scherben, Briquetagen- (bronze- und früheisenzeitliche Geräte zur Salzgewinnung) und Tiegelbruchstücken ein menschliches Stirnbein. Es zeigte deutlich eine alte Schlagverletzung, um die sich feine konzentrische Risse zogen. Der Hieb hatte an der Innenseite des Schädels die oberste Knochensubstanz abspringen lassen. Sorgfältig wurde das kostbare Stück mit einem Holzspachtel gereinigt. Nunmehr war es deutlich zu sehen: Ein Hieb hatte zunächst die Stirn verletzt, ein zweiter Schlag aber muß weiter oben, nahe bei der Kranznaht, getroffen haben. Dieser zweite Schlag war so heftig, daß der Schädel einen langen, geraden Sprung erhielt, der die erste Hiebstelle auseinandertrieb. Zwei Fragen beschäftigten uns in den nächsten Stunden und Tagen immer wieder: Wie kamen das Schädelstück des Ermordeten und das Oberschenkelbruchstück in die urnenfelderzeitliche Wohnschicht? Und womit hatte man den Mord begangen? Auf der Grabung, in der Hütte, vor dem Schlafengehen und auf den Heimfahrten nach Weimar wurde gerätselt. Schließlich erlangte folgende Theorie eine gewisse Glaubwürdigkeit: Ein Feind hatte sich den Wohnpodien genähert und war dort getötet worden. Und für das Tatwerkzeug wurde jetzt der kleine Bronzemeißel gehalten, den unser Zimmermann so gern als Treppenbearbeitungsinstrument erkannt hätte.

Wir wußten, daß diese Deutungen nicht ganz befriedigen konnten. Vor allem eins ließ uns immer wieder nachdenken: Es war doch anzunehmen, daß man den Leichnam eines Feindes so schnell wie möglich vom Wohnplatz entfernte. Wie also kamen seine Knochen hierher? Darauf wußten wir damals noch keine Antwort. Auch der Bronzemeißel war kein 3000 Jahre altes Mordwerkzeug, wie wir angenommen hatten. Die Gerichtsmediziner der Universität Jena, mit denen wir in den nächsten Jahren eng zusammenarbeiteten, belehrten uns eines Besseren. Nicht ein Meißel konnte die Schlagverletzung erzeugt haben, sondern ein stumpfes, hammerartiges Werkzeug.

Den Kannibalen auf der Spur

Die merkwürdigen Menschenknochenfunde auf den Wohnpodien vor Höhle 2 beschäftigten uns sehr. Wir konnten es kaum erwarten, die eigentümlichen Gruben zu untersuchen, in deren oberen Füllschichten wir den zerschlagenen Beinknochen gefunden hatten. Doch das Wetter hinderte uns, in den Gipsberg einzudringen. Über Nacht war Schnee gefallen, und noch immer fielen dicke Flocken. Zwar dauerte es nicht lange, bis die Sonne das weiße Tuch wieder fortgezogen hatte, aber die Erde war feucht und wenig geeignet, eine sauber geputzte Fläche herzugeben. Außerdem wurde es auch noch empfindlich kalt. Nachtfröste stellten sich ein, und der Boden war morgens hart gefroren. Alles das zwang uns, unser Programm zu ändern.

Jetzt war es endlich Zeit, die Höhlenuntersuchungen zu beginnen. Wir einigten uns auf Höhle 1 (Stopfnadelhöhle), und zwar aus folgendem Grunde: Das schöne Profil am Eingang dieser Höhle mit seinen wechselvoll gefärbten Erdschichten würde zweifellos durch den Frost leiden. Im Frühjahr, wenn die Erde auftaute, mußten wir mit einem Einsturz der senkrechten Erdwand rechnen.

Nachdem unser Zeichner in tagelanger Arbeit das große Schichtenprofil sorgfältig aufgemessen und einen farbigen Plan auf Millimeterpapier angefertigt hatte, begannen wir mit den ersten waagerechten Schürfungen unter dem Felstor. Von den oberen Erdlagen erwarteten wir nicht viel, denn das helle Gipsmehl – im Profil deutlich zu sehen – war ein Verwitterungsprodukt. Wir gruben diese für uns unergiebigen Deckschichten bis zu einem dunklen Erdband ab, das den erwarteten Fundsegen barg. Scherbe um Scherbe von zertrümmerten Gefäßen und eine Menge Tierknochen wurden sichtbar. Wir drangen zunächst nur anderthalb Meter in die Höhle ein; dann wollten wir ein neues Profil stehenlassen, das uns Auskunft geben sollte über Veränderungen in der Schichtenfolge und -mächtigkeit. Nach kurzer Zeit stießen wir auf eine tiefschwarze Schicht, offensichtlich eine ehemalige Feuerstelle. Zu unserer Überraschung fanden wir hier statt der üblichen Holzkohlebrocken eine dicke Lage verkohlten Strohs. Immer schneller füllten sich unsere Behälter mit Funden. Schließlich war der gewachsene Boden erreicht, ein feiner grüner Ton, den einst Sickerwässer abgesetzt hatten, lange bevor ein Mensch die Höhle betrat.

Endlich lag das zweite Profil vor uns. Es unterschied sich nur wenig vom ersten. Erneut wurde es aufgemessen und innerhalb einer bestimmten Fläche Schicht für Schicht abgespachtelt. Jetzt arbeiteten wir schon in der Höhle, ungefähr 3 Meter vom Eingang entfernt. Dennoch war es ziemlich kalt, und wir überlegten, ob wir nicht doch mit der Winterarbeit aufhören sollten. Dagegen sprachen aber die Scherben und Tierknochen, die überall, wohin man schaute, aus den alten Kulturschichten des Profils hervorguckten. Wenn wir auch nur wenige Tage unseren Gipsberg verließen, würden die noch immer in Scharen herbeiströmenden Besucher aus Bad Frankenhausen hier reiche Beute machen! Wir mußten also ausharren, obwohl es immer unwirtlicher wurde.

Zu allem Überfluß regnete es einige Tage, dann kam Frost und machte die Leitern glatt und schlüpfrig, so daß man höllisch aufpassen mußte, um nicht abzurutschen. Bald konnte man auch den Abstieg vom Plateau aus nicht mehr wagen. Es mußte ein Serpentinenweg gebaut werden, der vom Tal in die Höhe führte. Der Aufstieg auf diesem steilen Pfad gelang ganz gut, wenn auch sehr langsam und mit Geschnaufe. Aber bei Glatteis hier hinunterzuklettern, immer die Möglichkeit eines blitzschnellen „Abstiegs" vor Augen, kam einer kleinen akrobatischen Leistung gleich, vor allem wenn noch wertvolle Funde vorsichtig nach unten befördert werden mußten!

Was die Wärmeausstrahlungen der Karbidlampen, die wir zu Beginn unserer Höhlenuntersuchungen benutzten, bei der herrschenden Kälte nicht vermochten, das gelang dem Enthusiasmus, der uns bei unserer Tätigkeit wärmte! Neben den größeren und kleineren Feuerstellen fanden wir jetzt außer den üblichen Tonscherben und Tierknochen auch Spinnwirtel, knopfartige Gebilde aus Marienglas und zahlreiche Bronzegegenstände, und wir fragten uns oft, warum die Höhlenbewohner diese Dinge fortgeworfen, oder warum sie, wenn sie ihnen in der Höhle verlorengegangen waren, nicht eifrig danach gesucht hatten. Freilich reichte der flackernde Lichtschein der Feuerstellen nicht aus, einen verlorenen Gegenstand wiederzufinden, besonders wenn er bereits in den weichen Erdboden eingetreten war. Nun erlebten wir also nach Jahrtausenden die Freude des Findens. Viele bronzene Schmucksachen entdeckten wir: das Bruchstück eines gedrehten Halsreifs, eine Rollennadel, einen Fingerring, zwei Ohrgehänge und einige Blechstücke. Ferner bargen wir eine Bronzespeerspitze als Beweis, daß auch Männer die Höhle besucht hatten. Jeder Tag brachte etwas Neues: Einmal war es ein durchbohrter Hundezahn aus einer Schmuckkette, dann wieder waren es verschiedene Glättsteine und Feuersteingeräte, schließlich sogar fast vollständige Tongefäße, die neben den oftmals übereinanderliegenden Herdstellen standen.

Und wieder erwartete uns auch hier eine besondere Überraschung! Wie damals auf dem Vorplatz der Höhle 2 hielt ich plötzlich einen Knochen in der Hand, den ich erst nach genauem Betrachten als Menschenknochen identifizieren konnte. Es blieb nicht bei diesem einen. Immer häufiger kamen beim Spachteln menschliche Skeletteile aus dem Boden. Viele von ihnen waren wie Tierknochen aufgeschlagen, denen man das Knochenmark entnommen hat. Außerdem zeigten einige dieser zerschlagenen Menschenknochen Feuerspuren und manchmal da und dort feine Schnittmarken von einem scharfen Messer.

Uns packte fieberhafte Erregung, als in einer Kulturschicht, zusammen mit Scherben und Tierknochen, das Skelett eines menschlichen Fußes lag, dessen einzelne Knochen noch völlig ordnungsgemäß gruppiert waren. Das unheimliche Gefühl, das uns nach den ersten Menschenknochenfunden in dieser Höhle beschlichen hatte, das Gefühl, in ein uraltes Kannibalennest geraten zu sein, wurde immer mehr zur Gewißheit. Es war kein Zweifel: In dieser Höhle hatten einst – nach den Scherben und Gefäßen zu urteilen, vor etwa 2900 Jahren – Menschen gehaust, die Menschenfleisch verzehrt hatten. Jetzt wurde uns klar, was es mit dem Stirnbein und dem Oberschenkelbruchstück auf dem Vorplatz der Höhle 2 auf sich hatte: Das waren Überreste einer Kannibalenmahlzeit!

Ich hockte mich vor den Menschenfuß, um alle Einzelheiten seiner Lage zusammen mit den anderen Funden aus der Kulturschicht zu studieren. Dann nahm ich aus den Fundkisten einige Menschenknochen: überall Schnitt- und Hiebspuren! Meine Gedanken wanderten Jahrtausende zurück ..., welche schaurigen Szenen mochten sich hier abgespielt haben! Auf einmal hatte ich den Eindruck, als ob den Knochen noch ein deutlicher Brandgeruch entströme. Die Wahrnehmung war so deutlich, daß ich immer wieder zweifelnd in die Höhle hineinschnupperte. Waren meine Nerven so überreizt, daß sie mir etwas vorgaukelten? Da – plötzlich sprangen meine Mitarbeiter hastig und – so schien es mir – mit wilden Gesichtern heran und schlugen auf mich ein. Was denn ... waren die verrückt geworden ..., spielten ihnen die Nerven auch einen Streich? Endlich merkte ich an dem nun beißenden Brandgeruch, der ganz offenbar nicht von den Knochen herrührte, daß etwas mit meinem Mantel los sein mußte und zog ihn blitzschnell vom Körper. In der Aufregung war ich zu nahe an eine Karbidlampe gekommen, die Flamme hatte meinen Mantel ergriffen und ein großes Loch in das Gewebe gefressen.

Langsam, in wochenlanger Arbeit, spachtelten wir uns durch den schmalen Gang, der zum Höhlenkessel führte. Kurz bevor wir ihn erreicht hatten, hob sich der Höhlenboden um ein beträchtliches, und die sechs übereinanderliegenden Kulturschichten wurden schmaler. In der Mitte des Kessels wurde ein gewaltiger Steinkoloß freigelegt. Hier fanden wir wieder etwas Unerwartetes – jedoch war es diesmal kein urgeschichtlicher Fund: ein alter verrosteter Hammerkopf, zwei ebenso verrostete Meißel und eine Fugenkelle sowie eine zerdrückte Stallaterne und ein silbernes Zweigroschenstück des „Consum-Vereins von Bad Frankenhausen", zu Beginn unseres Jahrhunderts geprägt! Die urgeschichtlichen Scherben, die sonst immer erst unter der sterilen Gipsmehlschicht zutage kamen, lagen hier gleich obenauf. Zweifellos waren wir auf eine frühere, unsystematische Wühlerei gestoßen.

Zunächst dachten wir an Schatzgräber, die ja im Kyffhäusergebirge zu allen Zeiten tätig waren. Wollte man mit Hammer und Meißel dem Stein in der Mitte des Kessels zu Leibe gehen, weil man unter ihm etwas Besonderes vermutete? Die Fugenkelle allerdings, von Archäologen zum Putzen der Erdprofile und zur Freilegung der Fundobjekte gern verwendet, ließ den Verdacht aufkommen, daß sich hier vor Jahrzehnten Liebhaber der Vorgeschichte und Dilettanten der Ausgrabungskunde beschäftigt hatten. Dilettanten deshalb, weil sie die meisten Scherben liegengelassen, vielleicht auch übersehen hatten. Man hatte anscheinend etwas Kostbareres als Keramik gesucht; vielleicht ein Grab unter dem Stein! Die Wühler waren also Schatzgräber mit wissenschaftlichen Ambitionen gewesen!

Wir arbeiteten unentwegt trotz aller winterlichen Unbilden weiter. Und endlich wich die rauhe Winterkälte einer linden Frühlingsluft. Zum ersten Male erlebten wir das Erwachen der Pflanzenwelt in unserer Gipslandschaft. Dem kärglichen Humus entsproß von Woche zu Woche eine reichere Fülle zarter Blüten. Überall lugten Frühlings-Adonisröschen aus dem dürren Gras, und unseren Hang überzog nach und nach ein bunter Teppich. Wir nahmen uns vor, einmal, wenn es unsere Arbeit gestattete, einen Wandertag einzulegen, um den Frühling nach Herzenslust zu genießen.

An nennenswerten Funden kamen in der Nähe von Herdstellen wieder einige Spinnwirtel zum Vorschein, außerdem Bruchstücke größerer Bernsteinperlen. Die Höhlenbewohner hatten also Handelsbeziehungen bis zum Küstengebiet unterhalten! Kleine Bronzegegenstände folgten, und dann fiel uns in einer tiefliegenden Schicht, fast schon am Höhlenboden, unversehens ein Stück Birkenrinde in die Hände. Wir trauten unseren Augen nicht. Stammte es tatsächlich aus der Urnenfelder- oder frühen Eisenzeit, dann hätte es längst verwest sein müssen. Vielleicht war es erst durch ein Wühltier in die Kulturschicht geraten? Niemand ahnte damals, daß wir den ersten organischen Gegenstand gefunden hatten und daß in anderen Höhlen bald weit kostbarere folgen sollten. Das Stück wurde mit einer gewissen Skepsis in die Fundkiste gelegt.

Viel Arbeit bekam ich, als im Höhlenboden eine Grube entdeckt wurde, die mit zerschlagenen Menschenknochen gefüllt war. Neben der Grube aber lag eine 12 Zentimeter lange Hacke aus dem Geweih eines Rothirschs mit einer Durchbohrung für den Holzstiel. Wozu hatte man dieses Gerät benützt? Der Umstand, daß die Hacke bei den zerschlagenen Menschenknochen lag, ließ natürlich sofort darauf schließen, daß damit die Knochen zertrümmert worden seien, um das Mark zu gewinnen.

Wieder vergingen vierzehn Tage mit intensiver Spachtelarbeit. Die Decken und Strohbündel, mit denen wir das Höhlenportal-Profil vorsorglich verbarrikadiert hatten, wurden weggenommen. Endlich konnten wir jetzt auch wieder in den Ruhepausen am windgeschützten Höhleneingang die ersten wärmenden Sonnenstrahlen genießen. Wir dachten an die Höhlenbewohner, die sich wohl genauso wie wir nach dem Frühling und dem Sommer gesehnt haben mögen. Doch waren diese Menschen auch wirklich im Winter in der Höhle? Die vielen feinen sterilen Erdschichten zwischen den einzelnen Wohnschichten zeigten jedenfalls Unterbrechungen der Besiedlung an. Die Reste des Strohfeuers gaben Hinweise für einen Aufenthalt in der Höhle nach der Ernte, das heißt im Herbst; denn es war nicht anzunehmen, daß die Höhlenbewohner riesige Strohvorräte auf den Berg geschleppt hatten, um damit im Winter ihre Lagerfeuer zu unterhalten. Die Ausgrabungen sollten auch das klären!

Schließlich blieben uns noch zwei wichtige Arbeiten zur vollständigen Untersuchung der Höhle: Ein Seitengang, der vom Kessel abging, und einige kleine Spalten konnten Überraschungen bergen, schließlich mußte ein Restquadrant im Kessel selbst durchgesehen werden. Zunächst wurde der Seitengang in Quadranten eingeteilt, damit wir Profile herstellen konnten. Der hintere Teil des Ganges enthielt nur wenige Scherben; die Höhlenbewohner hatten sich offenbar nicht dort niedergelassen. Im vorderen Quadranten fanden wir neben zwei schönen, gut erhaltenen Bernsteinperlen einen Armreif aus Bronze. Er sah wie ein Steigbügel aus und war mit dicht nebeneinanderliegenden Knubben und Strichen verziert. Diese Armringe waren in einem späten Abschnitt der frühen Eisenzeit, in der Zeit von 600 bis 500 v. u. Z., als Schmuckstücke bei den Frauen sehr beliebt. Dann entdeckten wir noch ein Stückchen Bronzeblech, das mit Kreisen und Strichgruppen verziert war, und eine große Kostbarkeit aus der frühen Eisenzeit: einen kleinen Eisenring.

Vom Restquadranten im Kessel erwarteten wir insgeheim einige Überraschungen. Dieser kleine Erdhaufen lag vor zwei schmalen, tief in den Berg führenden Spalten, wie sie den Höhlenbewohnern nicht selten als Verstecke dienten. Klaus Heydenblut, mein engster Mitarbeiter bei den Höhlengrabungen, der unermüdlich und mit Begeisterung im Höhlendunkel wirkte, ein Sohn der südthüringischen Berge, mit scharfen Adleraugen und behenden Beinen, sollte den letzten Höhlenabschnitt, die beiden Spalten, untersuchen. Es war nicht ausgeschlossen, daß diese Spalten zu einem neuen Hohlraum führten.

Das hintere Ende des großen Spalts brachte endlich etwas Neues: Beim Spachteln sprang einem Mitarbeiter plötzlich ein Spinnwirtel über das Arbeitsgerät. Nun wurde ganz vorsichtig weitergeschürft. Noch ein Spinnwirtel und zwei große und drei kleine Tonperlen kamen zum Vorschein, dann ein Knochenring, der als Spinnwirtel oder als Hängeschmuck verwendet worden war und schließlich fünf Bruchstücke von Bernsteinperlen. Um den ganzen urgeschichtlichen Segen ringelte sich etwas Braunes, Faseriges, wovon aber nur winzige Spuren im Reagenzglas aufbewahrt werden konnten. Lange Zeit fanden wir keine Erklärung für diesen merkwürdigen Fund. Als wir aber eines Tages in einer anderen Höhle eine Rindenschachtel ans Tageslicht brachten, fiel uns unser Fund aus der Stopfnadelhöhle wieder ein. Zweifellos war die bräunliche Masse der letzte Rest eines Rindenbehälters gewesen, der sicherlich die Kostbarkeiten einer Bronzezeit-Schönen enthalten hatte. Viele, viele Kästen mit Scherben, Tier- und Menschenknochen, dazu erlesene Geräte und Schmucksachen aus Bronze, Marienglas, Knochen und Bernstein waren das Ergebnis dieser ersten Höhlenuntersuchung. Eine Menge Aufmessungen und Pläne gaben diesen Funden erst ihren wissenschaftlichen Wert und hielten den Aufbau der Erdschichten im Innern der Höhle fest. Die meisten Funde stammten aus der Zeit von 1000 bis 600 v. u. Z., also aus der Urnenfelder- und Hallstattzeit. Aber die Menschen dieses Zeitabschnitts waren nicht die ersten Höhlenbewohner. Eine ziemlich flache Grube in der Nähe des Eingangs enthielt eine Knochennadel aus der älteren Bronzezeit, der „Aunjetitzer" Kultur. Den Aunjetitzern hatte die Höhle jedoch anscheinend nicht zugesagt; sie bevorzugten, wie durch die späteren Grabungen im Höhlengebiet leicht festzustellen war, ein Höhlensystem in der nördlichen Nachbarschaft unserer Stopfnadelhöhle. – Die jüngste Hinterlassenschaft urgeschichtlicher Höhlenbesucher war ein halber Ösenhalsring. Er wurde bereits in den oberen sterilen Schuttschichten geborgen und stammte aus dem 5. Jahrhundert v. u. Z. Warum dieser zerbrochene Ring in die verlassene Höhle geworfen worden war, blieb eins der Rätsel, die zu Beginn der Grabung noch nicht gelöst werden konnten.

Profaner Kannibalismus

Hauptthema unserer Gespräche bildeten jedoch weiterhin trotz der vielfältigen Höhlenfunde die Reste der Kannibalenmahlzeiten. Sie waren in Deutschland nichts Neues. Schon 1872 hatte man in der Einhornhöhle bei Scharzfeld im Harz zerschlagene Menschenknochen auf einer Feuerstelle gefunden, und der Ausgräber Struckmann hatte sie richtig als Kannibalenmahlzeitreste erkannt. Auch Wollmann wußte die 1884 in einer Höhle bei Holzen, Kreis Holzminden, entdeckten aufgeschlagenen und angebrannten Knochen von mindestens vierzehn Personen, die wiederum auf Herdplätzen lagen, nicht anders zu erklären. Doch auch in anderen Ländern war man schon lange auf solch unheimliche Skelettreste in Höhlen gestoßen: zum Beispiel in der Freudenthaler Höhle bei Schaffhausen (Schweiz), in Italien bei Reggio, bei Finale Ligure am Golf von Genua und auf der Insel Palmaria, wo Capellini in den 70er und 80er Jahren des vorigen Jahrhunderts eine Menge solcher Menschenknochen fand.

England und Schweden lieferten ähnliche Funde; zweifellos aber boten die vielen Höhlen der französischen und belgischen Landschaft seit der Mitte des vorigen Jahrhunderts die meisten Hinweise auf Menschenfresserei. Der erste, der den Mut hatte, die urgeschichtlichen Einwohner Europas als Kannibalen zu bezeichnen, war Spring. Er hatte in der Nähe von Namur viele menschliche Skelettknochen ausgegraben, die in Holzkohle- und Ascheschichten lagen. Die Röhrenknochen waren offensichtlich gespalten worden, damit man das Mark entnehmen konnte. Alle Ausgräber stellten fest, daß die Opfer solcher grausigen Mahlzeiten in jedem Falle junge Frauen, Jünglinge und Kinder waren.

Der französische Höhlenforscher Garrigou fand sogar in den Höhlen der eiszeitlichen Menschen, die im Magdalénien lebten, einem jüngeren Abschnitt der Altsteinzeit, solche Kannibalenspuren, beispielsweise in den Höhlen von Tarascon, Sabart, Niaux-grande und Niaux-petite, Bedaillac, Cozoul de Mousset. – Dem bekannten Speläologen Piette gelang eine besonders interessante Entdeckung: Er grub in der Höhle von Gourdon (Departement Haute Garonne) in Südfrankreich viele steinzeitliche Menschenschädel und -bruchstücke aus, von denen einige deutliche Schnittmarken von Feuersteinmessern zeigten, ein Schädelbruchstück sogar Feuerspuren. Der Befund war hier eindeutig: Man hatte nur die Köpfe der Erschlagenen in die Höhle gebracht, sie von der Haut und vom Fleisch befreit und zuletzt zertrümmert, um das Gehirn entnehmen zu können. Die Höhlenschichten enthielten außer zwei Halswirbeln keinen einzigen anderen Skelettknochen – nur Schädel. Offenbar hatte man die Körper der Toten außerhalb der Höhle liegenlassen. – Ein anderer berühmter Höhlenforscher, Cartaillac, stellte ähnliches in der Höhle Forées bei Bruniquel fest. Auch dort fanden sich zerschlagene Menschenschädel mit Einschnitten von Feuersteinmessern. – Aus Spanien, das wie Frankreich dem Urmenschen zahlreiche Höhlen als Behausung geboten hat, wurden ebenfalls im vorigen Jahrhundert Kannibalenhöhlen gemeldet. – Als man auch in den Höhlen der ČSSR solche eigentümlichen Schädelfunde machte, da schlossen sich viele Urgeschichtsforscher der Meinung des alten Spring an.

Diese ungeheuerlichen Entdeckungen beschäftigten natürlich ganz besonders die Teilnehmer der großen internationalen Anthropologen-Kongresse in Paris, Kopenhagen, Bologna, Brüssel, Lissabon, und sie wurden in den Sitzungen, die die verschiedenen gelehrten Gesellschaften abhielten, lebhaft diskutiert. Der Meinungsstreit wogte hin und her, und trotz mancher eindeutigen Befunde bestritten viele Wissenschaftler hartnäckig und nicht selten aus religiösen Gründen die Möglichkeit, daß in unseren Breiten kannibalische Bräuche geübt wurden. Schließlich einigte man sich, solche Funde nur mit größter Vorsicht zu deuten; denn wenn der Ausübung des Kannibalismus im urgeschichtlichen Europa auch eine gewisse Wahrscheinlichkeit zugestanden werden müsse, so seien die Belegstücke doch nicht immer eindeutig.

Die letzten Jahrzehnte haben nun immer mehr Beweise für Kannibalismus aus Höhlen erbracht, die während der Eiszeit bewohnt waren. Das Material wurde mit exakten wissenschaftlichen Methoden kritisch bearbeitet. Heute wissen wir, daß bereits der Altsteinzeitmensch Kannibale war. Die zerschlagenen Menschenschädel an den Feuerstellen der gewaltigen Höhle von Chou-kou-tien bei Peking bezeugen die Vorliebe des Sinanthropus für das Gehirn seiner Mitmenschen. Auch der Neandertaler beschäftigte sich mit den Schädeln Erschlagener. Als klassisches Beispiel dafür gilt die eigentümliche Schädelsetzung aus dem Beginn der letzten Eiszeit in der italienischen Höhle vom Monte Circeo: Inmitten eines Steinkranzes hatte man einen Schädel niedergelegt. Seine rechte Schläfe trug Hiebspuren, die das Opfer wohl getötet hatten.

Nachdem man den Schädel abgetrennt und ein trapezförmiges Loch an seiner Unterseite eingeschlagen hatte, tat man offenbar das, was in gleicher Weise die Kopfjäger der Südsee mit den erbeuteten Schädeln ihrer Feinde zu tun pflegten: Sie holten das Gehirn heraus und verspeisten es. Vor kurzem wurden auch in einer thüringischen Zechsteinhöhle, die vom Menschen der altsteinzeitlichen Magdalénien-Periode vor rund 15 000 Jahren aufgesucht wurde, die Reste einer Kannibalenmahlzeit entdeckt.

Aber nicht nur in Höhlen sind solche schauerlichen Speisereste gefunden worden. Auch in den Freiland-Siedlungen des Altsteinzeitmenschen und in versunkenen Dörfern späterer Kulturperioden hat man sie ausgegraben. Als Beispiel für die Altsteinzeit gilt der Urmenschenschädel aus dem Travertinvorkommen von Ehringsdorf bei Weimar, dessen Gehirn vor über 90 000 Jahren verspeist wurde. Er lag nahe beim Lagerplatz einer Horde. Auf ihm sind wiederum deutliche Hiebmarken zu sehen, die wahrscheinlich zum Tode des Menschen geführt haben. Das Hinterhauptsloch ist erweitert, damit das Gehirn bequemer entnommen werden konnte. – Außer dem Schädel von Ehringsdorf sind die gleichaltrigen Schädelreste von Krapina (Jugoslawien) zu erwähnen.

Wollte man alle Kannibalenmahlzeitreste aus den jüngeren Dorfstellen näher beschreiben, könnte man ein ganzes Buch damit füllen, denn die Funde sind sehr zahlreich. Allein aus der Periode der Frankenhäuser Höhlen haben wir in Thüringen mehrere alte Niederlassungen mit eindeutigen Befunden. Studienrat Lehmann aus Erfurt, der für die thüringische Urgeschichtsforschung manche wertvolle Arbeit geleistet hat, grub in Erfurt-Nord ein Dorf der jüngeren Bronzezeit aus und fand in einer Abfallgrube neben Scherben, Tierknochen und zwei Knochenpfriemen ein Oberschenkelbruchstück und zwei Schädelteile vom Menschen. Die Innenseite des größeren Schädelstückes war angekohlt. In einer anderen Grube – sie war mit Asche und Scherben angefüllt – befanden sich sehr viele zerschlagene Menschenknochen mit angekrusteten Holzkohleresten. Einige waren durch Hiebe und Schnitte verletzt.

Der ganze Befund ergab, daß in diesem jungbronzezeitlichen Dorf Menschenfresser gehaust hatten. Außerdem stehen die Gefäße, die Lehmann fand, denen der sogenannten Knovicer Kultur aus dem Gebiet der ČSSR nahe. Diese Kultur ist geradezu berüchtigt wegen der Funde, die auf Kannibalismus hinweisen. In der spätbronzezeitlichen Siedlung Knovice, die der ganzen Kultur den Namen gab, enthielten 12 von 52 Gruben Menschenknochen. Sie waren an- und aufgeschlagen, ja sogar aufgespalten, offenbar damit das Mark herausgeholt werden konnte; etliche zeigten deutliche Brandspuren. Ein Kinderschädel war von heißer Asche etwas angesengt. In einer Grube lag außerdem ein vollständiges Kinderskelett, jedoch nichts deutete auf eine rituelle Bestattung. Der Bearbeiter der Funde, Professor Matiegka, hielt es nicht für gänzlich ausgeschlossen, daß irgendein Umstand, zum Beispiel eine Krankheit oder die fortgeschrittene Zersetzung des Leichnams, den Kannibalenschmaus verhindert und daher ein schnelles Vergraben notwendig gemacht hatte.

Die statistische Auswertung des Menschenknochenmaterials aus den Gruben von Knovice ergab, daß die Leichen offenbar an einem anderen Ort zerteilt und Stücke davon in die Hütten gebracht wurden, aus denen dann die Knochen als Mahlzeitreste in die Abfallgruben wanderten. In den einzelnen Gruben entdeckte man nämlich nicht nur die Knochen eines einzigen, sondern von zwei, drei und auch vier Menschen, aber immer nur wenige und Bruchstücke. Es sah so aus, als hätte man die Menschenknochen als Abfall behandelt, denn sie lagen zusammen mit Tierknochen, Scherben und Asche in den Gruben. Von einer rituellen Bestattung war also auch hier nichts zu bemerken.

Doch nicht nur in Knovice, sondern auch an vielen anderen Orten der ČSSR wurde in den letzten Jahrzehnten urgeschichtliche Menschenfresserei nachgewiesen. Nicht etwa weil die urgeschichtlichen Menschen der böhmischen und mährischen Landschaften dem Kannibalismus ergebener waren, sondern weil dort besonders eifrig gegraben wurde und daher die Möglichkeit, etwas zu finden, größer war.

Vor allem die Ergebnisse des Anthropologen Jelínek zeigen, daß sich schon in den Dörfern der älteren bronzezeitlichen Kulturperioden etwas Ähnliches wie später in Knovice abgespielt haben muß. Während man jedoch für die altbronzezeitliche Aunjetitzer Kultur Böhmens und Mährens nur sehr wenige Beweise von Menschenfresserei auffand – auch in einer Siedlung der gleich alten slowakischen Mad'arovec-Kultur wurde eine eigentümliche Mischung von Menschen- und Tierknochen ausgegraben –, gab es in den Niederlassungen der mittelbronzezeitlichen „Věteřov-Gruppe" nicht selten einzelne Menschenknochen unter aufgeschlagenen Tierknochen und achtlos in Gruben geworfene, keinesfalls rituell bestattete Skelette.

In der mittelbronzezeitlichen Siedlung bei Bánov zum Beispiel entdeckte man Bruchstücke eines menschlichen Schädels inmitten von Tierknochen. Besonders aufschlußreich aber war die 1948 bis 1955 von Tihelka, Landesmuseum Brno, durchgeführte Untersuchung der Dorfstelle auf dem Cezavy bei Blučina. Tihelka beobachtete dort zwei eigentümlich gelagerte weibliche Schädel. Der eine ruhte in einem Gefäßbruchstück, der andere, ein Mädchenschädel, lag mit einem Fingerknochen, Scherben und einigen Tierknochen in einer anderen Grube. Beiden Schädeln war die Basis weggebrochen; wahrscheinlich hatte man ihnen das Gehirn entnommen. –

Während der Grabung des Archäologischen Instituts der Tschechoslowakischen Akademie der Wissenschaften bei Přítluky (Südmähren) schnitt man unmittelbar neben einem Dorf der mittelbronzezeitlichen „Zentraldanubischen Hügelgräberkultur" einen breiten Graben an. Es fanden sich Scherben, einige Bronzegegenstände, Kalksteine, aufgeschlagene Tierknochen und Knochen von Kindern und Jugendlichen. Die Bein- und Armknochen waren ebenfalls aufgespalten, die Schädel und sogar die Unterkiefer zertrümmert.

Eine große Anzahl Menschen- und Tierknochen, offensichtlich Mahlzeitreste aus einem Abfallhaufen, entdeckte der Prähistoriker Spurný in einem Schnitt durch den Wallgraben eines befestigten Dorfes der mittleren Bronzezeit bei Hradisko (Mittelmähren), das einst Leute mit einer Mischkultur aus Elementen der Věteřover und der Danubischen Hügel

gräberkultur bewohnt hatten. Allein in dem freigelegten kleinen Grabenabschnitt waren Skeletteile von 12 Jugendlichen und drei Erwachsenen nachzuweisen.
In Rataje (Mittelmähren) untersuchte derselbe Ausgräber eine Grube mit Tierknochen und Skeletteilen von 16 Menschen. Von 8 Individuen fand er lediglich zerschlagene Hinterhauptsknochen.
Eine der für die Erforschung des Geisteslebens der spätbronzezeitlichen Bevölkerung Mährens bedeutendsten Grabungen der letzten Jahre aber ist die bereits erwähnte von Blučina. Nördlich der südmährischen Bezirksstadt Židlochovice, nahe beim heutigen Dorf Blučina, erhebt sich der Berg Cezavy. Auf seinem Plateau fanden die Bauern beim Pflügen häufig Scherben und Bronzen, daher entschloß sich Tihelka zu einer Grabung, die schließlich ergab, daß auf dem Plateau eine Befestigung der Věteřover Kultur lag, in deren verfallenem Steinwall mehr als 200 menschliche Skelette eingeschlossen waren. Manche lagen ausgestreckt auf dem Rücken, manche waren als Hocker beigesetzt, einigen waren auch Beigaben mitgegeben. Andere Skelette aber schienen ohne Beachtung ritueller Bestattungssitten in die Grube geworfen zu sein, und einigen sah man eine vorangegangene Steinigung an. Ein Skelett zum Beispiel – sein Brustkorb war von einem Kalkstein zertrümmert – lag so, daß man glauben konnte, ein Sterbender habe sich unter den Rollsteinen aufrichten wollen. Ein anderes, von vielen Steinen bedecktes Skelett hielt seine Hand im Munde wie ein gequälter Mensch, der heftige Schmerzen erleiden muß. Viele Skelette waren zerstückelt. Schließlich entdeckte man Knochenanhäufungen unvollständiger, teilweise zerstückelter Leiber, die Basis der Schädel war stets aufgebrochen. Und zwischen den Menschenknochen wiederum häuften sich gespaltene und zerschnittene Tierknochen, manchmal auch Teile eines Haustiers, zum Beispiel der Brustkorb oder das Bein eines Rindes, einmal sogar das ganze Skelett eines Ferkels! In unmittelbarer Nähe solcher Knochenhaufen breiteten sich größere Feuerstellen aus.
Die Funde auf dem Cezavy bereiteten den tschechoslowakischen Prähistorikern einiges Kopfzerbrechen, und viele Meinungen standen ge-

geneinander. Die einen glaubten, eine Epidemie habe eine Siedlung heimgesucht, und die Toten mußten eiligst vergraben werden. Allerdings ließ diese Erklärung offen, was die großen Feuerstellen und die vielen Tierknochen zu bedeuten hatten. – Andere Gelehrte wieder meinten, Feinde hätten die Siedlung und die Befestigungsanlage mit den vielen unzeremoniell verscharrten Menschen zerstört, und die wenigen rituell Bestatteten seien von geflüchteten Überlebenden nach Abzug des Feindes beigesetzt worden. Gegen diese Deutung spricht, daß die Skelette aus der Spätbronzezeit stammen, die Steinmauer dagegen, die damals bereits zerfallen war, schon in der Mittelbronzezeit errichtet worden war. Auch zeigte nicht eins der 200 Skelette Spuren von Schwerthieben, und keine einzige der gefundenen elf Metall- und Knochenpfeilspitzen befand sich in einem Skelett.

Jelínek endlich deutete den Befund auf dem Cezavy als teils ungebräuchliche und teils rituelle Bestattungen. Bei den Trauerfeiern habe man Kochfeuer entfacht, Tiere geschlachtet und verzehrt und schließlich sogar Menschenfresserei betrieben. Da die Menschenknochen nur selten Brandspuren aufwiesen, sei anzunehmen, daß man das Fleisch gekocht habe. Die gefundenen Scherben seien die Überreste zerbrochener Kochtöpfe. Jelínek versuchte auch zu erklären, wie es zu diesen merkwürdigen Sitten während der Spätbronzezeit und vor allem in den Siedlungen der älteren Věteřov-Kultur gekommen ist: Das in dieser Kultur gut entwickelte Befestigungswesen mit einer sozialen Staffelung von Wohngruppen inmitten der Burgen und der vom ägäischen Raum bis zum Baltikum reichende Handel, kurz die ökonomischen Veränderungen, müssen sich auch auf das kultische Leben ausgewirkt haben. Die alte Tradition eines Begräbnisritus auf Gräberfeldern wurde aufgegeben, und in den Siedlungen sind nunmehr zerteilte Skelette, einzelne Knochen und Schädel zu finden. In der Spätbronzezeit schließlich ist der ursprüngliche Trauerritus ganz verschwunden; an seine Stelle traten Menschenfresserei, wahrscheinlich auch Menschenopfer. Jelínek ist überzeugt, daß sich wie in der Věteřover, auch in der spätbronzezeitlichen und noch in der Hallstatt-Kultur Böhmens und Mährens der

Bestattungsritus mit den wirtschaftlichen Verhältnissen veränderte. – Da es jedoch bereits in der Jungsteinzeit ähnliche Bräuche gab, müssen die Schlußfolgerungen Jelíneks noch eingehend überprüft werden. Daß bereits in urgeschichtlicher Zeit enge Wechselbeziehungen zwischen ökonomischen Verhältnissen, gesellschaftlichen Umschichtungsprozessen und geistigen Strömungen bestanden, bedarf keiner besonderen Bestätigung.

Die moderne tschechoslowakische Vorgeschichtsforschung hat sich auch in den letzten Jahren eingehend mit der Knovicer Kultur beschäftigt, die ja den ersten Anstoß zur „Kannibalenforschung" im Gebiet der ČSSR gegeben hat. Neben Körperbestattungen in Rückenlage und in Hockstellung legten die Träger dieser Kultur, die während der Hallstatt-A-Periode, das heißt um 1000 bis 800 v. u. Z. lebten, Gruben an, die nur Skeletteile, einzelne Knochen oder Schädel und Bruchstücke davon enthielten. Spurný, der sich besonders mit der Knovicer Kultur in Böhmen beschäftigte, nimmt an, daß es neben „echten rituellen Knovicer Gräbern" noch Familienbestattungen und Massenbestattungen von gevierteilten Leichen gegeben habe. Seit Matiegka hat sich kein Anthropologe mehr eingehender mit dem reichen Skelettmaterial beschäftigt; sicher ist auch von dieser Seite manche neue Erkenntnis zu erwarten.

Grabungen in Südmähren bezeugten auch für andere Perioden der Hallstatt-Kultur das gleiche Bild, wie es durch die Siedlungsfunde der mittelbronzezeitlichen Věteřover und der spätbronzezeitlichen Knovicer Kultur bereits bekannt war. So entdeckte Řihovský bei Stolová Hora in der Kulturschicht eines Dorfes der sogenannten Velaticer Kultur Tier- und Menschenknochen und inmitten eines seichten Grabens Bruchstücke eines Menschenschädels und Tierknochensplitter. Er fand auch das unnatürlich gelagerte Skelett eines Mannes, dessen rechtes Schienbein fehlte, ein Stück vom Hüftknochen lag über dem restlichen Unterschenkel. Und eine ältere, am Ende des vorigen Jahrhunderts durchgeführte Ausgrabung in der Hallstatt-Befestigung bei Obřany in der Nähe von Brno erbrachte ganz ähnliche Befunde, nämlich in Gruben

einzelne menschliche Skeletteile, dabei Tierknochen sowie eine Feuerstelle.
Je mehr man sich mit solchen Ausgrabungsbefunden aus urgeschichtlicher Zeit beschäftigt, um so klarer wird, daß unsere Vorfahren tatsächlich Kannibalen waren. Auch wir waren also auf ein Kannibalennest gestoßen und standen nun vor der Frage: Warum hatten sich die Höhlenbewohner dieser Sitte zugewandt? Spring meinte, nicht der Hunger sei die Triebfeder gewesen, sondern allein die Genäschigkeit der Höhlenbewohner, die offenbar das Fleisch junger Menschen liebten. Matiegka äußerte sich ähnlich. Er folgerte, da in Knovice beinahe alle Knochen des menschlichen Skeletts als Mahlzeitreste zu finden waren, sei rituelle oder symbolische Menschenfresserei ausgeschlossen, bei der nur gewisse Körperteile genossen werden. Hier könne nur Menschenfresserei aus Genußsucht betrieben worden sein, wobei vor allem das Fleisch Jugendlicher und Kinder, das Gehirn, das Mark der Röhrenknochen, die Handteller und die Fußsohlen bevorzugt wurden. Jedenfalls bewiesen die Tierknochen aus den Knovicer Gruben, daß Hungersnot nicht das Motiv für diese Mahlzeiten gewesen sein konnte. Matiegka nahm ferner an, daß sowohl Verwandte als auch Feinde verspeist worden seien. Das Fleisch sei vorwiegend gebraten, vielleicht auch gekocht worden.
Lehmann schließlich deutete seine Erfurter Funde in gleicher Weise wie Matiegka. Jelínek dagegen hält die vielen merkwürdigen Skelettreste aus der Bronze- und Hallstattzeit für Zeugnisse eines Trauerritus, der durch anthropologische Veränderungen der Bevölkerung und durch einschneidende ökonomische und soziale Umwälzungen während der damaligen Epoche entstanden ist. Dieser Trauerritus, bei dem Menschenreste unehrerbietig begraben wurden, der mit Kannibalismus und in seiner spätbronze- und hallstattzeitlichen Phase sogar mit Menschenopfern verbunden ist, soll von den Bestattungen der folgenden Kulturperioden abgelöst worden sein.
Waren diese Deutungen aber richtig? Zweifel hatten uns beschlichen. Damals, als wir die Menschenknochen aus Höhle 1 in Händen hielten,

ahnten wir nicht, daß das Rätsel des bronze- und früheisenzeitlichen Kannibalismus eines Tages im Höhlengebiet von Bad Frankenhausen weitgehend eine Lösung finden würde. Anfänglich übernahmen wir die „Feinschmecker- und Genießertheorie" von Spring und Matiegka, denn von der Trauerritus-Theorie hörten wir erst viele Jahre später, da sie zu dieser Zeit noch nicht aufgestellt war.

Tatsächlich sprachen die vielen Tierknochen, die zusammen mit den Menschenknochen in den Schichten der Höhle 1 lagen, gegen eine Hungersnot, die vielleicht die damaligen Bewohner der Frankenhäuser Gegend zur Menschenfresserei getrieben haben könnte.

Zweifellos war der Hunger eine mächtige Triebfeder für den Kannibalismus. Antike Schriftsteller erzählen von solchen Verzweiflungsmahlzeiten. Da hören wir von Dio Cassius über die Menschenfresserei hungernder Juden unter Trajan; da berichtet uns Valerius Maximus von belagerten Städten, in denen die Iberer nicht nur die Gefangenen, sondern auch ihre eigenen Angehörigen verzehrten. Das gleiche weiß Strabo von den Kelten und Iberern zu erzählen. Herodot schildert, wie auf dem Zuge des Kambyses durch die Libysche Wüste eine Hungersnot ausbrach und jeder durch das Los bestimmte Zehnte getötet und aufgegessen wurde. Belege für ähnliche Ereignisse ließen sich aus allen Jahrhunderten erbringen. Immer war das Motiv für Kannibalismus in diesen Fällen ein zur Verzweiflung treibendes Hungergefühl, das den Verstand der Menschen verwirrte und einen tierischen Selbsterhaltungsinstinkt zum alles beherrschenden Trieb machte.

Den Kannibalen der Vorzeit stand Tierfleisch zur Verfügung; sie aßen es offenbar zusammen mit dem Menschenfleisch. Hunger hat sie also nicht gequält. Was aber hatte sie zu dem sonderbaren Brauch verführt? Da taucht zunächst die Frage auf, ob vielleicht nicht doch eine Hungerszeit die bronze- und früheisenzeitlichen Feldbauer vom Kyffhäusergebiet zum Kannibalismus trieb und sie dann nicht mehr davon lassen konnten. So etwas ist möglich, wie Berichte über Kannibalenvölker unserer Zeit erkennen lassen. In Südostafrika zum Beispiel, im Wohngebiet der Basutos, befindet sich in einem Steilhang eine neuzeitliche

Menschenfresserhöhle. Ein Pfad führt zu einem kleinen Platz, von dort ist die gewaltige, unter einem überhängenden Felsendach gelegene Höhle zu sehen. Der Engländer Bowkar besuchte mit seinen Begleitern diesen Kannibalenplatz und spricht davon, daß die Höhlendecke vom Rauch der Feuerstellen geschwärzt war. Auf dem Höhlenboden und am Abhang vor der Höhle lagen teils geschichtet, teils regellos verstreut große Mengen bleichender Menschenknochen und zahlreiche Schädel, meist von Kindern und Jugendlichen. Viele Knochen zeigten Hackspuren, die Markknochen waren gespalten. Nur wenige waren mit Feuer in Berührung gekommen – die Menschenfresser hatten offenbar ihre Opfer gekocht. Bowkar lief es kalt über den Rücken, als er in der Höhle auf eine Galerie aufmerksam gemacht wurde, zu der rohbehauene, unregelmäßige Stufen führten. Dort mußten die Opfer ihr Schicksal erwarten. Ein Entkommen war nicht möglich.

Wie sich durch Umfragen ergab, aßen die Basutos nicht nur ihre Feinde, sondern auch Verbrecher ihres eigenen Stammes und in Notzeiten ihre Weiber und Kinder. Faule, streitsüchtige Frauen und übermäßig schreiende Kleinkinder sowie Kranke wurden kurzerhand in die Höhle geschleppt. Die Basutos bewohnen ein sehr fruchtbares Gebiet, und dennoch waren sie in den 30er Jahren des vorigen Jahrhunderts zu Kannibalen geworden. Durch die Feuerwaffen der Weißen und von den Bergenaars bedrängt, zogen sie sich in die Berge zurück, wo sie in bitterste Not gerieten und ihre Mäntel und Sandalen am Feuer rösteten und aßen. Erst in letzter Verzweiflung verfielen sie der Menschenfresserei. Später, als die Lage wieder normal wurde, hatten sie sich so sehr an den Geschmack des Menschenfleisches gewöhnt, daß sie nicht mehr davon loskamen.

Vielleicht hat ein ähnlicher Umstand die Frankenhäuser Höhlenbewohner zu Kannibalen werden lassen – die Funde und die Knochen gaben ja über die Ursachen keine Auskunft. Doch mit dieser Feststellung durften wir uns auf keinen Fall zufriedengeben. Waren denn überhaupt Hunger oder Genußsucht die einzigen Motive für den Kannibalismus?

Nächtelang saß ich vor Bergen von Büchern, die Berichte von Reisenden

über noch heute in einigen Ländern lebende Kannibalenvölker und über die Gründe für diese seltsamen Bräuche enthielten. Je mehr ich über diese Dinge las, um so klarer erkannte ich, daß unsere Höhlenfunde die Frage nach dem Motiv des hier geübten Kannibalismus nicht beantworten können. Noch komplizierter wurde das ganze Problem durch die Meinung mancher Völkerkundler, daß der sogenannte profane Kannibalismus, das heißt der Kannibalismus, dessen Beweggründe Hunger oder Genußsucht waren, wobei das Menschenfleisch als gewöhnliches Nahrungsmittel galt, die Entartung einer ursprünglich rituellen Menschenfresserei sei.
Tatsächlich ist diese Meinung nach Beobachtungen bei den Kannibalen Afrikas und der Südsee nicht ganz von der Hand zu weisen. Frobenius, Augenzeuge eines Mahles bei den Bena-Ki und bei den Tomna, berichtet, die Schmausenden seien sich sehr wohl des Außergewöhnlichen ihres Tuns bewußt gewesen. Das sollen übrigens die meisten Stämme spüren, denen heute noch gewöhnlicher Kannibalismus nachgesagt wird. Man kann zum Beispiel beobachten, daß die Menschenfresser – meist eine fest zusammengeschlossene Gruppe von Männern, die nicht selten einem Geheimbund angehören – das Mahl im engsten Kreise, unter Ausschluß der Öffentlichkeit bereiten. Sie treffen sich meist nachts an einem einsamen Ort abseits des Dorfes, im Freien, in einer Hütte oder in einer Höhle zu ihrem unheimlichen Schmaus.
Der festliche Charakter mancher profanen Kannibalenmahlzeit wird besonders deutlich, wenn die Hauptschmäuse mit der Ernte zusammenfallen. Alle Nahrungsmittel sind im Überfluß vorhanden, die Krönung der Festlichkeiten jedoch ist das Verspeisen eines oder mehrerer Menschen. Ist das wirklich nur gewöhnliche Genußsucht? Mehr oder minder verschleiert, den Teilnehmern vielleicht gar nicht mehr bewußt, stehen hinter solchen Kannibalenfesten Vorstellungen, die mit Menschenfresserei wenig zu tun haben. Sie gehören nicht selten einer höheren geistigen, ja sogar religiösen Sphäre an.
Das erscheint zunächst unglaublich. Stammt nicht, wie ein Forscher es einst formulierte, die Menschenfresserei aus einer Zeit noch halb tieri-

scher Wildheit, als alle Regungen, die sich heute gegen die Ausübung dieses Brauches sträuben, noch nicht entwickelt waren? Aber sind diese Stämme wirklich roh und tierisch wild, und müssen sie deshalb von jedem zivilisierten Menschen voll Abscheu betrachtet werden?

Es erregte großes Aufsehen, als 1871 auf dem Internationalen Anthropologen-Kongreß in Bologna der Gelehrte Vogt am Ende seines Vortrages behauptete, die wirtschaftliche und soziale Entwicklung der Kannibalen-Volksstämme übertreffe häufig die anderer Stämme, die diesen Brauch ablehnen. Wie kam Vogt zu dieser Behauptung, die heftige Debatten bei den Wissenschaftlern auslöste? Tatsächlich besitzen viele Kannibalenvölker eine hohe Kultur. Lesen wir die Berichte der alten Forschungsreisenden, zum Beispiel der Afrikafahrer Schweinfurth, Schultze, Stanley, so finden wir immer wieder die Feststellung, daß gerade die Stämme, die der Menschenfresserei ergeben sind, durch ihre relativ hohe Kultur auffallen. Schultze sprach es auf Grund seiner Studien bei den Missanga wohl als erster offen aus, daß die Menschenfresserei allem Anschein nach nur bei den Stämmen üblich ist, die eine verhältnismäßig hohe Kultur entwickelt haben. Ein englischer Forschungsreisender wies besonders auf die menschenfressenden Basutos hin, deren Kunsterzeugnisse überdurchschnittliche Begabung verrieten. Viele Beispiele dieser Art ließen sich noch aus Afrika anführen. Auch in anderen Ländern wurden ähnliche Beobachtungen gemacht. Als klassischer Beweis gelten die Bataks auf Sumatra, deren hervorragende Kultur im krassen Gegensatz zu der Kultur ihrer Nachbarn steht, die keine Kannibalen sind.

Diese Menschenfresserstämme mit hohen Kulturen lassen erkennen, wie vielseitig die Erscheinungsformen des Kannibalismus sein können und welche mannigfaltigen Beweggründe es dafür gibt. Neben dem profanen sehen wir den kultischen Kannibalismus. Beide Arten können anscheinend verbindungslos nebeneinander bestehen. Die afrikanischen Jagas zum Beispiel, von denen nicht ohne Grund behauptet wurde, sie seien die schlimmsten Kannibalen der Welt, da sie sich hauptsächlich vom Fleisch ihrer gefallenen Feinde ernährten, besaßen große Rinder-

und Ziegenherden; dennoch waren sie auf Menschenfleisch förmlich erpicht. Sie veranstalteten große Kriegszüge, um durch die Eroberung feindlicher Niederlassungen Menschenfleisch zu erhalten. Der gleiche Stamm opferte zu Beginn eines Kriegszuges seinem Kriegsgott in feierlicher Zeremonie unter Mitwirkung des Zauberers vor Sonnenaufgang fünf Menschen und fünf Tiere und verzehrte sie. Wir sehen bei ein und demselben Stamm also die Gier nach Menschenfleisch, feierliche Zeremonie und Kannibalismus im Dienste der göttlichen Verehrung. –

Oft nahm ich die Kannibalenmahlzeitreste in die Hand und betrachtete sie lange. Profaner oder ritueller Kannibalismus? Wie sollte man das den Knochen ansehen? Langsam wurde mir klar, daß es drei Wege gab, diese Frage zu beantworten: Zunächst mußte das Problem des Kannibalismus bei allen Naturvölkern gründlich studiert werden, um die vielfach verschlungenen Motive der Sitte kennenzulernen. Dabei würde es offenbar immer schwierig sein zu entscheiden, welche Motive die älteren, ursprünglichen waren, wenn man überhaupt an einen gemeinsamen Ursprung aller Arten von Kannibalismus glauben wollte. Der zweite Weg – er erschien mir immer wichtiger, je mehr ich mich mit der Materie beschäftigte – war das Studium der antiken und mittelalterlichen Schriftsteller, die manches über den Kannibalismus der alten Völker zu berichten wissen. Vielleicht ließen sich noch Hinweise auf ursprüngliche Gedankengänge finden, die zum Kannibalismus geführt haben! Der dritte Weg schließlich, um der Lösung der Frage näherzukommen, war die Fortführung der Grabungen.

An einem Abend stand ich wieder allein unterhalb des Steilabhangs und betrachtete den Eingang zur Höhle 1. Mein Blick fiel auf die riesige Schutthalde am Berg, und plötzlich kam mir ein Gedanke: Diese Erdmassen, die nur einen kleinen Teil des steilen Gipsberges sehen ließen, müssen abgetragen werden. Nach geologischen Erwägungen mußten im Gipsberg sicher viele Höhlen liegen. Sie waren im Augenblick nicht sichtbar, aber vielleicht verbarg sich irgendwo noch ein Hohlraum, dessen Inhalt die brennende Frage, ob profaner oder ritueller Kannibalismus, entscheiden würde.

Was hatten die Untersuchungen bisher ergeben?

1. Die Kannibalen waren nur zeitweise in Höhle 1, um dort ihre grausigen Mahlzeiten einzunehmen. Die Strohfeuer deuteten auf einen Besuch während der Erntezeit.
2. Ihre eigentliche Wohnstätte, ihr Dorf aus Holzhäusern, lag im Tal, wie wir mittlerweile durch Geländebegehungen herausgefunden hatten.
3. Auf dem Plateau, genau über den Höhlen, waren ebenfalls Siedlungsspuren festzustellen. Diese Siedlung hatte man offenbar zu einem besonderen Zweck angelegt; denn der Wassermangel hier oben machte eine Dauersiedlung unmöglich.
4. Menschenfleisch war mit Tierfleisch zusammen genossen worden; häufig traf man Tier- und Menschenknochen dicht nebeneinander in den Kulturschichten an. Die Menschenknochen hatte man wegen des Knochenmarks nach derselben Methode geöffnet wie die Tierknochen, deren große Anzahl keinesfalls auf einen Nahrungsmangel hinwies.

   Einen weiteren wichtigen Punkt fügte der Jenaer Anthropologe Professor Dr. Struck nach seiner Untersuchung der Menschenknochen aus der Höhle 1 hinzu:
5. Es waren, ähnlich wie Spring es in seiner belgischen Höhle beobachtet hatte, vorwiegend Jugendliche und Kinder verzehrt worden!

Auf Exkursion in der Umgebung der Höhle

Wieder einmal schien es ein warmer, sonniger Maientag zu werden. Die Arbeiter zerschlugen die Steine und räumten die großen Gipsblöcke weg, die jetzt unten im Tal den Weg versperrten. Wir anderen unternahmen eine Geländeexkursion in westlicher Richtung nach der Barbarossa-Höhle zu, um die Umgebung unseres Grabungsortes näher kennenzulernen. Wir wollten vor allem das Rottlebener Quertal aufsuchen, wo die Prinzenhöhle liegen sollte, über die wir schon einiges gehört hatten. Vielleicht würde sich dort eine Grabung nach vorgeschichtlichen Funden lohnen? Noch etwas lockte uns auf den gegenüberliegenden Höhenzug: In dieser Gegend mußten sich zahlreiche kleine Hügel befinden, die das Meßtischblatt als „Hügelgräber" bezeichnet. Es ist nicht bekannt, woher der Kartograph sein Wissen hatte. Jedenfalls ist in der einheimischen Fachliteratur kein Hinweis auf irgendwelche Funde enthalten. Da diese „Gräber" nicht allzu weit von unserem urgeschichtlichen Höhlennest und den gleichaltrigen Talsiedlungen entfernt lagen, konnte vielleicht ein Zusammenhang zwischen diesen Fundplätzen bestehen.

Wir freuten uns auf die Maienschönheit der Natur, die hier an den Südhängen der Gipsberge, wo die Sonne ihre ganze Kraft entfalten konnte, sicher etwas Besonderes zu bieten hatte. Zuerst folgten wir ein Stück der alten „Salzstraße", bogen schließlich nach links ab und wanderten querfeldein auf den Breiten Berg zu, den wir vom Eichenhöh-Plateau immer vor Augen hatten. Als wir den oberen Westhang erreicht hatten, der mit seinen Kiefern, Schwarzkiefern und Fichten ein ganz anderes Bild bot als unser laubholzbestandener Höhlenberg, bahnten wir uns einen Weg durch dichtes Unterholz. Endlich lichtete sich der Wald, und vor unseren Augen tat sich eine merkwürdige Landschaft auf – eine richtige Steppenlandschaft! Federgrasbüschel wogten im frühen Morgenwind. Die Halme waren bis ein Meter hoch und endeten in handspannbreiten Grannenschöpfen, die, mit weißseidigen Haaren dicht besetzt, wie kleine Federn aussahen. Die Pflanzen stehen unter Naturschutz, so daß wir uns keinen von diesen schneeweißen „Pfeifenreinigern" mitnehmen konnten. Es war hübsch anzusehen, wenn ein zärtlicher Windhauch die Federchen sachte auf und nieder wippen ließ. Diese anmutige Bewegung hatte der Pflanze wahrscheinlich auch den Namen „Reihergras" gegeben.

Zwischen den Federgrasbüscheln leuchteten die violetten Glocken der großen Ungarischen Küchenschelle, die vor allem in den Karstlandschaften Mittelböhmens und Niederösterreichs verbreitet ist. Hin und wieder begegnete uns die schwärzliche Kuhschelle, deren Heimat in den pannonischen und ukrainischen Steppengebieten und im nordöstlichen Europa liegt. Neben den violetten und schwärzlichen Blüten wuchsen unzählige hellgelbe Frühlings-Adonisröschen.

Immer wieder machten wir uns gegenseitig auf besonders schöne Exemplare dieser Frühlingsboten aufmerksam. Wir erfuhren, daß es auf dem Orchideenberg, unserem Höhlenberg gegenüber, einen ausgedehnten Standort des Purpur-Knabenkrauts gab, der stattlichsten deutschen Orchis-Art.

Ganz von selbst kamen wir bei der gemächlichen Wanderung über die Wiesen auf die Frage, wie diese seltenen Blumen und das Federgras aus den Steppenheiden und Karstlandschaften Südosteuropas nach Thüringen gekommen seien. Ich hatte mich bereits früher mit den Wanderwegen der mitteleuropäischen Pflanzen und Tiere während der Eiszeit und späterer Epochen beschäftigt, weil mir die auffallende Übereinstimmung zwischen den alten Wanderwegen urgeschichtlicher Kulturträger und den biologischen Ausbreitungsgebieten zu denken gab. Sowohl die Küchenschelle als auch die Frühlings-Anemone waren ursprünglich in den Steppengebieten Südosteuropas beheimatet, nämlich im pontischen und sarmatischen Florengebiet der baumarmen Grasflächen Ungarns und im Süden der Sowjetunion. Dort ist das Klima heute kontinental: Nach kurzem Frühling dörrt die Sonnenhitze den Boden aus, dem trockenheißen Sommer folgt ein trockenkalter Winter. Wann aber hat die pontisch-sarmatische Flora unser Gebiet erreicht? Die Botaniker fanden heraus, daß sich diese Steppenfloren-Elemente während einer Wärmeschwankung in der letzten Eiszeit, der Allerödschwankung, ausgebreitet haben, als die Sonne kurze Zeit kräftiger wärmte und sich die Birken- und Kiefernwälder nach Norden zu ausdehnen konnten. Die folgende Kälteperiode, die jüngere waldarme Tundrenzeit, überdauerten die vorgedrungenen Steppenpflanzen. Als das Eiszeitklima endgültig einer Wärmezeit gewichen war, verdrängten artenreiche lichte Eichenmischwälder die weiten Steppen, die Reste der Allerödschwankung im Thüringer Becken. Jetzt erreichten auch die

Pflanzen der südosteuropäischen Karstflur und des Karstwaldes ihre Hauptverbreitung.
Man kann heute noch ungefähr rekonstruieren, wie diese Pflanzen Thüringen erreicht haben. Untersuchungen von Blütenstaub, der sich in Mooren die Jahrtausende hindurch erhalten hat, zeigten, daß Böhmen, Mähren und Pannonien während der letzten Eiszeit ununterbrochen mit dem pontischen Areal in Verbindung standen. Drei Steppenheidepflanzen führen den Wanderweg nach Thüringen besonders vor Augen: der Illyrische Hahnenfuß, das zierliche Johanniskraut und der eichblättrige Lattich. Sie haben sich von Mittelböhmen längs der Elbe in das sächsische Elbhügelland, von dort nach dem Saale-Unstrut-Gebiet und nach Thüringen verbreitet. Diesen Weg nahmen die meisten Steppenheidepflanzen, so auch die Frühlings-Anemone und das schöne Reihergras. Dieser Hauptweg ist aber auch für den Prähistoriker bedeutungsvoll, denn auf ihm zogen seit der Steinzeit bis zum Mittelalter von Norden nach Süden und umgekehrt Menschen, die die Kulturerzeugnisse ihrer Heimat mit denen des benachbarten Landes austauschten.
Inzwischen hatten wir eins unserer Ziele, nämlich die „Hügelgräber"-Gruppe, die das Meßtischblatt am Ostteil des Breiten Berges verzeichnet, erreicht. Sie sahen wirklich wie Grabhügel aus; ihr Durchmesser betrug 10 bis 20 Meter, sie waren 1 bis 2 Meter hoch und schienen aus Stinkschiefer aufgeschüttet zu sein, der hier überall als lockerer Schotter herumlag. Immer häufiger begegneten uns diese merkwürdigen Hügel. Standen wir inmitten eines ausgedehnten Gräberbezirkes? Leider stellte sich später heraus, daß wir uns hatten täuschen lassen. Wenige Monate danach gruben wir nämlich einen dieser Hügel auf – es war nichts darin zu finden. Dagegen zeigte sich unter der Erde ein warzenförmiger, gerundeter Gipshügel. Wir waren hier also an eine sogenannte Quellkuppe geraten. Diese Quellkuppen bilden sich, wenn das ziemlich tief unter dem Stinkschiefer liegende Anhydrit Wasser aufnimmt und sich dabei um ein Drittel seines Rauminhalts vergrößert. Vielleicht liegen unter den „Grabhügeln" des Breiten Berges neben den natürlichen

„Gipsglocken" und „Blasen", wie man diese Quellkuppen auch nennt, noch einige echte Gräber. Eines Tages wird die Wissenschaft auch diese Frage klären.

Das breite Quertal, in dem sich die Prinzenhöhle befinden sollte, tat sich endlich vor uns auf. Wir wollten heute auf dem Westhang bleiben und die Höhle suchen. Ein schmaler, künstlich hergerichteter Eingang führte fast waagerecht in den Berg. Etwas enttäuscht stellten wir fest, daß bei diesen Arbeiten der Erdboden bewegt worden war. Sollte also der urgeschichtliche Mensch einst hier gewesen sein und dunkle Kulturschichten hinterlassen haben, dann mußten wir damit rechnen, daß sie vernichtet, zumindest aber stark beschädigt worden waren. Wir betraten die Höhle – sie sah wie ein schmaler Tunnel aus. Unsere Stablaternen leuchteten in das Dunkel. Da und dort blinkte es grell wie Katzenaugen auf: Einsprengsel von Marienglas. Der Lehmboden war naß und schmierig, deutlich konnte man das gleichmäßige Fallen von Wassertropfen hören. Das sah wirklich wenig einladend für eine Untersuchung aus! Wir verließen also den unwirtlichen Keller und setzten uns an die Sonne, um zu beraten, ob wir später hier doch den Spaten ansetzen sollten.

Wir entschieden, bei Gelegenheit wiederzukommen, um kleine Schürfschnitte auf dem Vorplatz und in der Höhle vorzubereiten. Langsam wanderten wir zum Höhlenberg zurück. Zur Rechten begleitete uns in weiter Ferne das langgestreckte, tiefe Frankenhäuser Tal, das sich während vieler Jahrzehntausende durch Auswaschung von Steinsalz und Gipslagern gebildet hat.

Mehrere Monate vergingen. Ausschließlich beschäftigten uns die Grabungen auf unserem Höhlenberg. Beim besten Willen fanden wir keine Gelegenheit, in oder bei der Prinzenhöhle zu schürfen. Inzwischen passierte etwas Neues: Unser junger Mitarbeiter hatte an einem Sonntag ein anderes Rottlebener Quertal durchstreift. Dabei hatte er etwas auf dem Osthang entdeckt, das uns aufhorchen ließ. Beim Klettern am Gipsfelsen fand er die vom Volksmund so benannte „Diebeshöhle". Nach seinen Schilderungen mußte sie von respektabler Größe sein. Vor

allem aber war sie trocken, und das machte sie uns von vornherein sympathisch.
Eines Tages brachen wir also zu einer eingehenden Untersuchung des Rottlebener Quertals auf. Diesmal begleiteten uns zwei Arbeiter mit Hacke und Schaufel. Ohne Rast ging es über den Breiten Berg hinweg, an der Prinzenhöhle vorbei. In unser Quertal brannte schon jetzt, am frühen Vormittag, die Sonne unbarmherzig nieder, es war drückend heiß. Eine Weile marschierten wir auf der Talsohle entlang, umwanderten einen Berg und erkletterten dann den Osthang eines zweiten Quertals. Dicht am Steilabfall zum Tale hin hielten wir uns im Gänsemarsch auf einem schmalen Weg. Plötzlich standen wir vor einer Gipsbastion, die an unseren Höhlenberg erinnerte. Hier wie dort steil ragender Fels, dessen Fuß bis weit zum Hang mit verwittertem Gesteinsschutt bedeckt ist. Schon zeigten sich einzelne Risse und Klüfte im grauen Gips – und dann standen wir vor einem großen Portal. Die Diebeshöhle war erreicht. Warum sie so heißt, ist nicht mehr bekannt. Vielleicht hatten sich in diesem romantischen Tälchen umherziehende Leute für kurze Zeit niedergelassen, vielleicht auch Zigeuner, denen die Rottlebener Bauern manchen Diebstahl auf Hof und Feld zuschrieben. Im Innern des Höhlenkessels hatten sich einst erhebliche Deckeneinstürze ereignet, so daß der blaue Himmel da und dort durch Naturfenster hereinschimmerte. Das Gestein war stark verwittert. Hier durfte nur mit äußerster Vorsicht gearbeitet werden. Da der Vorplatz mit viel Schutt bedeckt war, wollten wir zunächst nur einen kleinen Einschnitt am Eingang machen. Er sollte uns zeigen, ob sich eine größere Untersuchung lohnen würde. Die Schnittlage wurde bestimmt, und dann schlugen die Picken in den steinigen Boden. Die Arbeit ging nur langsam vorwärts, denn der Gipsverbruch war sehr hart. Schon standen wir ungefähr einen halben Meter tief, da bemerkten wir eine schwarzgraue Kulturschicht, die schließlich eine Handspanne mächtig wurde. Trotz sorgfältigen Spachtelns fanden sich nur winzige Holzkohlebrocken. Keramik fehlte, auch deutete nichts auf ein prähistorisches Alter der Schicht.

Erneut wurden die Picken zur Hand genommen, und es ging tiefer hinab. Bald war das kleine Probeloch zum Arbeiten zu eng. Eine neue Kulturschicht hatte sich nicht gezeigt. Sollten wir das Loch vergrößern? Nach eingehender Beratung entschlossen wir uns, zunächst die Untersuchung abzubrechen und erst später konzentrierte Kräfte einzusetzen, wenn unsere Hauptaufgaben im Höhlengebiet am Eschentälchen erfüllt waren. Nach Einleitung technischer Vorsichtsmaßnahmen würden wir größere Flächen abdecken und längere Schnitte anlegen. Dann würden wir auch die bis auf den gewachsenen Felsen reichende Schichtenfolge klar erkennen. Heute hatten wir den Eindruck, daß die schwärzliche Kulturschicht zu einer Herdstelle gehörte, die höchstens mittelalterlich war. Menschen jener Zeit hatten sich in der Höhle aufgehalten; dafür sprachen einige alte Inschriften an den Höhlenwänden. Leider waren sie von Kratzfanatikern unserer Tage fast ganz vernichtet worden.

Unser Abstecher zur Diebeshöhle sollte mit einem kleinen Streifzug in ihre nächste Umgebung enden. So erklomm ich also auf einem schmalen Pfad das kleine Bergplateau, wo eine lange, schräg streichende Gipsfläche, die mit etwas Humus bedeckt war, sofort mein Interesse erregte.

Aufmerksam spähend schlenderte ich weiter – und da, ich traute meinen Augen kaum – lag eine urgeschichtliche Scherbe vor mir! Beglückt brachte ich sie zur Höhle. Diese einfache bronze- oder hallstattzeitliche Scherbe war wohl keine Kostbarkeit; doch allein ihr Vorhandensein auf dem schmalen Bergplateau, von dem man weit in das Frankenhäuser Tal sehen kann, sagte uns etwas Wichtiges: Der urgeschichtliche Mensch hatte dort gehaust. Denn wenn er nur flüchtig, vielleicht jagend vorbeigekommen wäre, hätte er kaum dort oben das Bruchstück eines Topfes hinterlassen. Sicher hatte er auch die Diebeshöhle oder eine benachbarte Kluft aufgesucht, und aus solch einem Schlupfwinkel im Berge stammte offenbar die Siedlungsgefäßscherbe.

Mit dem Gefühl, daß auch dieses Seitental interessante Forschungen gestatten könnte, packten wir unser Arbeitsgerät zusammen. Die Sonne war inzwischen weitergewandert. Unser Hang lag jetzt im Schatten, dafür schien auf die gegenüberliegende Seite die pralle Sonne. Müde machten wir uns auf den Heimweg. Das lange Plateau des Breiten Berges wollte kein Ende nehmen. Nachdem uns aber der kühle Wald aufgenommen hatte, dauerte es nicht mehr lange, und wir standen am Ostabfall des Breiten Berges – vor uns ragte unser Höhlenberg auf, ganz in die goldene Abendsonne getaucht.

Neue Höhlen tun sich auf

Die Schürfungen in Höhle 1 waren fast beendet. Unser Interesse hatte sich nunmehr einer anderen Stelle zugewandt. Aber nicht die verhältnismäßig leicht zu erschließende Höhle 2, deren Eingangsprofil einige Hoffnungen erweckte, beschäftigte uns – sie sollte uns im Laufe des Jahres bei schlechtem Wetter als Ausweichstation dienen. Wir glaubten, es sei zunächst wichtiger, die Stellen zu untersuchen, die einen verschütteten Hohlraum vermuten ließen und längere Arbeit am, aber nicht im Gipsberg beanspruchten.
Uns war eine merkwürdige Nische in der Gipswand aufgefallen. Sie lag ungefähr zweieinhalb Meter oberhalb unseres Hangweges und erinnerte an ein kleines Dach, ein Abri, wie die Franzosen das Felsenschutzdach der altsteinzeitlichen Menschen nennen. Das Gestein war an dieser Stelle stark verwittert, und man mußte befürchten, daß es einem, sobald man daran rührte, auf den Kopf fiele. Mit einer kleinen Leiter gelangten wir mühelos auf den unteren Absatz der Nische. Während sich in Höhle 1 die Pappkartons noch mit allerlei interessanten Sachen füllten, arbeiteten zwei Männer bereits in der Nischengegend. Stein um Stein wurde losgehackt – Verbruchsteine vom First und von den Seiten der Gipsnische – und über die steile Böschung ins Tal gerollt. Bald war der Talweg mit Steinen übersät, und man konnte laut schimpfende Bauern ihre Gespanne durch die steinerne Wüste zwängen sehen. Wir mußten also ins Tal klettern und die Brocken am Abhang auftürmen.

Nach langwieriger und nicht ungefährlicher Arbeit stießen wir endlich auf eine schwache, aber deutliche dunkle Kulturschicht mit Holzkohlepartikeln und einigen kleineren Scherben. Wir hatten also den Boden erreicht, auf dem einst die Höhlenbewohner lebten. Bald war in der jetzt ziemlich hohen Nische ein Querprofil hergestellt, schon kratzten die stählernen Werkzeuge weiter. Noch zwanzig Zentimeter – und wir hatten den Felsboden erreicht. Die Nische mußte einst viel kleiner und tiefer gewesen sein, als wir bisher annahmen. – Etwas gefiel uns gar nicht: die abgestürzten Felsblöcke, die immer größer wurden, je weiter wir in den Berg vorstießen. Es war nicht vorauszusehen, wie sich die Statik des Hohlraums verhalten würde, wenn diese gewaltigen Brocken und Füllmassen, die jetzt vielleicht den Einbruch der Nische noch verhinderten, entfernt wurden. Wir mußten daher sehr vorsichtig arbeiten. Das neue hohe Profil mit seinen roh aufeinandergetürmten Steinbrokken sah ziemlich beunruhigend aus. Zwei Stempel mußten einen Koloß abstützen, der seine Nase bedrohlich weit vorstreckte, damit er uns nicht bei der Arbeit unter der Profilwand zerdrücken konnte.
Bald stellten wir fest, daß die Verbindungswand zu einer Nachbarhöhle, die wir nebenbei bearbeiteten, so schwach war, daß man auf das Zusammenbersten der Trennungsschicht beinahe warten konnte. Da und dort glaubte man in den Berg laufende Gangansätze zu erkennen. Diese stark zerklüfteten Felsspalten waren aber so schmal, daß niemand durchschlüpfen konnte. Dagegen wurde die Nische nach hinten immer breiter, und bald war deutlich zu sehen: Das „Schutzdach" gehörte einst zu einer kleinen Höhle, die aus einem Kessel und einem Gang bestand, der, heute offen, einst ebenfalls von einem allerdings nicht sehr kräftigen Felsdach überwölbt gewesen sein muß. Die riesigen Gipsbrocken in der Nischen-Füllung stammten von diesem Dach. Im Kessel waren drei dicht übereinanderliegende Kulturschichten zu erkennen. In einer von ihnen lagen in einer deutlichen Mulde Gefäßscherben, drei Tonzylinder und elf Bruchstücke, dazwischen eine beschnitzte breite Tierrippe, die als Schabegerät gedient haben konnte. Schon auf dem Vorplatz der Höhle 2 waren uns ein kleines Tonzylinder-Bruch-

stück und stark rotgebrannte Scherben von kleinen, dickwandigen Tiegeln begegnet. Wir nannten diese Höhle die „Handwerkerhöhle", doch dieser Name war unzutreffend, wie sich später herausstellte. Im Tagebuch erhielt sie die Bezeichnung „Höhle 4".

Als wir die Tonsäulen wegnahmen, wurde in unserer neuen Höhle eine große Steinplatte sichtbar, die wie ein Verschluß aussah. Darunter konnte man durch mehrere kleine Spalten deutlich einen Hohlraum erkennen. Wir schoben einen Zollstock in eine der Spalten und maßen eine Tiefe von 90 Zentimetern. Dann begannen wir, die große Steinplatte weiter freizulegen. Da prallten die Spachtel plötzlich auf einen grünen Gegenstand – ein Bronzebeil der älteren Bronzezeit! Warum hatte man wohl dieses völlig intakte Werkzeug hierher gelegt? Mit höchster Spannung warteten alle auf die Hebung der Steinplatte. Brecheisen wurden geholt, und mehrere Männer mühten sich, den Stein hochzukanten; doch es gelang nicht. Schließlich blieb nichts anderes übrig, als die Platte mit kleinen Meißeln zu zerkleinern. Und dann kam die Enttäuschung! Die Platte war sehr viel dicker, als es zunächst aussah – sie war ein Block und der Hohlraum unter ihm nur flach. Wir hatten die Stärke der Platte mitgemessen! Außer einigen kleinen Holzkohlestückchen und Scherben auf dem Grunde des offenbar natürlich entstandenen Hohlraums gab es nichts zu sehen. Alle waren enttäuscht, und der Gespanntheit folgte die nüchterne Einsicht, daß hier nichts verborgen war.

Zunächst schien es, als ob wir uns mit Riesenschritten dem Ende unserer Höhlenuntersuchungen näherten. Beim weiteren Abgraben der Einsturzmassen wurde die hintere Gipswand sichtbar, und das ließ keine guten Funde mehr erwarten. Eins allerdings machte mich nachdenklich: Was hatte in dieser „Handwerkerhöhle" ein Fund zu tun, der uns seiner Art nach bereits von Höhle 1 bekannt war, nämlich das Stück eines zertrümmerten menschlichen Oberkiefers? Es stammte aus einer der drei Kulturschichten. Sollte uns diese Höhle doch noch eine Überraschung bescheren?

Eines Abends war die Höhle endlich ausgeräumt. Zwar waren im Hintergrunde noch einige mit Erde gefüllte schmale Spalten zu sehen, aber überall, wo man den Spachtel ansetzte, kam sehr bald der zerklüftete Fels zum Vorschein. Ein Spalt schien etwas breiter zu sein, aber auch er war völlig mit Erde und Gesteinsmassen zugefüllt. Ohne große Erwartungen wurde er untersucht. Als wir bereits einen Meter freigekratzt hatten, war der Spalt breiter geworden! Immer mehr Gefäßscherben kamen zutage. Fragend sahen wir uns an: Sollten wir hier auf einen Zugang zu einem anderen Hohlraum gestoßen sein? Während der nächsten Tage verfolgten wir mit Feuereifer die gangartige Nische. Da – große Enttäuschung – der schon nicht mehr erwartete hintere Fels war da! Aber nein – links und rechts gab es eine erdige Füllung. Scherben eines größeren Topfes lagen hier, auch Stinkschiefer- und Buntsandsteinbrocken, die der vorzeitliche Mensch dorthin gebracht haben mußte. Daß die Erdfüllung bis zur Decke des niedrigen Ganges hinaufreichte, gefiel uns nicht. Woher kamen bloß diese verschieden gefärbten Schichten? Ein Spinnwirtel und ein dünner Bronzedrahtring regten immer wieder zu Diskussionen an. Plötzlich wurde der Gang schmaler – doch schon nach einem Tagewerk Arbeit erreichte er wieder seine alte Breite, ja langsam hob sich sogar die Decke und ließ einen langgestreckten Hohlraum sehen. Auf dem Bauche liegend, den Arm mit der Karbidlampe weit vorgestreckt, leuchteten wir dort hinein, um möglichst viele Einzelheiten zu erkennen. Kein Zweifel: Der niedrige Gang, der zunächst gerade, dann rechtwinklig von Höhle 4 abging, führte in einen neuen Hohlraum! Wir nannten ihn „Höhle 4a".

Abends, wenn die Grabungsleute längst heimgegangen waren, kletterten wir vom Plateau hinab, saßen mit frohem, erwartungsvollem Gefühl am Steilhang und genossen die frische Luft, krochen dann wieder in den Gang, um in mühseliger Arbeit die Erdschichten abzutragen, die noch den Blick nach hinten verwehrten. Jeder Tag brachte nun Überraschungen. Zunächst schien es, als ob ein großer Kessel zum Vorschein kommen sollte. Dann wieder hatte man den Eindruck, als ob eine hochragende Säule den Kessel teile. Die Decke des vorderen Kesselabschnitts war plötzlich nicht mehr zu sehen, sie mußte sich hoch über uns wölben. Auf einmal hörten wir Stimmen – sie schienen aus dieser geisterhaften Höhe zu kommen. Mit angehaltenem Atem lauschten wir ... kein Zweifel – die Stimme unseres Zimmermanns brummelte über uns. Er arbeitete mit einer Gruppe in der Nachbarhöhle. Vorsichtig entfernten wir weitere Erdmassen aus unserem Kessel, und da erblickten wir einen Hohlraum, der in ein seltsam dämmeriges Licht getaucht schien, das aus der Höhe herabfloß. Jetzt hörte man deutlich die Männer in der Nachbarhöhle sprechen. Sie arbeiteten genau über uns. Ein Loch im Boden war ihnen bereits aufgefallen, sie hatten es jedoch nicht näher untersucht. Als einer von uns vorsichtig emporkletterte, seinen Kopf durch die Öffnung steckte und sie freundlich begrüßte, blieb ihnen fürs erste die Sprache weg. Nun war uns auch klar, woher die viele Erde in unseren Kessel und in den Gang gekommen war, der von Höhle 4 abzweigte: durch das Bodenloch der höherliegenden Höhle! In den oberen Füllschichten fand sich nichts Nennenswertes, doch dann trafen wir auf eine Schicht, deren Scherben zwölf Fundkartons füllten. Auch eine kleine Henkeltasse und eine Bronzescheibe mit Öse – einst wohl als Zierscheibe verwendet – kamen zum Vorschein. Eine Reibunterlage aus Buntsandstein zum Zermahlen von Getreide deutete darauf hin, daß die Höhle als Behausung gedient hatte. Drei Tage später fanden wir zu dieser Getreidequetsche noch den dazugehörigen Läufer aus feinem Granit. Man hatte ihn auf der Buntsandsteinplatte hin und her geschoben, um das Getreide zu Schrot zu zerkleinern. Dieses vollständige „Haushaltsgerät" erweckte in uns die Hoffnung, in der Fundschicht vielleicht Getreidekörner zu entdecken. Es war auch an dem! Nur wenige Zentimeter unter dem Läufer bedeckten sie eine Fläche von ungefähr 70 Quadratzentimetern. Fast 3000 Jahre hatten sie sich als schwarze, leicht zerdrückbare kohlige Masse erhalten! Nun, die Getreidekörner wären längst verwest, hätten die vorgeschichtlichen Menschen sie nicht in einfachen Gruben leicht angeröstet. Dieses Verfahren war nicht erst seit der Kulturperiode der Urnenfelderzeit bekannt, aus der unser Getreide stammte, sondern bereits früher. Die Körner waren so gegen Muffigwerden und vor Verderb geschützt, ließen sich auch besser schroten und zermahlen, weil sich die Spelzen gelöst hatten und in der Mühle leicht abfielen. Sicher bemerkten die Menschen auch, daß das so behandelte Korn besser schmeckte und leichter verdaulich war, denn der Röstvorgang hatte die Stärke des Korns zum Teil in Zucker umgewandelt. Heute noch kauen Holzfäller im Fichtelgebirge und Böhmerwald, aber auch die Nachfahren der Illyrer, die Albaner, beim Bergsteigen und bei der Arbeit geröstete Roggenkörner gegen das Hungergefühl. Unser Getreidefund war also nichts Außergewöhnliches. Da das Röstverfahren in prähistorischen Zeiten und auch später noch allgemein angewandt wurde, sind sogar solche jungsteinzeitlichen Funde nicht selten. Wir besitzen schriftliche Überlieferungen, nach denen das Getreiderösten auch bei den Griechen und Römern üblich war. So erzählt Vergil davon, wie Äneas mit seinen Gefährten nach der Landung in Sizilien Feuer anzündete, Getreide röstete und es auf Steinen schrotete. Plinius weiß sogar sehr Wichtiges über diese Sache zu sagen. Nach ihm röstete man in Italien das Getreide wegen der schädlichen Einwirkung der Luftfeuchtigkeit. Von den Griechen berichtet er, daß sie erst die Gerste mit Wasser benetzten, dann über Nacht trocknen ließen und am folgenden Tage rösteten, schließlich auf der Mühle schroteten. Ihm fiel diese Verfahrensweise deshalb auf, weil man in Italien die Gerste nicht anfeuchtete, sondern nur röstete und dann zu feinem Mehl zerquetschte.

Langsam arbeiteten wir uns bis an das vermeintliche Ende der neuen Höhle vor. Wir wagten aber noch nicht, die vielen lockeren Gesteinstrümmer, die den Weg versperrten, zu entfernen, weil wir fürchteten, in dem dann zusammenbrechenden Spalt begraben zu werden. Jetzt gab es wieder eine Überraschung: Knapp über dem Felsboden lag eine kleine Bronzenadel mit radförmigem Kopf. Durch Grabfunde wissen wir, daß die Frauen der Hügelgräber-Bronzezeit um 1600 v. u. Z. solche und ähnliche Schmuckstücke benutzten, um ihren Mantel am Kleid festzustecken. Unser Fund, ein früher Radnadeltyp, war viel älter als die zertrümmerten und ganzen Gefäße, die der gleichen Schicht wie die Getreidekörner und die Kornquetsche angehörten. Man hatte also am

Ende der älteren oder zu Beginn der mittleren Bronzezeit im Vordergrund der Höhle ein Beil und weiter hinten eine Schmucknadel niedergelegt.
Neben der Radnadel kam ein sogenannter Gußkuchen zum Vorschein – ein flacher kleiner Bronzefladen, der beim Erstarren der Gußmasse im Schmelztiegel entstanden war. Hatte hier ein Bronzegießer Gerätschaften und Schmuck hergestellt? Viel später bearbeiteten unsere Präparatoren im Museum einen gebrannten weißen Lehmklumpen. Es war eine einfache Gußform, auf der sich der leider unvollständige Abdruck eines Messers abzeichnete. Das Metall wurde im sogenannten Herdgußverfahren auf diese Form gegossen, wobei die obere uneben und roh gebliebene Seite sorgfältig nachgearbeitet werden mußte. Zweifellos gehörten die gefundenen Gegenstände zu einer Bronzegießerei. Da aber Tiegel und anderes Zubehör, vor allem auch Hinweise auf den Gußvorgang selbst fehlten, konnte man nur annehmen, daß ein Gießer einige kennzeichnende Stücke seiner Tätigkeit in der Höhle zurückgelassen hatte. Warum er das getan hat, konnten wir nie erfahren. Vielleicht hätte das Ziegenhorn, das wir in der Nähe der Radnadel und des Gußkuchens entdeckt hatten, etwas über die Bedeutung dieser Niederlegung aussagen können?
Alles das beschäftigte mich jetzt sehr, und die Schädelfunde in der Höhle 1 waren fast in Vergessenheit geraten. – Doch zunächst gab es einen Zwischenfall.

Die große Entdeckung

An einem schönen Frühlingstag beschien die Sonne das Frankenhäuser Tal und erwärmte den Gipsfelsen. Doch kühle Windstöße zausten hin und wieder die Eichen und Birken, und es war wohl besser, die Winterjacke noch anzubehalten. Die Frankenhäuser Grabungsleute arbeiteten am Berge. Plötzlich hob einer die Nase – roch es hier nicht nach Brand?

Einer rannte in Richtung Frankenhausen, wo er Rauch zu sehen glaubte. Schon kam er zurück: Ein Rasenbrand breitete sich mit unheimlicher Geschwindigkeit aus! Unsere kleine Hütte mit ihren Funden war in größter Gefahr!
Immer weiter griff der Brand um sich, gespeist vom trockenen Wintergras, angefacht vom Höhenwind! Alle rannten zur Brandstelle, um mit Schaufeln dem Flammenmeer Einhalt zu gebieten. Rauchwolken umhüllten unser Plateau. Frankenhäuser Bauern, die im Tal auf ihren Feldern arbeiteten, alarmierten die Feuerwehr, die bald zur Stelle war. Der Brand war jedoch entfesselt – der Wind blies mit unverminderter Stärke. Schwitzend und keuchend warfen die Männer Erde auf den Flammenrand. Jetzt gab es nur noch einen Ausweg: in einiger Entfernung blitzschnell einen Graben auszuheben. Der verfilzte Wiesenboden ließ sich nur schwer aufreißen. Aber als die Flammen heranzüngelten, standen die Männer abwehrbereit im schmalen Graben vor den Erdaufschüttungen, hinter sich den kleinen Wald mit der Hütte. Dorthin durfte der Brand nicht übergreifen! Verbissen kämpften wir gegen die knisternden Flammen. Hustend, von Asche und Schweiß bedeckt, blieben wir schließlich Sieger. Das Feuer war an unserer Abwehrfront zum Stillstand gekommen, eine große schwarze Brandfläche, auf der der Wind die Asche umherwirbelte, zeugte davon. Wie es zu diesem Brande gekommen war, wurde nie geklärt.
Anderntags arbeiteten wir wieder in der Höhle 4a. Ein Fotograf begleitete uns, der in den Höhlen einige Aufnahmen machen sollte. Ein Blitzgerät war nicht aufzutreiben, und wie in alten Zeiten stand uns nur Magnesiumpulver zur Verfügung. Nach jedem Blitz füllte dichter Qualm die engen Spalten, Klüfte und Kessel, und feiner Staub rieselte auf uns nieder. In Höhle 4a konnten die Schwaden durch die Öffnung nach Höhle 5 abziehen, so daß wir nicht, wie in der Höhle 1, nach jedem Blitz ins Freie flüchten mußten, um nach Luft zu schnappen. Diesmal hatte der Fotograf im Rucksack auch eine Autobatterie und einen Scheinwerfer mitgeschleppt. Nachdem die Dämmerung hereingebrochen war, hatten wir noch einige Arbeitsaufnahmen im Höhlenkessel 4a zu

machen. Einer der Männer hatte sich bereit erklärt, uns nach Feierabend beim Wegräumen von Erde und Steinen zu helfen. Wir wollten gleich links vom Gang schürfen, der, von der Außenhöhle 4 kommend, in den Kessel 4a einmündete; denn dort besaß der Kessel eine merkwürdige Ausbuchtung nach dem Berge hin. Überall lagen lockere Steinblöcke, und es stand zunächst nicht fest, ob sie zur Wand gehörten. Der Hohlraum sah an dieser Stelle beunruhigend und gefährlich aus. Aber wir wollten unbedingt dort arbeiten; denn viele Scherbenfunde und sogar ein Spinnwirtel machten uns die Ecke besonders interessant. Vorsichtig schob einer der Grabungsleute die Schaufel unter eine mehr als 20 Zentimeter dicke, ungefähr ein Quadratmeter große Steinplatte. Er wollte sehen, wie tief der fundeführende Boden reichte. Aber Steine versperrten wiederum den Weg, und er mußte zur Picke greifen. Plötzlich hielt er inne und starrte auf den Boden. Wir folgten seinem Blick, und da sahen wir die feine Höhlenerde durch einen Spalt im Boden wie in einem Trichter verschwinden, aber nicht nur an einer, sondern gleich an mehreren Stellen war das zu beobachten! Wir wußten bereits, daß beim Entfernen der Steine aus dem Höhlenboden, unter denen sich feine Risse befanden, die Erde nachrutschte. Diesmal verschwand die ganze Erde in der Tiefe. Sollte hier etwa ein tragendes Element der Höhle nachgeben? Wir zogen uns in einen sichereren Kesselteil zurück. Einige Minuten verstrichen – es geschah nichts. Vorsichtig setzten wir die Spitzhaue an einen Stein. Der Gips knirschte. Einer von uns drückte die Picke wie einen Hebel zur Seite. Langsam hob sich der Stein. Sofort stürzte die Erde in die seitlichen Ritzen. Ein großer Meißel wurde zu Hilfe genommen, die Picke nochmals angesetzt. Jetzt endlich hob sich der Brocken vollends – ein schwarzes Loch gähnte uns entgegen. Der Scheinwerfer blitzte auf: Unter uns öffnete sich ein weiter Hohlraum. Steine polterten in die Tiefe, Erde rutschte lautlos nach. Das sah gefährlich aus, und abermals nahm alles Deckung. Doch nicht lange. Wir mußten wissen, was es mit dem Hohlraum auf sich hatte!
Zunächst wagten wir nicht, das Loch zu erweitern. Unser junger schlanker Mitarbeiter erbot sich, als erster in die unbekannten Räume einzu-

dringen. Langsam pendelte er am Seil in die Tiefe, die von oben durch den Scheinwerfer erhellt wurde. Nach einiger Zeit verkündete er, daß er Fuß gefaßt habe. Jetzt wurde der Scheinwerfer abgeseilt – endlich strahlte er auf. Unten war es unheimlich ruhig. Ungeduldig riefen wir hinunter, was zu sehen sei. Dumpf kam es empor: „Eine tolle Höhle. Zwölf bis vierzehn Meter lang." Das war alles. Unser Mitarbeiter war offenbar tief beeindruckt. Kurz entschlossen stieg ich ebenfalls ein. Die übrige Mannschaft wollte folgen. Vorsichtig wurde die Öffnung vergrößert. Endlich konnte einer nach dem andern am Seile hinabgleiten. Bald waren alle versammelt, das Scheinwerferlicht tastete langsam unsere Umgebung ab. Wir befanden uns in einer Höhle, besser gesagt, in einem sehr breiten Spalt, der westöstlich, also in den Berg hinein, verlief. Im Hintergrund teilte eine dünne Wand die Höhle in zwei Hälften. Eine Schutthalde aus Gipsbrocken und Staubboden führte schräg nach unten zum tiefsten Punkt des Hohlraums. Das Licht huschte über den Boden: da – ein Klumpen Getreide, schwarz wie das unter der Schrotquetsche der oberen Höhle 4a! Rinde, bearbeitetes Holz und Scherben traten aus der Dunkelheit. Die Männer bückten sich, wollten die Schätze aufnehmen. „Liegenlassen", rief ich, „es wird alles erst vermessen, ehe wir es hochheben." Jetzt hockte jeder vor irgendeinem von Staub halb verdeckten Fundobjekt, jeder hatte etwas Besonderes gesehen und wollte es mir zeigen. Rufe gellten hin und her. Der Fotograf ließ sich wieder nach oben ziehen, er wollte die ersten Aufnahmen machen. Langsam, den Blick immer auf den Boden geheftet, kletterten wir die Schutthalde hinab, vorsichtig Fuß vor Fuß setzend, damit nichts zertreten würde. Jetzt standen wir vor dem eigentümlichen großen Steinvorhang. Er war nur dünn, und wenn man mit einem Stein dagegenschlug, gab er einen klingenden Ton von sich. Durch ein kleines Loch konnte man in die rechte Hälfte der hinteren Höhle gelangen. Einer kroch bereits auf allen vieren hinein. Die Dunkelheit verschluckte ihn, nur seine Karbidlampe sah man hin und her zucken. Ich ermahnte ihn, nichts anzufassen, und kletterte mit den anderen in den linken Parallelspalt.

Auch dort lagen die verschiedensten Funde. Gewaltige Felsbrocken waren vom Höhlenfirst herabgestürzt. Über uns, am Höhlendach, hingen zentnerschwere Blöcke, so daß man vermeinte, sie stürzten gleich auf uns nieder und begrüben uns. Wir kletterten über die chaotisch übereinandergetürmten Steinplatten bis ans Ende der Höhle. Die Strahlenfinger unserer Lampen glitten in die vielen Hohlräume, und überall waren Funde zu sehen! Unser Mitarbeiter kam wieder aus dem rechten Spalt gekrochen und hielt mir triumphierend eine wundervolle, etwa 40 Zentimeter lange bronzene Spiralscheibenkopfnadel vor die Nase! Er hatte sie im hinteren Spalt liegen sehen und sie im Rausch des Finderglücks trotz meines Verbots aufgehoben. Sie hatte kaum Patina angesetzt und wirkte wie neu. Ihre Spirale federte leicht. Solche Nadeln findet man in Frauengräbern der Hallstattzeit. Unser besonders großes Exemplar hielt offenbar einst einen kranz- oder schneckenförmig um den Kopf gelegten Zopf fest. Das Spiralscheibenende, das den Kopf der Trägerin etwas überragt haben muß, schmückte sie zweifellos auf recht aparte Art.

Die Zeit verging wie im Fluge. Erst das allmählich schwächer werdende Licht unseres Scheinwerfers und das müde Flackern unserer Karbidlampen mahnten uns zum Rückzug. Es war genau 22 Uhr. Einer nach dem anderen verschwand wieder im Loch der Decke. Besonders schwierig war es, die Autobatterie kunstgerecht hochzuhieven. Als der letzte unserer Mannschaft dem Dunkel der unteren Höhle entstiegen war, wanden sich alle durch den engen Gang zur Höhle 4. Draußen lastete schwarze Finsternis. In tiefen Zügen sogen wir die kühle Nachtluft ein. Langsam löste sich die Spannung in uns. Wir alle hatten das Gefühl, aus einer anderen, unwirklichen Welt zu kommen. Vor rund 2800 Jahren hatten in dieser geheimnisvollen Höhle Menschen geatmet. Dann waren die Eingänge verschüttet worden, und erst im Atomzeitalter hatten wir sie zufällig wiedergefunden. Ein unbändiges Glücksgefühl durchströmte mich: Hier warteten noch viele Geheimnisse auf ihre Entschleierung.

Der nächste Morgen brachte uns eine unangenehme Überraschung:

Wir hatten aus unserer neuentdeckten Höhle, die später die Bezeichnung „Höhle 9" erhielt, einige Hölzer mitgebracht, um sie bei Tageslicht genauer zu betrachten. Nun mußten wir feststellen, daß das am Vortag noch feste Holz rissig und völlig auseinandergetrieben war. Die geringe Feuchtigkeit, die es sich durch die Jahrtausende im Berge erhalten hatte, war in der warmen Grabungshütte verdunstet, das Holz war geschrumpft und hatte seine Form verändert. Jeder Prähistoriker weiß, daß hölzerne Gegenstände sich viele Jahrtausende in Mooren erhalten können, daß es aber großer Präparationskunst bedarf, solche Objekte, wenn sie an die Luft kommen und trocken werden, vor dem Schrumpfungsprozeß zu bewahren. Komplizierte Maßnahmen sind notwendig, um das Moorwasser durch andere Stoffe zu ersetzen, die die ursprüngliche Ausdehnung der Holzzellen fixieren. – Unsere Hölzer schienen in der Höhle fest zu sein – ganz anders als die schwammigen und weichen Hölzer aus den Mooren. Ihre geringe Feuchtigkeit, die sich durch Luftabschluß und durch die von den Gipswänden ausgehende Wasserverdunstung wie in einem Eiskeller jahrtausendelang erhalten hatte, mußte also ebenso wie die Feuchtigkeit der Moorhölzer in besonderen Verfahren ersetzt werden. Das bedeutete, daß für den zu erwartenden Holzsegen umfangreiche Vorbereitungen zu treffen waren, ehe wir die Fundstücke aus dem Berge ans Tageslicht holen durften. Außerdem mußten diese gefährdeten Gegenstände schon an ihrem Fundort vor Lufteinwirkung geschützt werden. Unser Oberpräparator befragte Fachkollegen, wälzte Literatur und kam schließlich zu dem Ergebnis, daß eine gute Holzkonservierung gründlich vorbereitet werden müsse. Vorerst sollten verschiedenartige Versuche angestellt werden. Heute und morgen war also an eine Fundbergung in der Höhle nicht zu denken, wenn wir nicht Kostbarkeiten vernichten oder gefährden wollten. So blieb zunächst nichts anderes übrig, als nochmals in die Höhle zu steigen, einige nichtbearbeitete kleinere Holzstücke herauszuholen, in Behälter mit feuchtem Höhlenstaub zu packen und in die Präparationswerkstatt nach Weimar zu schaffen.
Wir verschlossen die Höhle bis auf weiteres. Wir waren alle nicht ge-

rade bester Laune, als wir das Eingangsloch in Höhle 4a mit Gipsplatten und Erde wieder abdichteten. Die Mitarbeiter wurden angewiesen, über die neuentdeckte Höhle Stillschweigen zu bewahren, um zu vermeiden, daß Unbefugte eindrangen und dort herumwühlten. Für die nächste Zeit mußten wir uns einer anderen Höhle zuwenden.

Der Kannibalenherd

Während wir in Höhle 4a gearbeitet hatten, waren einige Grabungsleute an einer anderen Geländestelle tätig gewesen. Sie arbeiteten dort, als wir die Untersuchungen in Höhle 4 für beendet hielten. Nachdem wir in die enge Höhle 4a eingedrungen waren, konnten wir nur zwei Männer brauchen, die die Erde in Eimern durch den niedrigen Gang zur Höhle 4 und von da ins Freie tragen mußten, wo sie nochmals durch ein Sieb geschüttet wurde. Auch den kleinsten Fund, der uns vielleicht beim Kunstlicht im Berginnern entgangen war, mußten wir auf diese Weise in die Hände bekommen.

Einige Grabungsleute waren also frei und konnten anderswo eingesetzt werden. Sie sollten zunächst den Hangweg in Ordnung bringen und in einem natürlichen Spalt, der von diesem Pfad bis zum Plateau reichte, eine Treppe anlegen, auf der wir bequem zum Weg gelangen konnten, der zu allen bisher bekannten Höhlen führte. Bei diesen Arbeiten fiel eine merkwürdige Nische auf, die unser Interesse erweckte: Ein gewaltiges Dach aus schräg zum Berg hin abfallenden Gipskolossen lag unmittelbar neben der mit Erde gefüllten breiten Spalte. Die Innenfläche der Felsennische war verwittert und an mehreren Stellen merkwürdig glatt, wie es öfters bei Höhleneingängen zu beobachten ist. Sollte dort wirklich ein verschütteter Hohlraum verborgen sein?

Eifrig hackten wir in der Spalte herum – es war in jenen Februartagen empfindlich kalt, jeder mußte tüchtig zupacken, wollte er nicht erstarren –, und die Treppe wurde immer länger. Je tiefer die Stufen

hinabreichten, um so besser sah man die Nische. Bald konnte man bequem zu ihr hinabklettern. Dicke Schichten trockenen Laubes, das der Wind dorthin getrieben hatte, ließen sich leicht beiseite schieben. Humus lag darunter. Aber dann stießen wir immer wieder auf Felsen. Nichts bestärkte uns in der Annahme, daß die Gipswand plötzlich zurückspringen und ein Höhlenportal sich öffnen könnte. Sollte man für eine so vage Hoffnung kostbare Arbeitsstunden opfern? Denn das war jetzt klar – wollte man hinter die Geheimnisse der Zyklopennische kommen, dann mußten große Erd- und Steinmengen beiseite geräumt werden, und das kostete viel Schweiß und Geld.
Kurzentschlossen ordnete ich die Beseitigung des Laubhaufens aus der Nische an. Ich wollte sehen, wie tief die Senke reichte und dann in den oberen sterilen Schichten ein kleines Probeloch graben lassen. Bald war eine Humusschicht erreicht, die aber noch immer verweste Blatteile und vermoderte Zweige enthielt. Die Nische mußte also einst noch tiefer gewesen sein. Einer der Männer hockte an der hinteren Wand – plötzlich stutzte er, und ich merkte an seinem aufgeregten Gebaren, daß er irgend etwas gefunden hatte. Da rief er mich auch schon herbei. Vor mir lag der erste Nischenfund: ein sauber in Ölpapier gehülltes Päckchen. Vorsichtig entfernten wir die Verpackung und – zum Vorschein kamen eine Schachtel mit Munition und eine Pistole, nur wenig verrostet. Sie konnte noch nicht lange im Boden gelegen haben. Wahrscheinlich hatte sie jemand nach 1945 hier versteckt. Gegen Abend lag der seltsame Fund auf dem Volkspolizeirevier. Später, als wir hinter die Geheimnisse der Nische gekommen waren, die uns in die Höhle führen sollte, dachte ich oft an diesen ersten Fund zurück. Er war für uns gewissermaßen das furchtbare Omen für einen Ort, an dem viele Menschen der Bronze- und Hallstattzeit ihr Leben lassen mußten.
Obgleich die kleinen Probeschürfungen längs der hinteren Wand noch immer kein Höhlenportal erkennen ließen, entschloß ich mich, mit den gewaltigen Erdbewegungen zu beginnen. Die Treppe durch den Spalt war mittlerweile fertig und auch der Hangweg mit sauber geglätteten Stufen versehen. Schon in den ersten Arbeitstagen am Steilhang spürten

wir die Schwierigkeiten. Gewaltige Steine verhinderten immer wieder ein Vorwärtsdringen. –

Jetzt hatten wir Museumsleute etwas Zeit, die Umgebung unseres Höhlennestes zu durchstreifen. Zu unserer Rechten lag, dicht mit Eichen bewachsen, als Fortsetzung des gegenüberliegenden Berges eine kleine Gipserhöhung, die „Kattenburg". Einige Heimatforscher glauben, dieser Name beziehe sich auf den Germanenstamm der Chatten. Wahrscheinlicher ist jedoch ein Zusammenhang mit der niederdeutschen Bezeichnung für „Katzen". Der Name „Katzenburg" paßt übrigens zu den Nachbarburgen mit Tiernamen wie Ochsenburg und Falkenburg. Ein Frankenhäuser, ein begeisterter Heimatfreund, der häufig auf unserem Berg erschien, um sich unsere Funde anzusehen, hatte einmal von einer großen steinernen Platte mit einem Ring erzählt, die er als Kind mit eigenen Augen auf dem Burggelände gesehen haben wollte. Viele Männer hätten versucht, sie zu heben, aber es sei nie gelungen. Jetzt endlich war die Gelegenheit günstig, um diese mysteriöse Platte einmal in Augenschein zu nehmen. Wir baten ihn, uns zu begleiten, und erreichten gemeinsam die Burg, ein künstlich hergerichtetes Plateau, das wahrscheinlich einst von einer heute nicht mehr erkennbaren Befestigung umgeben war. Unser Begleiter lief hin und her, überlegte, rannte abermals zwischen den Büschen auf und ab, angestrengt nach dem Stein suchend. Lässig auf seine Schippe gestützt, wartete einer unserer Grabungsmänner auf den Augenblick, der die abenteuerliche Forschung einleiten sollte. Vorsorglich hatte er eine Axt mitgebracht, um einen Hebebaum zurechtschlagen zu können. Es verging eine halbe Stunde – endlich mußte der Frankenhäuser gestehen, er könne die Stelle nicht mehr finden. Ich hatte etwas Ähnliches befürchtet. Bis heute ist die Platte und der darunter vermutete große Schatz nicht entdeckt worden, obwohl später sogar kleine Probeschürfungen und Bohrungen vorgenommen wurden. Schon wollten wir wieder umkehren, da wurde ich auf einige Hohlräume im Gips unterhalb des Kattenburg-Plateaus aufmerksam gemacht, die wie Höhleneingänge aussahen. Eine solche Stelle lag unter dichtem Gestrüpp versteckt, und es wurde beschlossen, in der nicht sehr verheißungsvoll aussehenden Höhlung einen kleinen Schnitt anzulegen. Aber auch dort fanden wir nichts; höchstens einige Gefäßscherben aus dem 18. oder 19. Jahrhundert in einer Humusschicht – dann trat der Felsen hervor. Wahrscheinlich hatte einst ein Bauer sein Essen dort aufbewahrt, der Topf ging entzwei, und die Scherben blieben in der kleinen Höhlung zurück. – Wir schürften dann noch an einer anderen Stelle unterhalb der Kattenburg, aber wiederum ohne Erfolg. –

Die merkwürdige Nische an unserem Berg kostete uns viele Arbeitstage. Wir alle griffen zu Picke und Schaufel, um den Arbeitern zu helfen. Wie schon bei der Untersuchung am Vorplatz zu Höhle 1 hallten Wald und Tal wider von hinabrollenden Steinen, die nicht selten in gemeinsamer Anstrengung zum Steilhang geschoben werden mußten. Ein letzter Ruck, und die Höllenfahrt ins Tal begann: immer schneller und schneller polterten die Kolosse bergab, eine Staubfahne hinter sich aufwirbelnd. Aber all unseren Anstrengungen zum Trotz zeigte sich nichts, aber auch gar nichts, was uns eine Belohnung für die Mühen gewesen wäre.

Der halbe Februar war bereits vergangen – wir schrieben den 17. Wir hatten mitten im Steinmeer ein Profil hergestellt, das zwei noch recht undeutliche, aber immerhin erkennbare dunkle Erdschichten zeigte, die wie Kulturschichten aussahen. In der oberen fanden wir nichts. Dafür konnten wir der unteren – sie war von der oberen durch mächtige Steinlagen getrennt – einige Handvoll Scherben entnehmen. Am meisten aber freute mich die Beobachtung, daß sich beide Schichten schräg nach dem Berge zu senkten. Vielleicht liefen sie in einen Hohlraum? Schon nach wenigen Tagen erschienen etwas tiefer zwei neue, diesmal schwarzbrandige Schichten. Sie enthielten neben Scherben auch Menschenknochen – darunter ein Stück Unterkiefer. Die Bein- und Armknochen waren größtenteils aufgeschlagen und erinnerten dadurch an die Kannibalenmahlzeitreste aus Höhle 1. Ein eigenartiges Fieber packte uns. Wie üblich wurden Profile aufgemessen, die gewaltig hohe Steinschuttlage mit ihren Kulturschichten stückweise abgetragen und wieder

Profil um Profil hergestellt und bearbeitet. Immer noch befanden wir uns einige Meter unter dem Zyklopendach. Dieses Dach mußte einst den Steilhang überragt, und die riesigen Steinmassen vor der Nische, die man so schwer wegräumen konnte, mußten auch zu diesem Vorsprung gehört haben. Das Ganze war also eine zusammengebrochene Höhle! Da, wo einst vor Jahrtausenden Dämmerlicht geherrscht hatte, strahlte heute die Sonne. An den Kulturschichtprofilen und den Steinbrocken darüber war abzulesen, daß das Höhlendach erst eingestürzt war, als der urgeschichtliche Mensch der Bronze- oder Hallstattzeit den Berg bereits verlassen hatte. Merkwürdigerweise verlief über den Gipsbrokken des zusammengestürzten Höhlendachs eine dunkle Schicht. Nach der Katastrophe mußten also nochmals Menschen hier gelebt haben. Aber die Schicht blieb geheimnisvoll: Nichts deutete auf ihr Alter.

Am 2. März gab es wieder einmal etwas Neues: Alle hockten auf dem Erdboden, damit jeder genau sehen konnte, was sich den Augen bot. Unter dem Steinschutt, inmitten einer schwärzlichen Kulturschicht, erhob sich in etwa ein Meter Breite eine kalkige weiße, steinharte Masse. Die Spachtel kratzten – das Gebilde wurde nach und nach rechteckig, und hinter ihm erschien ein gewaltiger Stein. Die weißliche Masse aber, das war an den abgesplitterten Teilen zu erkennen, war ein Estrich, auf dem einst ein mächtiges Feuer gebrannt haben mußte. Unmittelbar unter dem kalkartigen Überzug kam nämlich ein rotgebrannter Estrich zum Vorschein, dem die Feuereinwirkung stellenweise ein schlackenartiges Aussehen gegeben hatte. In diesem roten Lehm waren hin und wieder durchglühte schneeweiße Knochensplitter eingelagert. Merkwürdig war die weiße Farbe der Oberfläche. Auf den Herdstellen der urgeschichtlichen Siedlungen hatte ich so etwas noch niemals beobachtet.

Eine primitive Steinsetzung umrahmte die Feuerstelle. Der dunkle Boden, der die Anlage umgab, mußte etwas abgespachtelt werden. Dabei machten wir die nächste aufregende Entdeckung: Hinter dem Herd fanden wir dichte Lagen von Menschenknochen, unter anderem zwei Unterkiefer. Zwischen den meist zerschlagenen Menschenknochen lagen auch einige Tierknochen, mitten darin eine kleine verzierte Scherbe aus der Urnenfelderzeit. Die Knochen waren durch den Kalkreichtum des verwitterten Gipsbodens vorzüglich erhalten. Wir betteten sie sorgfältig in einen Behälter. Immer reicher wurde der Segen – da ertrug ich es nicht länger – ich klemmte eine der vielen Kisten unter den Arm und kletterte zur Grabungshütte empor. Mit einer weichen Bürste reinigte ich behutsam und sorgfältig die Knochen. Unser Zimmermann hatte am Hüttenvorplatz einen Tisch aufgebaut, der sonst zum Sortieren der Funde diente. Jetzt breitete ich die Knochen zum Trocknen auf ihm aus. Dann nahm ich Knochen für Knochen unter die Lupe, vor allem die Gelenkköpfe der zertrümmerten Arm- und Beinknochen. Da waren sie wieder, die feinen Schnitte, einzeln oder in parallelen Reihen, wie mit einer Rasierklinge gemacht! Dort, wo kräftige Sehnen die Arm- und Beinknochen am übrigen Skelett festhalten, tauchten diese feinen Marken besonders häufig auf.

Ich wollte ganz sicher sein. Wenige Tage später legte ich Dr. Voigt, dem damaligen Leiter des Gerichtsmedizinischen Instituts in Jena, eine Auswahl unserer neuen Menschenknochen mit Schnittmarken vor. Ich hatte richtig vermutet: Auch sie zeigten sichere Spuren einer geschickt vorgenommenen Leichenzerstückelung! Die Schnitte gaben die gleichen untrüglichen Hinweise, die ein Mörder am Skelett seines Opfers hinterläßt, das er zerstückelt beiseite schafft. Und nun lagen diese Unmengen von Knochen mit Schnittspuren, offenbar Skeletteile einiger Individuen, an einer Herdstelle!

Die durchglühten Knochensplitter, die wir bei der Untersuchung der Feuerstelle entdeckt hatten, schienen auf eine Leichenverbrennungsstätte, eine „Ustrina", zu deuten. In der Hallstattzeit gab es nämlich sehr merkwürdige Bestattungssitten, bei denen die Toten nur teilweise verbrannt wurden. Auf dem Gräberfeld von Hallstatt, das der Kulturperiode der frühen Eisenzeit den Namen gegeben hat, konnten einige solche Bestattungen beobachtet werden. Diese Bräuche resultierten anscheinend aus der Angst vor dem wiederkehrenden Toten. Der Gedanke, der Tote besitze unheilvolle Kräfte und könne seine Angehörigen schädigen, ja sogar in sein Grab ziehen, war und ist auch noch heute weit verbreitet. Man glaubte, diese Gefahren nur bannen zu können, wenn man den Leichnam mit dem Blicke nach unten auf den Bauch legte, ihn ganz oder teilweise verbrannte, ihm den Kopf abschlug oder wenigstens die Arme und Beine fesselte. Auf dem Gräberfeld bei Hallstatt beobachtete man in drei Fällen einen unverbrannten Schädel, der auf der Asche der übrigen Skelettknochen ruhte. Andere Male hatte man nur den Schädel verbrannt und seine Asche neben dem geköpften Körper niedergelegt.

Unheimlich wirkte in Hallstatt eine andere Bestattungsart: Neben dem Rumpfskelett waren die verbrannten Reste von Kopf, Händen und Füßen beigesetzt. Dann wieder hatte man nur die Beine und Füße verbrannt und die Asche mit dem Rumpf zusammen begraben. Auch dazu gab es eine Umkehrung, das heißt, Beine, Füße und Hüftknochen ruhten in der Grabgrube, die übrigen Körperteile lagen zu Asche verbrannt daneben. Die Maßnahmen, die einer solchen Teilbestattung vorausgingen, dürften sicher alles andere als erbaulich gewesen sein. Man mußte die Teile, die verbrannt werden sollten, vom Körper abtrennen oder den Toten sogar zerteilen. Aber nicht nur die Bewohner der Hallstattsiedlung huldigten solchen Sitten; sogar das kulturell hochstehende Volk der Griechen kannte so etwas. Auf einer griechischen Vase hat ein Künstler den unverbrannten Rumpf eines Toten sowie die abgetrennten brennenden Arme und Beine dargestellt. War an unserer Feuerstelle in der Höhle etwas Ähnliches vor sich gegangen? Wenn der Körper für eine Bestattung zerteilt wurde, mußten an den Knochen ja ebenfalls Schnittspuren zu sehen sein. Solche Marken bewiesen also nicht unbedingt, daß Kannibalen am Werke waren. Auf dem Friedhof von Hallstatt hatte man aber unverbrannte Leichenteile ordnungsgemäß bestattet und die Asche der verbrannten Körperteile beigegeben. In unserer Höhle jedoch lagen die unverbrannten Knochen in wirrem Durcheinander neben der Feuerstelle. Außer den wenigen weißgeglühten Knochensplittern, die erst bei der Untersuchung als Menschenknochen identifiziert wurden, fand sich nichts, was vielleicht auf eine

Beisetzung der Asche gedeutet hätte. Und daß man die Asche eines teilweise verbrannten Leichnams sorgfältig sammelte, um sie anderswo beizusetzen, die unverbrannten Totenteile aber unordentlich zurückließ, erschien unglaubhaft.

In Höhle 1 hatten wir ja Ähnliches gefunden! Dort befanden sich keine großen Brandstellen, aber die zerschlagenen Menschenknochen glichen aufs Haar denen aus unserer neuen Höhle! In Höhle 1 lagen sie mit Tierknochen, Scherben, Schmucksachen und Gerätschaften inmitten ganzer Kulturschichtenverbände, die auf die Anwesenheit lebender Menschen hinwiesen. Von Teilbestattungen konnte dort beim besten Willen nicht die Rede sein.

Es war ganz klar – erst gegen Ende der offensichtlich noch viele Monate und vielleicht Jahre währenden Grabungen konnten die Probleme, die mit dem Kannibalismus zusammenhingen, gelöst werden. Doch immer mehr machte ich mich mit dem Gedanken vertraut, daß auch in dieser verstürzten Höhle Kannibalen gehaust haben mußten. Ich saß oft stundenlang vor den Knochen und betrachtete die Schnitt- und Hiebmarken. Die Feuerstelle mit ihrer obersten weißen Kalkbrandschicht, offenbar ein bedeutendes Zentrum der alten Höhle, beschäftigte mich sehr. Dunkel war mir in Erinnerung, irgendwo von einer mährischen Höhle gelesen zu haben, in der inmitten von Kalkbrandschichten die Reste zerstückelter Menschen unter sehr merkwürdigen Grabungsbefunden entdeckt worden waren. Als wir wieder nach Weimar kamen, war mein erster Weg in die Bibliothek. Nach einigem Suchen fand ich den Bericht über die Ausgrabung der Höhle von Býčí-Skála (= Stier-Höhle) bei Adamov von einem Dr. Wankel. Atemlos überflog ich die Zeilen – das war ja unglaublich! Ich empfand gleichfalls die große Erregung, die alle Beteiligten damals bei diesen Entdeckungen erfaßt haben mochte. In der Býčí-Skála war ein unerhört interessanter Fund die Veranlassung zum Graben gewesen: ein Tongefäß mit verkohlter Hirse, das 1869 Dr. Felkl und sein Vetter bei einer Besichtigung der Höhle zufällig im aufgewühlten Boden des Vorraumes liegen sahen. Der Fund war bei der Sandgewinnung für eine Schmelzhütte zutage gekommen, nur hatten die Arbeiter das Gefäß nicht beachtet. Die große Überraschung kam aber erst: Mitten in dieser körnigen schwarzen Masse war ein kleiner Stier aus Bronze verborgen, dessen Stirn eine eingelassene dreieckige Eisenplatte zierte. Dieser Fund bewog Wankel, 1872 den Höhlenvorraum vollständig zu durchgraben. Als er eine mit Schotter gemischte Sandschicht abgedeckt hatte, wurden sorgfältig gelegte Kalkblöcke sichtbar. An der Hinterwand der Vorhalle wurde dieses Bodenpflaster von gebrannten Kalkschichten abgelöst, die teilweise mehrere Meter mächtig waren. Wankel ließ auch diese Schicht wegräumen und fand einen tiefschwarzen Boden, der die ganze Vorhalle bedeckte: es war Branderde mit viel Holzkohle und unzähligen verkohlten Getreidekörnern. Der festgetretene Höhlenlehmboden unter dieser schwarzen Schicht war an manchen Stellen rotgebrannt; es hatten also große Feuer dort gelodert. Zwei gewaltige Brandplätze hoben sich an der hinteren Wand deutlich ab. Die schwarze Schicht war dort nahezu einen halben Meter mächtig und enthielt neben der Holzkohle und dem verkohlten Getreide auch viel gebrannten Kalk.

Auf dem kleineren, etwa 30 Quadratmeter großen Feuerplatz fand man zwei eiserne Tüllenäxte, Scherben von sehr großen Gefäßen und zerschmolzene Glasperlen. Die zweite Feuerstelle war doppelt so groß, auf ihr lagen nicht nur Gefäßscherben und durchglühte Tierknochen, sondern sogar Bestandteile eines Wagens! Stücke von Rädern, eiserne Radreifen, Radfelgen, Speichen und mit Bronze überzogene Radbuchsen aus Eisen, auch schön verziertes, aber vom Feuer halb geschmolzenes Bronzeblech! Die einzelnen Gegenstände waren mit dem gebrannten Kalk und der Holzkohle so fest verkittet, daß man Brecheisen und Meißel zu Hilfe nehmen mußte, um die kostbaren Objekte zu bergen. Dabei stieß man auf die verkohlten und durchglühten Knochen eines Menschen, der offenbar mit dem Wagen zusammen dem Feuer übergeben worden war. Am Rande dieses gewaltigen Brandplatzes fand Wankel einzigartige Objekte: ganze Wollstoffbündel, zusammengerolltes Garn, Geflechte aus Rohr und Schilf, bronzene Armbänder, prachtvoll verzierte mächtige Hohlwülste, Spiralringe, Glas- und Bern-

steinperlen, Gewandspangen und Spinnwirtel; große Mengen verbogenen, ausgeglühten Bandeisens sowie viel verkohltes Getreide – Hirse, Gerste und Weizen.
In der Mitte des Höhlenvorraums gab es ebenfalls Aufregendes: Dort und nahe beim großen Brandplatz wurden über 40 menschliche Skelette freigelegt. Sie ruhten nicht friedlich nebeneinander wie auf einem Gräberfeld, sondern lagen einzeln oder in Haufen über der ganzen Vorhalle verstreut. Wankel schreibt, die über- und nebeneinander-, kreuz- und querliegenden Skelette hätten das Bild eines grauenvollen Leichenfeldes geboten. Als man diese Skelette untersuchte, stellte man fest, daß einigen der Kopf, anderen wieder Hände oder Füße fehlten. Die meisten Toten waren Frauen, einige trugen Schmuck. Inmitten der Menschenknochen befanden sich auch die Überreste zweier Pferde. Ihnen fehlten ebenfalls Kopf und Füße. Zwischen den Skeletten sah man da und dort kleine Getreidehäufchen liegen, die manche Kostbarkeiten bargen: bronzene und goldene Armbänder, Fußringe, braune, grüne und blaue Glasperlen, Bernsteinperlen, zerknitterte goldene Haarbänder, Fingerringe. –
An der anderen Felswand, den beiden großen Feuerstellen gegenüber, stieß man auf eine Pflasterung aus behauenen Platten, die mit Menschenknochen dicht bedeckt war. Auch das Skelett eines Mannes und eines jungen Schweines lagen dort. An der Felswand standen außerdem tonnenförmige bronzene Gefäße (Zisten, Kessel und Becken), die zum Teil mit verkohltem Getreide gefüllt waren. Ein Kessel enthielt ein roh bearbeitetes Tongefäß, in einem anderen lag ein Menschenschädel, der durch die Patina des Kessels grün gefärbt war. Zwischen der Pflasterung und dem großen Brandplatz erhob sich eine altarähnliche Steinsetzung aus einer grob behauenen Steinplatte auf zwei Steinunterlagen. Darauf war wiederum verkohltes Getreide niedergelegt.
Als man das Häufchen vorsichtig untersuchte, fand man zwei abgeschlagene Frauenhände, noch mit bronzenen und goldenen Spangen und Fingerringen geschmückt, und die Hälfte eines gespaltenen Menschenschädels. Neben der Steinpackung lag ein weibliches Skelett ohne

Schädel und Hände, zu dem offenbar die auf der Steinplatte liegenden Knochen gehörten. – Hinter dem Pflaster, nahe beim Höhleneingang, häuften sich teils ganze, teils zerbrochene Tongefäße und Schalen. Viele Behälter waren mit Deckeln versehen. Als man sie hob, sah man verkohlte und verdorrte Gegenstände: verkohltes Getreide – Gerste, Weizen, Hirse und Wicke. Einige Töpfe enthielten nur Asche von Hirsesplint, andere eine merkwürdige leichte, trockene, hellbraune Masse, die unter dem Mikroskop wie Stärke aussah. Einige Töpfe schließlich füllte eine pechartige Substanz, Wankel meint, sie könne von verkohltem Blutkoagulat und verkohlten Fleischteilen stammen. Zwischen diesen vielen Gefäßen stand eine unheimliche Trinkschale, die mit verbrannter Hirse gefüllt war: Sie war aus einem menschlichen Schädeldach hergestellt.

Das war also der Befund der Býčí-Skála. Aber wie war er zu deuten? Das verstorbene Mitglied einer hochgestellten Gesellschaftsschicht, wahrscheinlich ein Häuptling, war auf seinem Streitwagen in der Höhle verbrannt worden. Viele Beigaben und Opfer, auch Getreide als Nahrungsmittel, hatte man ihm in seine Totenbehausung mitgegeben. Die unordentlich umherliegenden, teilweise unvollständigen Skelette, offensichtlich keine gewöhnlichen Bestattungen, stammten von Angehörigen seines Gefolges, vielleicht auch von Kriegsgefangenen, die, gewaltsam getötet, ihrem Herrn und Gebieter ins Jenseits folgen mußten. Die altarähnliche Steinsetzung mit den abgehauenen Händen in der Getreidelage kann man nur so deuten, daß an dem durch die großangelegte Bestattung geheiligten Ort mit grausamen Zeremonien verbundene rituelle Opferhandlungen zu Ehren des Toten stattgefunden haben.

Diese Handlungen können vor, während oder auch nach der Totenverbrennung zelebriert worden sein. Zu bestimmten Tagen mögen sich dann viele Menschen in der Höhle zusammengefunden haben, um des Toten zu gedenken und ihm Opfer darzubringen. Die verschiedenen Beigaben müssen also nicht gleichzeitig, sondern können auch nacheinander in der Höhle niedergelegt worden sein. – Nachdem die Zeremonien zum Gedächtnis des verehrten und gefürchteten Toten endlich beendet waren, überdeckte man alles sorgfältig mit Steinen und Erde.

Fraglich blieb, ob alle Opfer nur dem einen Toten galten, oder ob ein Teil von ihnen einer Totengottheit geweiht war, in deren Reich der Häuptling „einging".

Bestand nun eine Verbindung zwischen den Begebenheiten in der mährischen Stierhöhle und der Frankenhäuser Höhle mit ihrem Kannibalenherd? Der Befund am mährischen Fundplatz schien, genau betrachtet, etwas anderes zu sein. Zwar waren die Skelette aus der Býčí-Skála häufig unvollständig. Man hatte die Lebenden oder schon Toten offenbar regelrecht zerstückelt. So etwas war auch in Knovicer Siedlungen zu beobachten, bei einem Volksstamm also, der dem Kannibalismus huldigte. Die Stierhöhlen-Skelette wurden jedoch nie auf Schnittmarken hin untersucht, die vielleicht Hinweise auf den sogenannten partiellen Kannibalismus, bei dem nur einzelne Leichenteile verzehrt wurden, hätten geben können. So konnte man wohl von einer teilweisen Leichenzerstückelung sprechen, jedoch nicht sagen, warum das geschah.

In der Frankenhäuser Höhle fanden wir die Knochen nicht mehr im Skelettverband. Sie waren vielmehr sorgfältig von den Sehnen geschnitten und später zur Markgewinnung aufgeschlagen worden. Die weiße Brandfläche des Herdes erinnerte wohl an die gleichfarbigen Kalkbrandschichten der mährischen Höhle, die Frankenhäuser jedoch rührte vom himmelsmehlhaltigen Lehm her, den man zur Errichtung des Herdes verwendet hatte. Die weißen Brandschichten der Býčí-Skála aber waren entstanden, als das mächtige Feuer die Kalksteine zu Pulver brannte.

Es schien also zunächst, als ob das grausame Bestattungsritual in der mährischen Höhle nichts mit unseren Höhlenbefunden zu tun habe. Erst viele Monate später, als auch die tief im Berg liegenden Höhlen 9 und 10 sowie Höhle 2 untersucht waren und der Sinn des vorerst immer noch Rätselhaften deutlicher wurde, war klar, daß zwar nicht die mährische Höhlenbestattung, wohl aber die dazugehörigen Opferideen eine Verbindung zu dem besaßen, was einst im Eschentälchen am Südfuß des Kyffhäusers geschehen war.

Das Rätsel der Steinterrasse

Während ich in der Grabungsbude saß und die Menschenknochen untersuchte, waren die Männer vor der späteren Höhle 7 dem Berg wieder ein Stück zu Leibe gegangen. Die Brocken vom alten Höhlendach machten ihnen nach wie vor hart zu schaffen. Jetzt mußte es sich endlich entscheiden, ob die hintere Grotte einen Eingang in den Berg verbarg. Die Gipswand war erreicht, aber nur Steine lagen umher. Etwas allerdings war merkwürdig: An der Hinterseite des „Kannibalenherdes" lehnte ein gewaltiger Stein, und quer über ihn weg verlief eine mauerähnliche Erhebung aus kleinen Gipsbrocken, die deutlich einen Nischenwinkel abgrenzte. Als wir in diesem Winkel die grauweißen Gipssteine abhoben, leuchtete uns etwas Rotes entgegen: Einige Platten „Rotliegendes" waren sorgfältig nebeneinander geschichtet. Diese Steine konnten nur Menschen hierher gebracht haben, denn erst in 500 bis 600 Meter Entfernung steht im Tal das rote Gestein an! Wir sahen uns an – wir mußten noch auf die größten Überraschungen gefaßt sein! Jetzt arbeiteten wir also auf einer podiumartig erhöhten, offenbar künstlich angelegten Steinbrockenterrasse, die sich bis zur hinteren Nischenwand ausdehnte und auf der die roten Steinplatten und eine kleine Feuerstelle den damaligen „Wohnhorizont" anzeigten. Die Terrasse wurde von der Mauer abgegrenzt, die quer über den Stein durch die Höhle verlief. Unter uns, nahe beim Steilabfall, befand sich schließlich der „Kannibalenherd". Die ganze Anlage erinnerte entfernt an kretische Höhlenheiligtümer, die gelegentlich Terrassen für kultische Zwecke aufwiesen. Merkwürdig an unserer Terrasse war jedoch, daß sie weder Knochen noch Scherben barg, aber trockene Baumzweige und verweste Blätter. Wie konnten sich hier, unter freiem Himmel, Holz und Blätter Jahrtausende hindurch erhalten haben? Wollten wir diese Frage beantworten, so mußte die Anlage gegen den Berg zu durchschnitten werden. Die Grabungsleute waren von dieser Arbeit nicht sehr erbaut. Doch das läßt sich nicht ändern: Erst putzt der Prähistoriker die Reste der vergangenen Kulturepoche sauber aus dem Boden, und abschließend, wenn alles fotografiert und gezeichnet ist, wird es auf ausgeklügelte Weise durchschnitten und tiefer abgetragen, also regelrecht zerstört, damit sichtbar wird, wie sich die einzelnen Schichten gebildet haben und wie sie sich zueinander verhalten.

Es stellte sich heraus, daß der „Kannibalenherd" bereits bestand, als die Höhle noch vorhanden war. Die Steinterrasse mit ihrer kleinen Grenzmauer aber wurde erst geraume Zeit nach der Einbruchskatastrophe errichtet. Nichts deutete jedoch darauf hin, wann das wohl gewesen war. Eines Tages aber legte einer der Arbeiter einen kleinen weißen Gegenstand in die Fundkiste. Er war von Erde umhüllt und sah aus wie ein winziger Gipsbrocken mit einem seitlichen Fortsatz. Als ich das Ding reinigte und näher betrachtete, war ich aufs höchste erstaunt: Es war das Bruchstück einer tönernen Pfeife aus dem 18. Jahrhundert, das da aus der oberen Schicht der Steinterrasse kam! Lange Gesichter überall. Unser Zimmermann Brinkmann drang hartnäckig in uns, was das denn für ein Pfeifenraucher gewesen sei, der hier hinter einer primitiven Mauer gehaust habe. Doch darüber konnten wir ihm keine Auskunft geben. Es mußte fraglich bleiben, ob dieser Pfeifenkopf überhaupt zur Steinpackung gehörte. Er konnte ja auch durch Steinlücken aus höheren Lagen in tiefere gerutscht sein! Wäre die Nische einst eine Eremitenklause gewesen, was nicht anzunehmen ist, da sich der Platz wenig dafür eignete und es wahrhaftig bessere Höhlenunterkünfte in unserem Berge gab, dann wären sicher noch andere Dinge dort gefunden worden. Auch spielende Kinder wären wohl kaum auf den Gedanken gekommen, so viele Steine zu einer Terrasse aufeinanderzutürmen und sogar noch einige Platten Rotliegendes aus dem Tale herbeizuschleppen. Wir bekamen also nicht mehr heraus, wann und wozu die Anlage aufgebaut worden war. Vielleicht gaben die geborgenen Holzstücke mit Hilfe der neuen Radiocarbon-Methode später einen Hinweis auf das Alter der Steinpackung.

Unsere ganze Aufmerksamkeit war jetzt auf die hintere Nischenwand konzentriert, die beim Abtragen der Terrasse zurücksprang. Ein großes,

schön gerundetes Höhlenportal hob sich ab. Kleine Lücken zwischen der Erdfüllung und dem oberen Portalbogen ließen den Blick einen Meter weit in das Dunkel dringen. Ein Besenstiel wurde vorsichtig nach hinten geschoben – er ließ sich weit hineindrücken. Sinnend saßen wir am Abend, als die Frankenhäuser Männer ihre Schaufeln aus der Hand gelegt hatten, vor dem Höhlenportal. Dieser schöne, feste Eingang versprach nur Gutes.
Schon am nächsten Tag wurde dicht am Höhlenportal ein großes Profil gegraben; dabei stellte es sich heraus, daß die dunklen Kulturschichten schräg in der Tiefe verschwanden. Schließlich standen wir vor einer hohen Erdwand, in deren unterem Abschnitt schwarze, braune und rötlichbraune Verfärbungen abwechselten. In diesen bunten Streifen steckten überall Scherben, Tier- und Menschenknochen, und Fotograf und Zeichner bekamen alle Hände voll zu tun.

Die „Wunderhöhle"

Während wir uns noch in Höhle 7 um die Klärung verschiedener ungelöster Fragen bemühten, waren unsere Präparatoren im Landesmuseum fieberhaft tätig. Rezepte für Holzkonservierung wurden ausprobiert, Versuche angestellt. Die Methode, die Hölzer in Alaun zu kochen, erwies sich damals als die beste. Ihr Prinzip besteht darin, die Flüssigkeit in den Holzzellen durch Alaun zu ersetzen, der nach dem Erkalten kristallisiert und das Einschrumpfen des Gegenstandes verhindert. Viel später erkannten wir, daß dieser von einigen Spezialisten vielgepriesene Vorgang ein Teufelsei war. Alaun ist nämlich hygroskopisch, das heißt, er nimmt aus der Luft Feuchtigkeit auf; daher müssen die damit behandelten Objekte ständig bei gleicher Temperatur und gleicher Luftfeuchtigkeit aufbewahrt werden, wenn der Alaun und damit auch das Holz nicht wieder ihren Rauminhalt verändern sollen. – Kleine Objekte schließlich können einfach in einer gut verkorkten Glasröhre verwahrt werden. Der poröse Korken bewirkt eine ganz allmähliche Austrocknung, so daß die eingeschlossenen Gegenstände ihre Form nur unwesentlich verändern.

Mittlerweile hatte sich in Frankenhausen herumgesprochen, daß wir auf eine ganz besondere Höhle gestoßen seien. Ständig umkreisten also Schatzsucher unseren Berg, und ich fürchtete, sie könnten in einem unbewachten Augenblick in unser Heiligtum eindringen. Wir beschlossen daher, zunächst die Arbeiten an Höhle 7 zu unterbrechen und die Höhle 9 erneut zu befahren.

Es war uns recht feierlich zumute, als wir den Verschluß in der Decke von Höhle 4 wieder öffneten. Viele bereits mehrfach durchdachte Fragen, die die Organisation betrafen, bedrängten mich erneut. Eine große Verantwortung lastete auf mir. – Endlich waren die Steine entfernt, das Loch im Boden vorsichtig etwas erweitert. Eine Leiter wurde durch die Öffnung geschoben und einer unserer jungen Leute kletterte hinab und sicherte ihren Standort. Da die Gefahr bestand, daß sie durch den plötzlich zusammenbrechenden First der Höhle 4a zerstört werden konnte, befestigten wir neben der Leiter vorsorglich ein Haltetau, das jeder Absteigende in die Hand nehmen mußte. Einer nach dem anderen kletterte also in die Tiefe, bis wir alle unten versammelt waren. Wieder leuchteten ein Scheinwerfer und mehrere Grubenlampen auf. Zuerst mußten wir, wie es mit den Technikern abgesprochen war, ein Hygro- und ein Thermometer am Höhlenfirst anbringen. Unsere ersten Meßwerte ergaben 95 Prozent Feuchtigkeit, 4 Grad Wärme. Während einer langen Meßzeit blieben diese Zahlen nahezu konstant, das Wetter konnte sie nicht beeinflussen. Unsere Wunderhöhle 9 war also ein feuchter, kalter Keller! Das sollten wir bei längerem Aufenthalt in ihr noch gehörig zu spüren bekommen; vor allem nicht ganz gesunde Nieren wurden hier rebellisch. Die feuchte Kälte kroch durch die Kleidung und kühlte den Körper langsam ab. Das Unangenehmste aber war der feine Gipsstaub, der bei den Freilegungsarbeiten in die Luft gewirbelt und in tiefen Zügen eingeatmet wurde. In der Nase entstanden Geschwüre, ein Dauerschnupfen plagte uns. Und etwas stellte sich ein, was wir noch niemals

bemerkt hatten, da die anderen Höhlen mehr mit der Außenwelt verbunden waren: der „Höhlenkoller". Wer davon befallen wurde, war gereizt, unlustig und murrte über jede Kleinigkeit.
Nach zwei Tagen wußten wir, worauf wir uns da eingelassen hatten. Jeder Stein, der uns auf den Kopf zu fallen drohte, mußte abgeschlagen werden. Zuerst waren uns die gefährlichen Brocken nicht sonderlich aufgefallen, doch im Lichte des langsam vorrückenden Scheinwerfers tauchten immer mehr auf. Einige polterten mit Getöse herab, nachdem sie in halsbrecherischer Kletterarbeit aus ihrer Verklemmung befreit waren, und ließen den Boden erzittern. Andere, sehr gefährlich aussehende Kloben rührten sich nicht von der Stelle, auch wenn sie mit dem Stemmeisen bearbeitet wurden. Wochen später standen uns die Haare zu Berge, als wir merkten, daß sich einige Kolosse während unserer Arbeit gelockert hatten und nunmehr beim geringsten Druck herabstürzten. Das Höhlengebilde reagierte auf feinste Erschütterungen; jeden Augenblick konnte es zu einer Katastrophe kommen. Wir saßen in einer schönen Falle. Doch das alles wurde uns an den beiden ersten Tagen nur teilweise klar. Einer von uns meinte, wir seien in die „Höhle der Lebensmüden" geraten.
Vorerst waren zwei Probleme zu lösen: Wie sollten wir die gewaltigen, vom First herabgestürzten Steinbrocken aus der Höhle schaffen, und wohin sollten wir den Höhlenboden befördern? Es blieb nichts anderes übrig, als zu versuchen, von unserer Höhle in den Gang der Höhle 1 zu gelangen, der nicht allzuweit von der Nord-Längswand der Höhle 9 entfernt sein mußte. Die Wände wurden abgeklopft, kleine Löcher in die Tiefe getrieben, um Hinweise für eine solche Verbindung zu entdecken. Im Gang der Höhle 1 saß einer von uns und gab Klopfsignale. Aber es war wie verhext: Einmal schien es, als ob es in unserer nächsten Nähe hämmerte, dann wieder war das Klopfen über, dann unter uns. Die Wände unserer Höhle waren sehr rissig, das merkten wir jetzt erst, als wir Abschnitt für Abschnitt ableuchteten und abklopften. Oft sah es aus, als ob die Wand aus riesigen Steinplatten bestünde, die ein gigantischer Baumeister zusammengefügt hatte. Ursprünglich bildeten die

Unser Höhlenberg am Südfuß des Kyffhäusers und das Städtchen Bad Frankenhausen. Rechts am Horizont die Hainleite. – Ein schmaler Zickzackweg führt zur Grabungshütte am Höhlenberg.

Häufig müssen große Felsblöcke weggeräumt, in mühevoller Arbeit zerkleinert oder gar gesprengt werden. – Rodearbeiten am Schutthang des Berges für einen Weg, der die einzelnen Höhlen verbinden soll.

Einige der übereinander liegenden Höhlen und Spalten konnten nur mit Leitern vom Plateau aus erreicht werden.

Gefahrvolle Arbeit am Seil: Ein Mitarbeiter prüft die Sicherheit des Firstes der kleinen von Jungsteinzeitmenschen aufgesuchten Höhle 15. – Eingang zur Höhle 2 (Rauchlochhöhle).

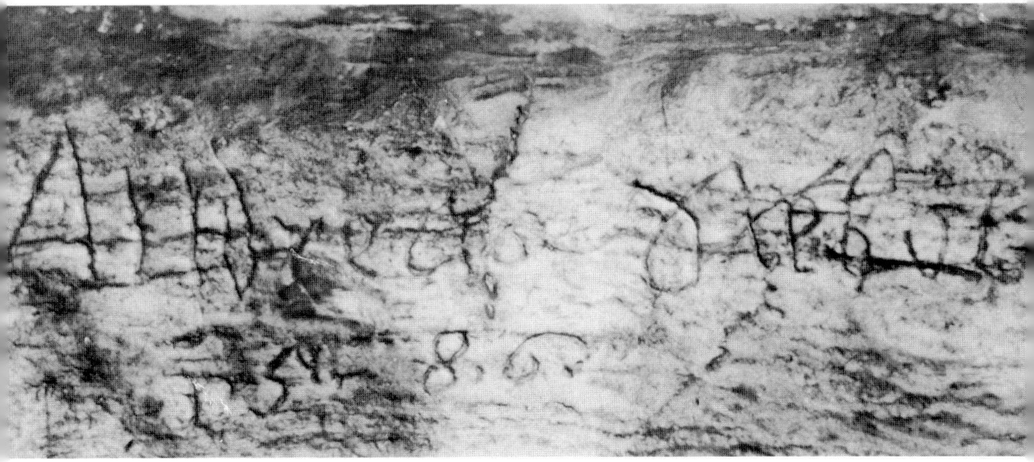

In der Höhle führt ein Schacht vom Höhlenboden in die Tiefe. Hier bestand einst eine Verbindung zum Opferschacht 7. – Alte Inschriften im Nebengang der Höhle 2 bezeugen, daß die Höhlen in den vergangenen Jahrhunderten immer wieder aufgesucht wurden.

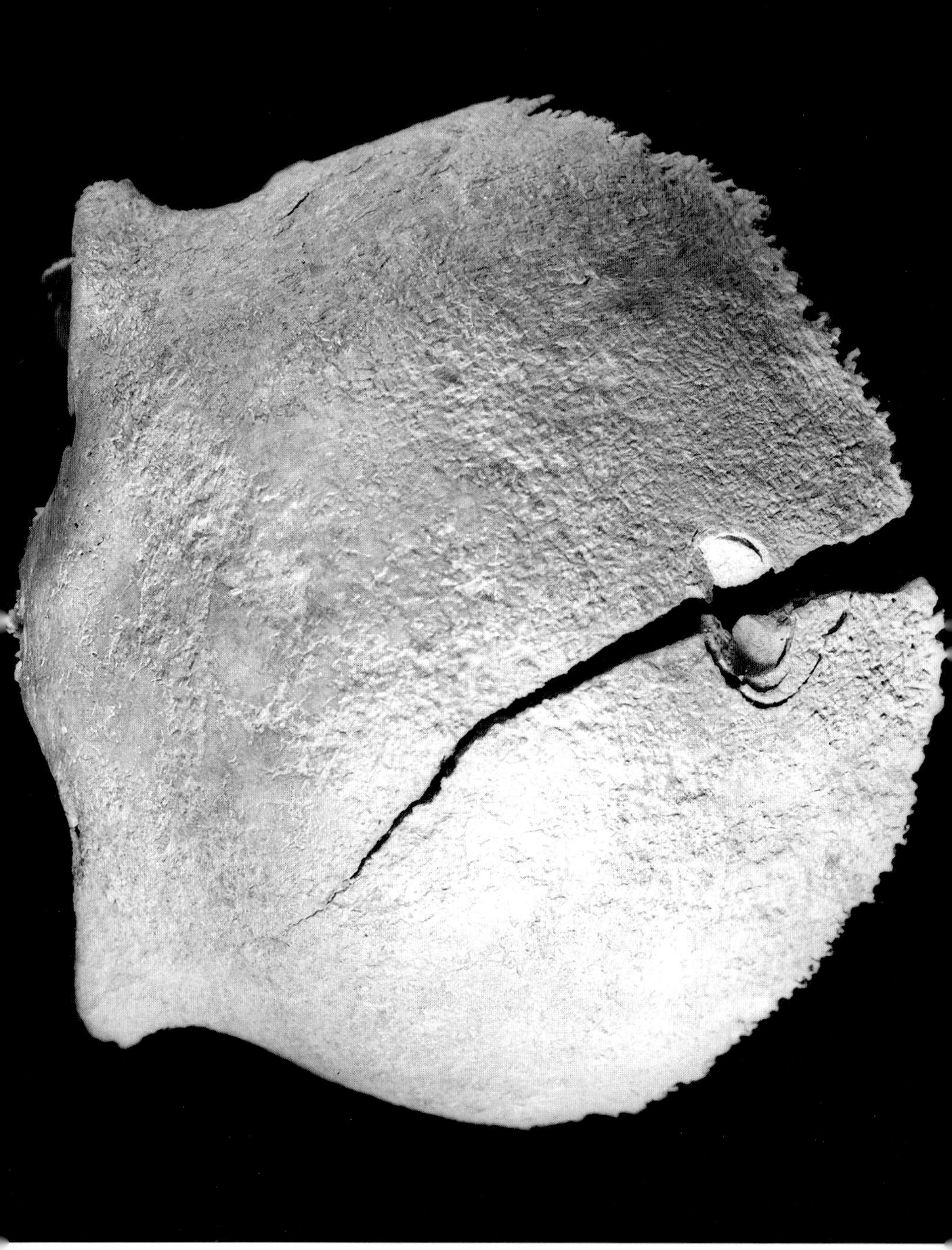

Zwei Schläge auf den Schädel des Opfers erzeugten die Schlagmarke und die Rißbildung dieses Stirnbeins, das von einem Podium unterhalb der Höhle 2 stammt und etwa 3000 Jahre alt ist. – Die „Stufen" im Gipsfelsen unterhalb der Rauchlochhöhle.

In den Tälern rund um den „heiligen" Höhlenberg lagen einst die Dörfer der urnenfelder- und hallstattzeitlichen Feldbauer (links). – Ein langer Suchschnitt am Südhang des Plateaus soll Auskunft geben, ob der urgeschichtliche Mensch auch hier gesiedelt hat.

Suchgräben dienen der Erforschung der Siedlungsverhältnisse auf dem Plateau oberhalb der Höhlen. – Die Salzstraße, ein tief eingefahrener frühgeschichtlicher Hohlweg nahe beim Höhlenberg.

Die Grabungshütte am Rande des Steilabfalls. – In der Grabungsstätte fügt Oberpräparator Ersfeld ein zerscherbtes Gefäß zusammen. Der Verfasser am Feldtelefon.

Im Hintergrunde der Kulthöhle 9: rechts die Schatzspalte, links die bereits untersuchte Steinschuttspalte (links). – Bei Scheinwerferbeleuchtung wird der Boden der Schatzspalte nach geopferten Schmucksachen und Getreidekörnern untersucht.

Der Verfasser (rechts) verpackt sorgfältig die in der Schatzspalte gefundenen Amulett-Anhänger. Links hinten die Steinschuttspalte, die ebenfalls der Muttergottheit geweihte Schmuckstücke enthielt.

Schwierige Arbeiten in der Kulthöhle 9.

Kornquetsche in der Höhle 4a und geröstete Getreidekörner aus der Schatzspalte.

Verziertes Birkenrindenstück aus dem urnenfelderzeitlichen Schichtenverband der Kulthöhle 9. – Beim Scheinwerferlicht legt der Verfasser am Übergang der Kulthöhle 9 zum Spalt 10 eine fast 3000 Jahre alte Rindenschachtel frei.

Urnenfelderzeitliches Fladenbrot aus der Spalte 10. – Auf dem mit Schnittspuren übersäten Holzbrett wurde wahrscheinlich das Opferfleisch zerlegt. – Mitarbeiter Klaus Heydenblut beim Erdsieben in der Schatzspalte.

Oberständige, durch Umbiegen der Schneide unbrauchbar gemachte Lappenaxt aus Kulthöhle 9 (links). – „Magischer Knoten" aus einer Liane des wilden Weins.

An der gefährlichsten Stelle des Grabungsgeländes: Der schräge Gipsturm im Hintergrunde ist starken Spannungen ausgesetzt und kann jederzeit einstürzen.

Letzte Freilegungsarbeiten am Eingang zum Spalt 10, der in die Kulthöhle 9 führt.

Überreste einer Kannibalenmahlzeit. Schädel, Teile einer Wirbelsäule und ein angebrannter Beckenknochen lagen neben dem Eingang des zur Kulthöhle 9 führenden Spaltes 10.

In diesem großen Tontopf wurde die Kannibalenmahlzeit zubereitet. Wir fanden seine Scherben am Vorplatz des Spaltes 10. – Primitiver Holzgötze vom Vorplatz des zur Kulthöhle führenden Spaltes.

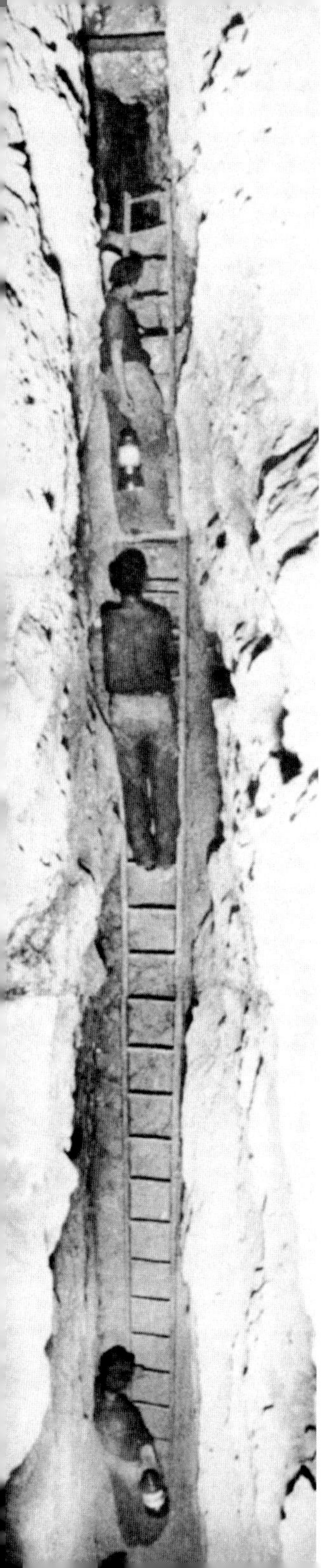

Ein riesiger Erdkegel, mit Menschen- und Tierknochen durchsetzt, stand in Höhle 7. Im Vordergrund des rechten Bildes ein menschliches Skelett und der halbe Unterkiefer eines Rindes.

Als der Scheitelpunkt des Erdkegels durchbrochen war, sah man lange Wurzeln und Moosbärte vom First des hinteren Teiles der Höhle 7 herabhängen.

Wir haben die Mündung des Opferschachtes 7 auf dem Plateau gefunden. Erster Blick in die Tiefe. – Am Plateau wird die Mündung des Opferschachtes 7 freigelegt.

Durch den Schachthöhlenmund wurden Menschenopfer und die Reste der Ritual-Mahlzeiten in die Tiefe geworfen.

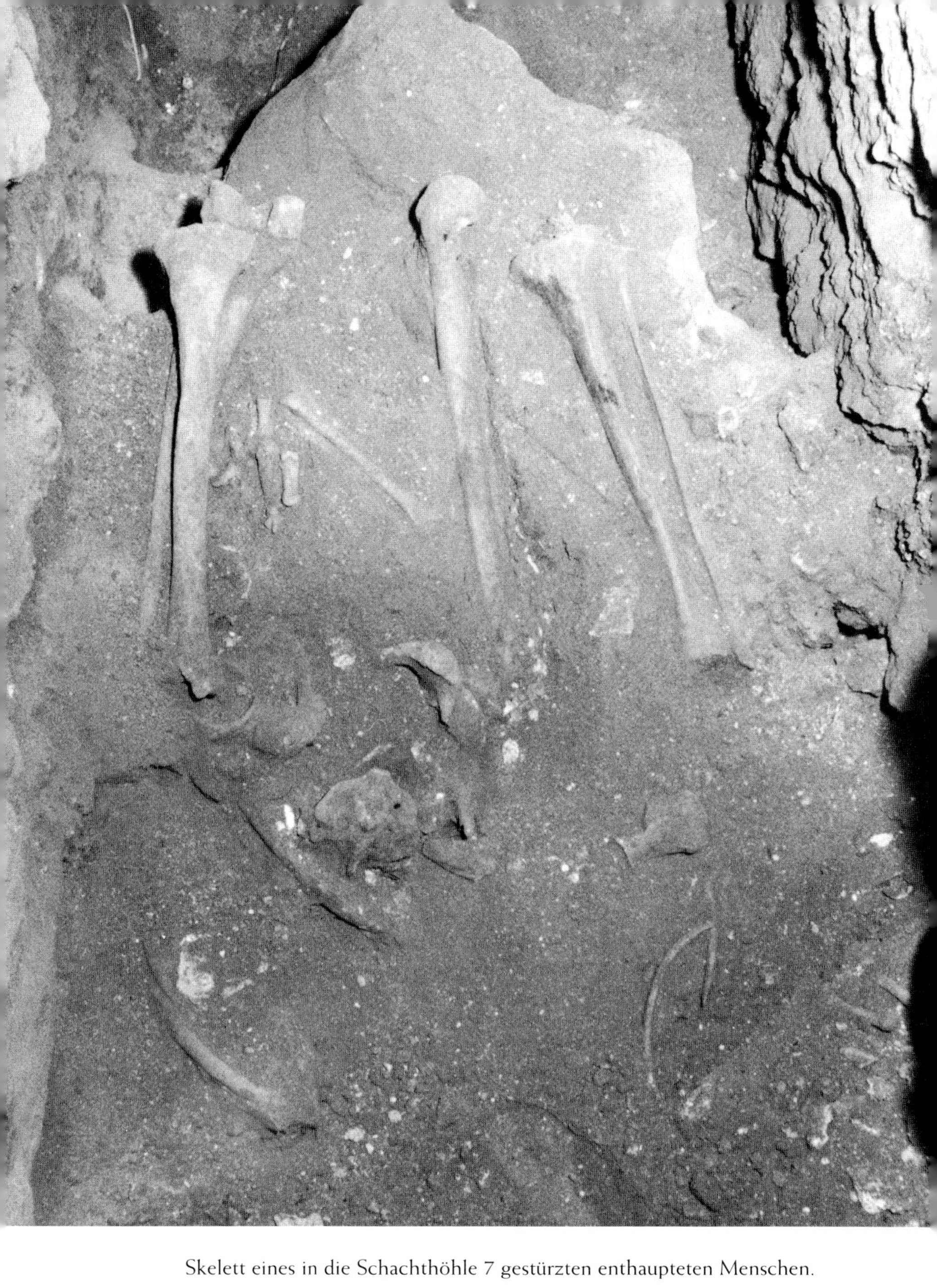

Skelett eines in die Schachthöhle 7 gestürzten enthaupteten Menschen.

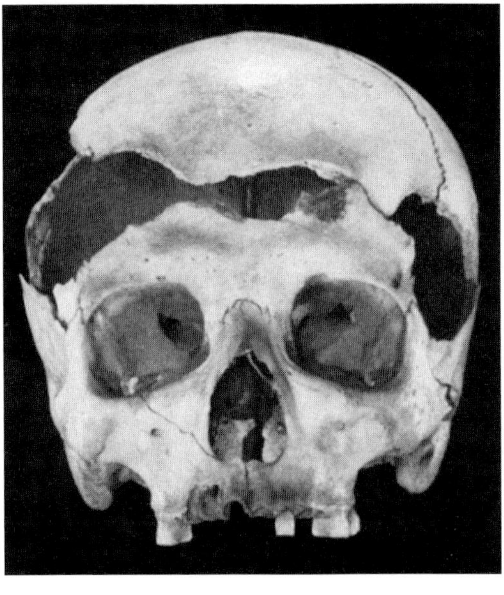

Zertrümmerte Menschenschädel und aufgeschlagene Tierknochen aus der Schachthöhle 7: Überreste einer rituellen Mahlzeit. – Einige der Menschenschädel waren durch Beilhiebe schwer verletzt. – Grabungsassistent Barthel legt in der Schachthöhle 7 mit Spachtel und Pinsel Menschenknochen frei.

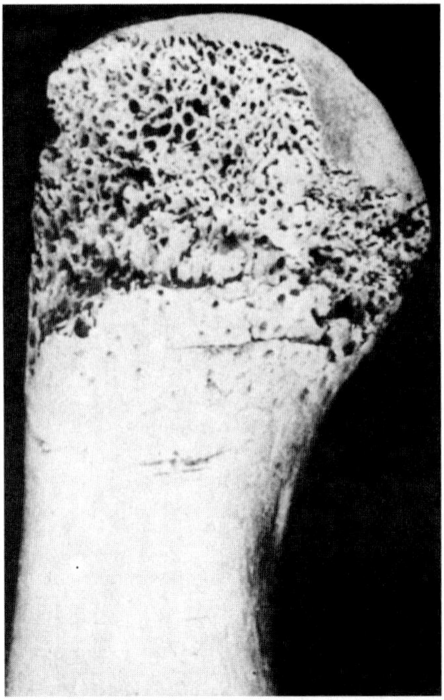

Ein menschlicher Armknochen mit Schnittmarken, die beim Zerlegen des Leichnams entstanden sind. – Menschlicher Atlas (Wirbel) aus der Schachthöhle 7. Die Schnittspuren beweisen, daß das Opfer geköpft wurde. – Hohlraum in der Steinschuttspalte mit Schmuckweihegaben.

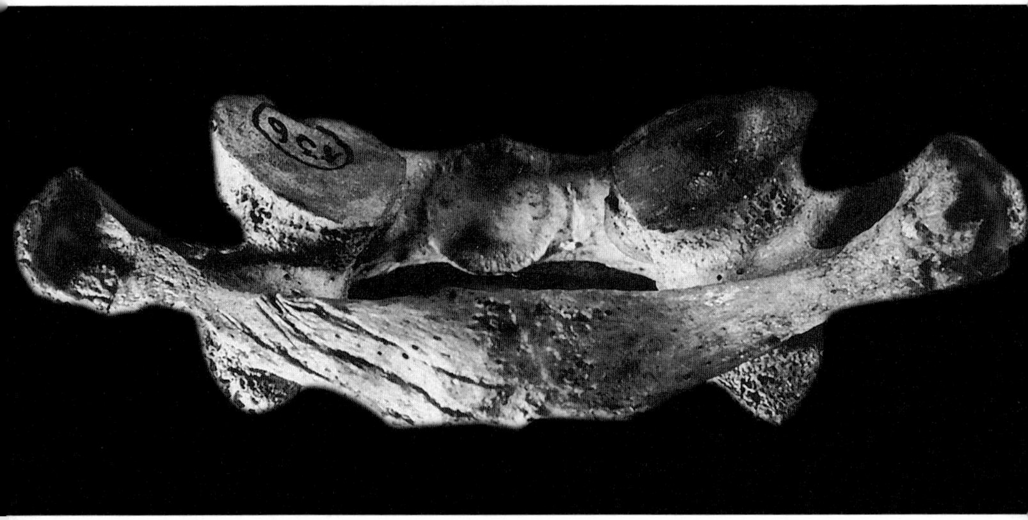

In einem künstlich gebrochenen Stinkschieferloch auf dem Vorplatz der Höhle 1 lag eine bronzezeitliche Tasse.

Junge Pioniere reinigen Tier- und Menschenknochen aus dem Opferschacht der Höhle 7. – Füßchendose mit Punktkreisverzierung aus den altbronzezeitlichen unteren Schichten der Höhle 7.

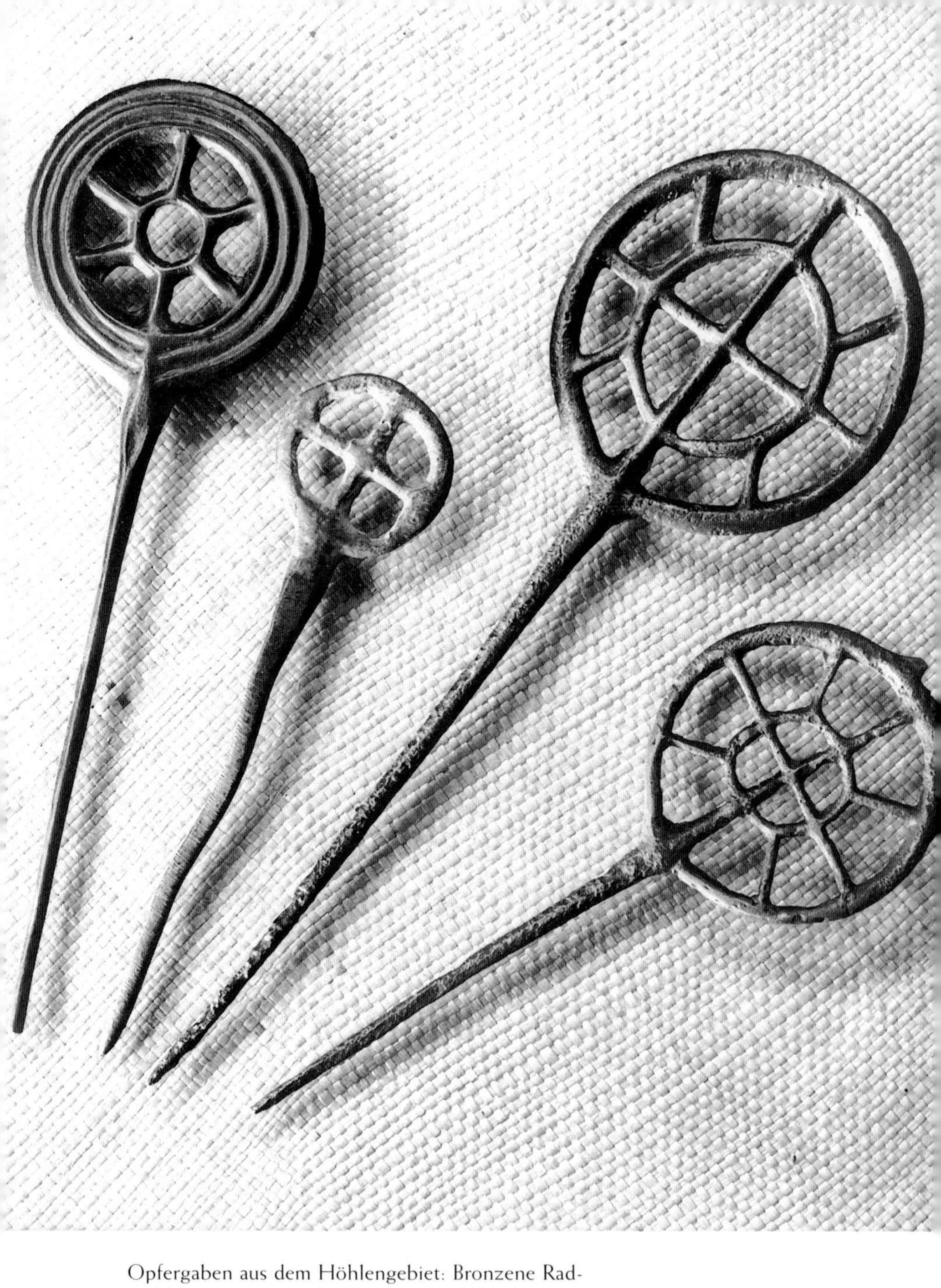

Opfergaben aus dem Höhlengebiet: Bronzene Radnadeln, mit denen die Frauen der Hügelgräberbronzezeit ihre Mäntel an den Kleidern befestigten.

Wände der Randzerreißungskluft glatte Flächen, doch besondere Druckverhältnisse hatten einst das Gestein kreuz und quer aufgerissen. Vergeblich versuchten wir, in den Gang nach Höhle 1 zu gelangen. Es gab offenbar keine Verbindung, und wenn es doch eine gab, lag sie sehr viel tiefer als der Boden unserer Höhle. So mußten wir anderwärts versuchen, den Abraum herauszuschaffen. In der Südwand der Höhle war uns schon beim ersten Besuch ein schmaler Spalt aufgefallen, den wir jetzt genau in Augenschein nahmen. Der Spalt verlief parallel zum Hang, man sah deutlich, daß er nach hinten etwas breiter wurde. Seine Sohle lag beträchtlich tiefer als unser Standpunkt in Höhe 9. Klaus als der Schlankste und Wendigste mußte diesen Spalt auskundschaften. Wie ein Artist wand er sich in den Spalt, doch kaum war er darin verschwunden – als er auch schon festklemmte. Mit großer Anstrengung schob er sich wieder zurück, um kopfunter das Akrobatenstück noch einmal zu versuchen. Doch an derselben Stelle blieb er wieder hängen. Nach dem dritten Versuch erkannte er, was ihn hielt: Zwei zackenartige Wandbildungen waren ihm in die Jackentaschen gefahren und hatten ihn festgehalten. Ein kräftiger Ruck – und die Taschen waren abgerissen. Jetzt verschwand Klaus schnell im Hintergrund. Der Lichtkegel seiner Lampe geisterte eine Weile auf und ab – dann war er plötzlich nach rechts verschwunden, und der Spalt lag im Dunkeln. Nach einer Weile tauchte er wieder auf. Seine Stimme hallte aus dem engen Gang unnatürlich hohl, als er uns zurief, daß der Spalt mehrmals abbiege und dann zu enden scheine, ohne daß ein Ausschlupf gegen den Hang zu bemerken sei. Einer meiner Assistenten versuchte, Klaus die Kletterübung nachzumachen, schließlich gelang es ihm auch; Klaus rutschte hinterher, und beide verschluckte die Dunkelheit. Der Zeichner und ich gingen inzwischen daran, die viele Erde, die den Spalt verstopfte, mit Spachteln abzutasten, beiseite zu kratzen und in Eimer zu füllen, die dann über die Leiter und durch die Höhlenabschnitte 4b und 4a ans Tageslicht geschleppt wurden. Dort war ein großes Maurersieb aufgestellt, durch das die Höhlenerde geworfen wurde. Es dauerte nicht lange, da kamen die Scherben eines gewaltigen Topfes zum Vorschein. Und plötzlich

hatte ich etwas Merkwürdiges in der Hand: ein schwarzes Stück Rinde, dessen Rand vernäht war. Es sah aus wie ein Rindengefäßteil. Man konnte nur hoffen, noch größere Stücke davon zu finden. In unnachahmlicher Lage, den Kopf weit nach unten hängend, fischte ich einen menschlichen Oberschenkelknochen aus der Tiefe. Schließlich wurde noch ein tiefschwarzes Holzstück sichtbar, das seitlich eine Kerbe aufwies. War das etwa das Stück eines zerbrochenen Bogens?
Die Arbeiter hockten mäuschenstill auf und unter der Leiter und lauschten auf unsere Gesprächsbrocken, um sich ein Bild von dem zu machen, was bei uns geschah.
Unsere Grabungen am Spalt erweiterten die Passage nach unten und machten sie leichter zugänglich. Wir gruben stundenlang. Langsam erstarrten unsere Körper vor Kälte, unsere Köpfe dröhnten – die unbequeme Kopfhaltung hatte eine Blutstauung hervorgerufen. Zum ersten Male bemerkten wir eine Schwellung der Nasenschleimhäute und so etwas wie einen Heuschnupfen. Ich rief denen im Spalt zu, daß wir für heute Schluß machen wollten. Dumpfe Geisterstimmen antworteten. Der Spalt wurde wieder hell, und dann rutschten die beiden um die Ecke. Ihre Lampen schwankten, Klaus trug behutsam einen Karton. Lachend hielt er mir zwei Holzgegenstände entgegen. Das war allerdings eine freudige Überraschung! Der eine Gegenstand war aus Birkenrinde und zeigte auf der einen Seite deutliche Brandspuren. Eine Fackel! Solche Fackeln waren noch lange Zeit in Polen, der Schweiz, in den nordischen Ländern und bei nordamerikanischen Indianerstämmen in Gebrauch gewesen. Man stellte sie aus Birkenrinde her, weil die frische Rinde mit sehr hellem Licht verbrennt. Auch in prähistorischen Siedlungen der Schweiz wurden, allerdings sehr selten, Birkenrindenfackeln gefunden. Und nun entdeckten wir ein Exemplar in einer mitteldeutschen Höhle! Die damaligen Bewohner hatten also die dunkle Höhle mit Fackeln beleuchtet. Nachdenklich betrachtete ich das Stück im Scheinwerferlicht unserer Autobatterie: Da hat also vor mehreren tausend Jahren ein Mensch im Höhlengang gestanden und diese Fackel in Händen gehalten. Er erstickte die Flamme, oder sie erlosch von selbst –

und Finsternis blieb für fast 3000 Jahre in der Höhle. Doch die Entwicklung der Menschheit draußen in der sonnenbeschienenen Welt schritt unentwegt weiter: Die Urnenfelderzeit wurde durch die Hallstattzeit, und diese von der Latène-, der Römischen Kaiser- und der Völkerwanderungszeit abgelöst. Dann kam das Mittelalter, es folgte die Neuzeit mit ihren atemberaubenden Entdeckungen und Erfindungen auf allen Gebieten des gesellschaftlichen Lebens. Und dann erstrahlte ein neues Licht im Dunkel der Höhle! Nicht mehr die ruhig schwelende Flamme einer Fackel, sondern das grelle Licht eines Zeitalters, das sich der Elektrizität bediente – der Kraft, die die Alten nur im Blitz als göttliches Symbol fürchteten ... Vorsichtig legte ich die Kostbarkeit in die Kiste zurück.
In der folgenden Nacht schliefen wir alle sehr unruhig. Einige behaupteten sogar, wirre Träume gehabt zu haben.
Die ersten Arbeitstage in Höhle 9 hatten gezeigt, daß es keine andere Möglichkeit gab, Erde und Steine ins Freie zu befördern, als den Weg durch das Deckenloch der Höhle 4a zur Höhle 4. Der Vorstoß zu Höhle 1 war mißlungen, der Spalt 10 blieb vorerst geheimnisvoll, da keiner wußte, wohin er führte. – Die größte Sorge bereiteten uns die vom First herabgestürzten Felsbrocken. Sie mußten zuallererst beseitigt werden.
Während wir in der Grabungshütte diese Probleme durchsprachen, wurde die Tür geöffnet, und vor uns standen drei junge Menschen – Junglehrer aus Erfurt. Sie hatten es sich in den Kopf gesetzt, während ihrer Ferien bei den Höhlengrabungen mitzuhelfen. Zelte hatten sie gleich mitgebracht. Etwas skeptisch und nachdenklich musterten wir die drei. Konnte man es wagen, wildfremde Menschen in unsere „Wunderhöhle" zu lassen? Konnten sie, mit der Arbeitsweise der Prähistoriker noch nicht vertraut, nicht durch Unvorsichtigkeit kostbare Dinge zerstören? War es nicht möglich, daß einer von ihnen in aller Unschuld einen ausgegrabenen Gegenstand als Erinnerungsstück an die Höhlenarbeit in die Tasche steckte? Und schließlich, war es nicht leichtsinnig, noch mehr Menschen in die „Höhle der Lebensmüden" mitzunehmen?

Doch wie sie so frisch und freundlich vor mir standen und jeder auf seine besonderen Fähigkeiten für eine solche Höhlengrabung hinwies, da konnte ich es nicht übers Herz bringen, sie zu enttäuschen. Die Prüfsteine für die Arbeitslust der beiden Männer sollten die bewußten Firststeine in Höhle 9 sein. Aber zäh und verbissen schwangen alle beide den schweren Hammer, zertrümmerten sie die Brocken in kleine Stücke, die dann eimerweise aus dem Deckenloch nach Höhle 4a befördert wurden. Sie wüteten wie die Berserker; ihre schweißnassen Oberkörper glänzten im Lichte der Grubenlampen.

So sah man sie nun Tag für Tag werken. Nach jeder Hammerkanonade wurde eine kurze Pause eingelegt, damit das Knistern des arbeitenden Gesteins oder verräterisches Erderieseln rechtzeitig bemerkt wurde. Zusehends verschwanden die Steine vom Höhlenboden. Nur die ganz großen Blöcke blieben liegen. Sie sollten später umgangen und nachher etwas weitergeschoben werden. – Die junge Lehrerin machte sich ebenfalls sehr nützlich, indem sie Funde beschriftete und mit dem alten Zimmermann auf dem Vorplatz der Höhle 4 Höhlenerde siebte.

Den ersten Schürfungsversuch unternahmen wir gleich unterhalb des Deckenloches, denn von da konnte man die Erde bequem in Eimern hinaufziehen. Kaum hatten wir zu spachteln begonnen, als die Überraschungen sich häuften! Zuerst kam eine zerbrochene, mit eingravierten Dreiecken, Kreisen und Punkten verzierte Bronzenadel zum Vorschein, deren diskusförmiger Kopf schräg durchbohrt war. Wir sahen uns verblüfft an – dieses Stück stammte aus der Hügelgräber-Bronzezeit! Bald waren wir dahintergekommen, ... wir gruben hier in der herabgestürzten Erde aus Höhle 4a. – Etwas später fand sich eine kleine Bronzepfeilspitze mit seitlichem Dorn. Sie paßte schon eher in den Zeitraum, aus dem die anderen Gegenstände der Höhle 9, nach den ersten Scherbenfunden zu schließen, stammen mußten, schien aber ebenfalls aus der oberen Höhle herabgerutscht zu sein. Diese Pfeilspitze zeigte etwas, was man sonst an ähnlichen Stücken, die aus Gräbern geborgen werden, nicht sieht: Um ihren Schaft liefen mehrere Windungen eines nur wenige Millimeter breiten Bandes aus organischem Stoff, der Rest einer Umwicklung, die das Stück ursprünglich mit dem Holzschaft verband.

Nach einigen Stunden wußten wir, daß erst in größerer Tiefe die Erdschicht lag, die in der unteren Höhle selbst entstanden war. Das war allerdings eine ganz besondere Schicht. Sie sah zunächst wie schlecht verrotteter Mist aus. Sah man aber genauer hin, erkannte man im dunklen Boden vertrocknete Gras- und Moosbüschel.

Während vieler Jahrhunderte war also die Erde von der oberen Höhle nach unten gerutscht und hatte sich dort hangartig ausgebreitet. Das Deckenloch muß längere Zeit offen gewesen sein, bis es durch einen Steinsturz verschlossen wurde. Wir mußten unsere Arbeitstaktik ändern. Eine Spachtelkolonne betätigte sich jetzt im Hintergrund der Höhle, dort, wo die seitlichen Spalten abgingen, eine andere vergrößerte das Einschlupfloch zum Seitengang 10.

Eine Zeit unerhörten Finderglücks begann.

Starkes Frostgefühl war das einzige Zeichen für uns, wenn wir zu lange in der Höhle gearbeitet hatten. Uhren durften nicht mitgenommen werden, da Gipsstaub in das Triebwerk eindrang. Der alte Zimmermann hatte die Essenszeiten durch das Deckenloch zu melden. Ich saß tagelang vor der „Grasschicht", aus der ich kostbare Dinge holte. Hin und wieder unterbrachen freudige Rufe unserer am Spalt 10 arbeitenden Kolonne die Stille. Das einzige Geräusch war das Poltern der Holzeimer, wenn sie beim Hinaufziehen an die Decke stießen. Ich kümmerte mich um nichts. Das Essen mußte man mir in die Höhle bringen; denn ich konnte mich nicht entschließen; sie zu verlassen. Nur etwas gab es, was mich vertreiben konnte: Die linke Niere machte sich immer schmerzhafter bemerkbar, bis eine Kolik mich aus der Höhle taumeln ließ. Am Ofen, in der Grabungshütte, wurde sie wieder „aufgetaut".

Mittags ereignete sich immer das gleiche: Alles schimpfte, weil ich allein in der Höhle bleiben wollte. Schließlich waren dann doch alle nach oben geklettert, das Poltern der Füße verhallte allmählich. Jetzt hatten sie den Gang zur Höhle 4a, jetzt die Höhle 4 erreicht. Und dann – köstliche Ruhe. Glasbehälter auf Glasbehälter füllte sich mit den Moosteilchen und Graslagen. Immer stärker wurde der Eindruck, daß die Menschen einst den Höhlenboden mit einer dicken Gras- und Moosschicht bedeckt hatten. Aber warum? Sollten sie sich einen Schlafplatz zurechtgemacht haben? Das war wenig wahrscheinlich, da die Schicht den ganzen Höhlenboden bedeckte. Handelte es sich um eine Fluchthöhle, in der man sich in kriegerischen Zeiten verborgen hielt? Oder war es ein Räubernest? Die Gedanken wirbelten hin und her. Zum Greifen nahe lag die Lösung des Rätsels, und ich wußte es nicht! Hätte ich mich umgedreht und nach der hinteren Spalte zu gespachtelt, wo die große Haarnadel gelegen hatte, dann wäre bald alles geklärt gewesen.

Fackelreste, Scherben, eine schöne Rollenkopf-Bronzenadel gehörten zu den ersten Funden aus der „Heuschicht". Dann fand ich Birkenrindenstücke, die wie schlecht gerollte Fackeln aussahen. Manche trugen Feuerspuren auf einer oder auf beiden Seiten. Eines Tages hatte ich wieder eins entdeckt und pustete es vorsichtig ab. Da durchfuhr mich ein freudiger Schreck: Deutlich sah ich feine Linienmuster auf der Rindenoberfläche. Einige vorsichtige Striche mit einem weichen Pinsel legten herrliche Ornamente frei, in denen besonders strichgefüllte hängende und stehende Dreiecke auffielen, die ein Winkelband aussparten. Bald fand ich eine ganze Reihe Rindenstücke, mit verschiedenartigen Mustern verziert. Erst als endlich ein schmales, mit waagerechten Linien und Wellenmustern versehenes Exemplar sichtbar wurde, dessen Ränder feine Doppelstiche säumten, da wurde mir klar, daß man mit dieser Rinde einst Stoffe benäht hatte; es konnten also Gürtel- oder Haarbänder sein. Verzierte Bronzegürtel sind bekannt, aber Rindenbänder hatte man noch niemals in deutschem Boden gefunden! Daß man zur Herstellung dieses Schmucks Birkenrinde verwendete, ist nicht weiter verwunderlich; noch heute fertigen manche Stämme im Norden der Alten und Neuen Welt herrlich verzierte Birkenrindentaschen und -behälter. Seit der Steinzeit schätzte der urgeschichtliche Mensch die Birke als Lieferanten für Fackelrollen und Teer, der nicht nur zum Kleben, sondern auch zu Heilzwecken verwendet wurde. Man kennt aber nur einen einzigen urgeschichtlichen, allerdings unverzierten Rindengürtel: Man fand ihn in einem jungsteinzeitlichen Pfahlbau der Schweiz.

Erstaunlich war, daß die Tongefäße aus der Zeit, aus der unsere Rindenstreifen stammten, nicht die Fülle der Verzierungen aufwiesen. Anscheinend hatten sich die seit der jüngeren Steinzeit beliebten Muster nur auf Holzgegenständen über die einzelnen Kulturperioden hinweg erhalten, während die Ornamente auf der Keramik je nach dem Zeitgeschmack wechselten, seltener wurden oder auch ganz fehlten.

Schon in Höhle 1 war uns ein bindfadenartiges geflochtenes, schwarzgraues Gebilde aufgefallen. In Höhle 9 fanden wir immer mehr solcher Teile, die wir vorerst für zerrissene Schnüre hielten. Nebenbei entdeckten wir fast täglich kleine Rindenstücke mit Nähspuren, die offenbar zu Rindenbehältern gehört hatten.

Gerade war ich dabei, ein rötliches Gekringel in ein Reagenzglas zu schieben, da hörte ich vom Spalt 10 her rufen. Zunächst ließ ich mich nicht stören; denn ich war vollauf damit beschäftigt, das Gekringel zu identifizieren. Als ich die anhaftende Erde weggepustet hatte, lag ein dicker roter Wollfaden in meiner Hand! Blitzschnell überlegte ich, ob einer von uns einen roten Pullover trug. Während ich nachdachte, entfernte ich mit einem Holzspachtel vorsichtig weitere Graserde – da schimmerte es wieder rot. Ein zweiter Wollfaden lag vor mir. Nun gab es keinen Zweifel, daß auch das erste Stück aus urgeschichtlicher Zeit stammte. Klaus, der mir irgend etwas sagen wollte, war inzwischen zu mir herübergekommen. Glückstrahlend konnte ich ihm gleich die Gewebereste aus der Urnenfelderzeit zeigen.

Diese roten Fäden erinnerten mich an ähnliche Funde aus dem hallstattzeitlichen Fürstengrabhügel Hohemichele bei Hundersingen an der Donau, wo in einer leider schon ausgeraubten Hauptgrabkammer und in einem Nebengrab eine Reihe von Stoffresten geborgen wurden. Eine Untersuchung der Fäden ließ die Verwendung von Krapp als Färbemittel vermuten. Diese Pflanze ist in Südeuropa und im Orient heimisch. Sie enthält fünf Farbstoffe (Krapp-Purpur, Krapp-Rot, Krapp-Orange, Krapp-Gelb und Krapp-Braun), von denen nur die ersten drei

als Färbemittel wirksam sind. Mit Krapp lassen sich bei verschiedener Konzentration und mit verschiedenen Beizen Nuancen von Rosa bis Schwarzrot erzielen. Die immer noch deutlich erkennbare, offensichtlich sehr haltbare rote Farbe der Fäden von Hundersingen und auch unserer Stücke ließ sich nur so erklären, daß der urgeschichtliche Färber noch ein Zwischenmittel, das heißt eine Base oder Beize benutzte. Im allgemeinen wurde nämlich mit „substantiven Pigmenten" gearbeitet, die ohne Zwischenmittel eine innige Verbindung mit dem Gewebe eingehen, aber weniger beständig sind. So nahm man die grünen Walnußschalen oder den Absud von Eichenrinde, um braun zu färben. Färberwaid erzeugte tiefblaue Töne, Gelb- oder Labkraut diente wahrscheinlich zur Herstellung hellgelber Farbnuancen.
Unsere Gewebereste waren Kostbarkeiten. Zwar kannte man bereits einige aus hallstattzeitlichen Gräbern, vor allem aus Wagengräbern, wo Wagen und Totengut in den Grabkammern, wie es die Bestattungssitte gebot, mit Stoffen abgedeckt waren, die sich, mit den aus den Bronze- und Eisenbeigaben abgeschiedenen Metallsalzen getränkt, gut erhalten hatten. Nicht zufällig wurden bisher immer nur in Gräbern von Angehörigen höchster sozialer Schichten solche gefärbten Stoffe nachgewiesen. Auch der im Maikop-Kurgan (Kuban-Gebiet) bestattete „König" trug zum Beispiel ein krappgefärbtes Untergewand aus Leinen.
Klaus, dem ich die Bedeutung der Funde erklärte, war begeistert. Er verstand, was ich sagen wollte: Von der Sorte brauchen wir noch mehr, am liebsten ganze Stoff- oder gar Trachtenteile! Doch jetzt brachte er sein Anliegen vor. Unmittelbar am Übergang zum Spalt 10 war er mit dem Spachtel auf etwas Schwarzes, Weiches gestoßen, das „federte". Er hatte sofort zu arbeiten aufgehört – ich sollte selbst die Freilegung übernehmen. In Spalt 10 geklemmt, den Scheinwerfer auf die Fundstelle gerichtet, versuchte ich, mit einem Pinsel das undeutlich aus der Erde ragende dunkle, tatsächlich federnde Ding weiter freizulegen. Klaus hatte für eine Atempause die Höhle verlassen. Minute um Minute verstrich. Jetzt erkannte ich den Gegenstand schon ganz deutlich, aber

ich wagte noch nicht, etwas zu sagen. Endlich war alles so eindeutig, daß ich nicht länger schweigen konnte und voller Freude alle Mitarbeiter in die Höhle rief. Alle sollten miterleben, wie die letzten Pinselstriche das „Ding" aus dem Boden putzten. Stillschweigend wies ich mit dem Pinselstiel auf den Höhlenboden. Da lag es: das erste gut erhaltene späturnenfelderzeitliche Rindengefäß aus deutschem Boden, eine Spanschachtel! Wundervoll hob sich im Scheinwerferlicht die saubere Näharbeit ab.

Solche Spanschachteln – wir hatten anscheinend den Deckel gefunden – kannte man bisher nur aus dänischen Gräbern der älteren Bronzezeit, wo die Toten unter Grabhügeln in ausgehöhlten Eichenstämmen, den „Totenbäumen", mit ihrer Grabausstattung beigesetzt waren. Die Gerbsäure des Eichenholzes und die Kupfersalze, die sich aus den Bronzebeigaben abgeschieden haben, hatten alle organischen Stoffe konserviert. Da ruhten die bekleideten Toten wie einbalsamiert, mit Haut und Haaren, umgeben von metallenen und hölzernen Gerätschaften in ihren Särgen. Doch nicht allein Gerbsäure und Kupfersalze hatten diese wunderbare Konservierung bewirkt, sondern um den Sarg hatte sich Ortstein gebildet, eine eisenhaltige Erdschicht, die den Grabinhalt hermetisch abschloß und verhinderte, daß das vor der Schichtbildung eingedrungene Wasser verdunstete. Eine gewisse Feuchtigkeit und Luftabschluß hatten ja auch in unserer Höhle organische Kostbarkeiten erhalten.

In dem berühmten Trundhöi, einem Grabhügel bei Vamdrup (Dänemark), der 1861 geöffnet worden war, stand zu Füßen eines mit einer Kuhhaut bedeckten, vollständig bekleideten männlichen Skeletts eine solche Holzschachtel. In der Schachtel lag eine runde, hohe Wollmütze, gewissermaßen das Sonntagsstück. Eine ähnliche Mütze bedeckte den Kopf des Toten. Der Behälter diente in diesem Fall als Hutschachtel. – In einem anderen Grabhügel bei Egtved in Jütland, der die Leiche eines jungen Mädchens mit Ärmeljacke und einem aus Wollschnüren gefertigten Schurz enthielt, stand ebenfalls eine Spanschachtel, die aber leer war. Die Chemiker stellten jedoch nach einer Analyse des Bodensatzes

fest, daß in dem Holzbehälter ein süßer Beerenwein aufbewahrt worden sein müsse.
Die Spangefäße konnten also verschiedenen Zwecken dienen. Was mochte unter unserem Deckel verborgen sein? Unser Zimmermann wollte ihn sofort einfach umdrehen. Schon bückte er sich, da packte ich ihn gerade noch rechtzeitig am Rock und erklärte ihm, hier dürfe nichts angefaßt werden. 2700 Jahre hatte das Gefäß in der Höhle gelegen und konnte jetzt durch einen unbedachten Griff schwer beschädigt, wenn nicht sogar völlig vernichtet werden.
Oberpräparator Ersfeld erhielt den Auftrag, Mittel und Wege auszuknobeln, wie dieser kostbare Fund zu bergen und nach Weimar zu transportieren sei. Wenige Tage später brachte er eine große zerlegbare Tortenschachtel. Mit unendlicher Geduld und Vorsicht wurde der Spanschachteldeckel mit Holzspachteln auf den mit Sägemehl bestreuten Tortenschachtelboden geschoben, die Seitenwand festgemacht und das Ganze schließlich mit feuchtem Sägemehl ausgepolstert. Jetzt konnte der Schutzbehälter fest verschlossen werden.
Während dieser Arbeit, bei der kaum geatmet wurde und es mäuschenstill war, starrte alles wie gebannt auf den Höhlenbodenabschnitt, den das Gefäß bedeckt hatte. Jetzt endlich sah man es: Ein einzelner kleiner Tierknochen lag dort neben Birkenrindenstücken und Haselnüssen.
Schon während unserer Arbeit in der „Heuschicht" waren wir auf Haselnüsse gestoßen, die nicht selten auf einer Seite ein Loch besaßen. Hatten sie Nagetiere in die Höhle verschleppt und aufgebissen? Doch hier lagen sie in einem Gefäß. War der Nager durch den beschädigten Boden in das Gefäß gelangt und hatte dort die Früchte zusammengetragen? Da sich die Nüsse offensichtlich in der „Heuschicht" häuften, konnte man meinen, die alten Höhlenbesucher hätten sie in diesen unterirdischen Raum gebracht und die Nager sich dann über diese leckere Speise hergemacht. Sollten die Nüsse als Nahrung dienen? Das blieb vorläufig ungeklärt.
Alles atmete erleichtert auf, als die Umbettung der Spanschachtel geglückt war. Ersfeld hatte dicke Schweißperlen auf der Stirn.

Wie eine Raupe kroch unser Wagen auf der Straße nach Weimar dahin. Man hätte meinen können, wir transportierten eine Ladung Nitroglyzerin. Unsere Schachtel durfte ja so wenig wie möglich erschüttert werden. Im Museum war schon alles bereit: Fotoapparate, Nitrafotlampen und Spots. Kaum waren die Seitenwandungen der Tortenschachtel entfernt und die Sägespäne mit einem Blasebalg beseitigt, ergoß sich auch schon eine Lichtflut über unser gutes Stück; von allen Seiten wurde das Juwel im Bild verewigt. Durch den beschädigten Dekkel konnte man bequem in das Innere des Gebildes schauen, und so war es möglich, auch die Herstellungsweise der Schachtel auf die Platte zu bringen: Man hatte einen 5 bis 7 Zentimeter hohen Rindenspan kreisförmig gebogen und die beiden Enden mit mehreren Stichen zusammengenäht. Dann hatte man am oberen Rand einen dünnen Zweig befestigt und auf diesem schmalen Halt einen runden Rindenboden festgenäht. – Während Ersfeld sich im Museum bemühte, den Schrumpfungsprozeß des Fundstückes mit allen Mitteln zu verzögern und schließlich aufzuhalten, war unsere Kolonne wieder in der Höhle tätig.

Schon während der ersten Grabungstage in Höhle 9 hatten wir etwas Eigenartiges zu Gesicht bekommen: schwarze, unregelmäßig geformte, dichte und lockere, bis faustgroße Gegenstände, deren Bruchflächen hin und wieder Abdrücke von Spelzen erkennen ließen. Sollten wir es hier mit verkohlten oder verbrannten Speiseresten zu tun haben? Diese Frage beschäftigte mich sehr; aber ich mußte warten, bis der Nahrungsmittelchemiker die Proben untersucht hatte. Merkwürdigerweise waren diese Stücke sehr häufig. Wenn das alles fortgeworfene Brot- und Breireste waren, mußte man sich fragen, ob Leute, die in einer Fluchthöhle hausten, sich so eine Verschwendung leisten konnten.

Genauso merkwürdig war eine andere Entdeckung: ein menschlicher Unterkiefer, der in der Schicht lag und dem noch einige isolierte Fuß- und Handwurzelknochen, mehrere Wirbel und ein Unterkieferbruchstück folgten. Immer mehr drängte sich mir der Gedanke auf, daß wir hier in einer ganz besonderen Höhle arbeiteten. Als Wohnhöhle kam dieser völlig finstere, kalte und feuchte Keller kaum in Frage, auch wenn man das spätbronzezeitliche Klima berücksichtigte. Aber vielleicht arbeiteten wir hier in einer Kulthöhle, und das, was wir bis jetzt gefunden hatten, gehörte der religiösen Sphäre einer längst vergangenen Zeit an? Wir hatten wohl allerlei Merkwürdiges ausgegraben, doch ein letzter schlüssiger Beweis für die Annahme von Kulthandlungen fehlte noch. Glücklicherweise war die Höhle noch groß genug, und jederzeit konnte ein solcher Beweis erbracht werden.

Gleichmäßig füllten sich unsere Fundbehälter mit Scherben, Fackelresten, Rindengefäßstücken, Birkenrinde, „Speisereste n", Haselnüssen, Holzkohle, angebrannten Stöcken und Spänen, bearbeiteten und unbearbeiteten Holzteilen, rotgefärbten Wollfäden und Bronzenadeln. Auch gedrehte Schnüre lagen dabei. Was hatte man mit ihnen wohl zusammengebunden? Ich nahm ein Stück nach Jena zum Gerichtsmedizinischen Institut mit.

Nach wenigen Tagen ließ sich Dr. Voigt im Museum melden. Fragend sah ich ihn an. Er sagte nur: „Menschenhaare." Und dann berichtete er, wie er mit Hilfe des Mikroskops zu dieser Feststellung gekommen sei. Aus Menschenhaaren waren also die Schnüre gedreht. Als ich meinen Mitarbeitern dieses Untersuchungsergebnis mitteilte, waren alle genauso sprachlos wie ich. Wenn dann wieder einmal so ein Stück geflochtenen Menschenhaars zum Vorschein kam, wurde es besonders eingehend betrachtet – aber keiner konnte sich denken, wozu man diese Schnüre verwendet hatte.

Wochen vergingen, bis wir endlich sagen konnten, daß der Höhlenabschnitt beim Deckenloch, der so schwierig zu untersuchen war, hinlänglich durchforscht sei. Manchmal hatten auf dem Höhlenboden armbreite Spalten geklafft, auf deren Grund interessante, meist organische Fundstücke lagen. Dort fanden sich auch viele kleine Knochen und Schädel, Skelettreste verwester Hamster und anderer Nager, die in der Höhle gehaust hatten. Einige Spalten aber waren so eng, daß man nicht hineinfassen konnte. Wir versuchten, sie mit Stemmeisen zu erweitern, gaben das jedoch bald auf, denn ein unheimliches Knistern in den Wänden verriet uns, daß wir jederzeit zerquetscht werden konnten.

In den letzten Tagen der Hauptuntersuchung bildeten vier Funde das Tagesgespräch: Ein ganz gewöhnliches Brettstück, über und über mit feinen Schnittspuren bedeckt. Es sah aus wie ein Schinkenbrett. Was auf ihm zerschnitten wurde, ließ sich natürlich nicht sagen, aber man hätte meinen können, Fleisch sei auf dieser Unterlage zerteilt worden. – Zweitens die Hälfte eines hölzernen Spinnwirtels, also eines Schwungrädchens, das auf die Spindel gesteckt wurde. Die Spindel mit Holz- oder Tonwirtel gehörte noch bis in die Neuzeit zum Spinngerät der Frau, nach und nach wurde sie vom Spinnrad abgelöst. Den Wirtel hatte man wie alle anderen Holz- und Rindengegenstände zerstört. Manche dieser Objekte waren nicht nur zerbrochen, sondern besaßen sogar Brandspuren. Eine ganz bestimmte Absicht mußte man verfolgt haben; denn alles, was wir in dieser Höhle fanden, war vernichtet, und zwar zerschlagen, zerbrochen oder verbrannt!

Der dritte Fund war recht seltsam. Er lag inmitten der „Heuschicht" und war ein aus einer Liane kompliziert geknüpfter Knoten. Was er zu bedeuten hatte, blieb zunächst ungeklärt.

Der vierte Fund schließlich bestand aus mehreren Teilen und entstammte einer Erdschicht unmittelbar auf dem Gipsfelsen der Höhle; es waren einige ungefähr 5000 Jahre alte Scherben aus der Jungsteinzeit! Ihre mit einer weißen Masse ausgelegten Tiefstichverzierungen wiesen die Gefäßteile der „Rössener Kultur" zu, die nach einem mitteldeutschen Fundort benannt ist. Steinzeitliche Menschen waren also auch in dieser Höhle gewesen! Nicht nur zerbrochene Gefäße, sondern auch steinerne Hacken hatten sie zurückgelassen. Als später die Urnenfelderleute die Höhle aufsuchten, fanden sie die Beile und benützten sie erneut. Damit erklärt es sich, daß jungsteinzeitliche Hacken auch in den oberen Höhlensedimenten gefunden wurden. – In den nächsten Jahren, als wir mit größter Vorsicht in der jetzt über uns liegenden Höhle 4 weitergruben und noch einen zweiten Ausgang zum Hang hin auffanden, stießen wir abermals auf Zeugnisse der Jungsteinzeitmenschen: auf ein fast unversehrtes 6000 Jahre altes Gefäß der frühesten Feldbauer Europas, der Bandkeramiker. Und dicht neben Höhle 4 entdeckten wir zufällig im letzten stehengebliebenen Rest einer verstürzten Höhle zahlreiche Beweise für den Aufenthalt der Jungsteinzeitmenschen im Höhlengebiet des Eschentälchens: köstlich verzierte Gefäße und ein Depot von Steingerätschaften, das in einer Felsspalte verborgen war.

Die Schatzspalte lüftet ein Geheimnis

Ein ahnungsloser Wanderer, der an unserem Steilhang vorbeispazierte, hätte wohl nicht viel von der fieberhaften Tätigkeit unserer Grabungsmannschaft bemerkt. Nichts als ein eigentümliches, hin und wieder unterbrochenes Rasseln hätte seine Aufmerksamkeit erregen können. Nach oben blickend, hätte er gesehen, wie braune Erde den Abhang herabrutschte und kleine Steinchen talwärts hüpften. Was dort oben vor sich ging, schien völlig bedeutungslos: Eine junge Frau schüttete Erde auf ein Sieb und las aus den feinen Maschen sorgfältig das heraus, was darin hängengeblieben war. Männer schippten die Sieberde über den Abhang. Das war alles. – Wäre unser Wanderer auf dem Plateau entlanggeschlendert und hätte sich unserer Grabungsstätte genähert, dann hätte er vielleicht etwas von der Atmosphäre und Spannung der aufsehenerregenden Höhlenuntersuchungen gespürt. Weiße Maskengesichter gipsstaubbepuderter Männer tauchten plötzlich über der Böschung auf, schmutzige Gestalten eilten auf die Hütte zu, liefen mit Fundkartons oder irgendwelchen Geräten unter dem Arm wieder zurück und verschwanden über die Leiter in der Tiefe. Für lange Gespräche hatten sie keine Zeit. Und so sah der Besucher eigentlich nur an dem Hasten schweigsamer Männer, daß irgend etwas los war. Wer es fertig brachte, unbemerkt die Leiter hinabzusteigen und den eiligen Arbeitern heimlich zu folgen, stand schließlich am Hangweg unterhalb der Höhle 4. Aber er kam nicht zum Höhleneingang hoch, denn die Leiter war eingezogen. Oben aber saß unsere Mitarbeiterin und wies freundlich, aber bestimmt alle Besucher ab.

Wir brauchten jetzt vor allem Ruhe für ein Unternehmen, das uns schon viele Tage theoretisch beschäftigt hatte. Die „Nadelspalte" sollte untersucht werden – die Spalte, in der Arbeiter damals die schöne große Spiralscheibenkopfnadel gefunden hatten. Eine Autobatterie wurde vor dem Spalt aufgebaut, dann kletterte ich auf allen vieren durch das kleine Eingangsloch. Innen war der Spalt etwas höher, man brauchte nicht im Liegen zu arbeiten. Der Scheinwerfer beleuchtete den Boden. Viele große Steine lagen dort in einer hellbraunen, feinkörnigen Erde. Unter den Absturzsteinen und unter dem Verwitterungsboden war die Erde dunkelgrau. Deutlich sah man in der Schicht viele schwarze Punkte, die wie Holzkohleflocken aussahen, aber gleichmäßig abgerundet waren: Getreidekörner wohin man blickte! Einer unserer Männer hastete zum Plateau empor und holte ein Sieb und einen Durchschlag. Karton um Karton füllte sich mit Getreide und Schichtproben. Der Rest einer Fackel kam zum Vorschein. Irgend jemand hatte einst in den Spalt geleuchtet. Langsam entfernten wir uns vom Spalteingang, doch noch immer lagen Körner umher. Schweine- und Ziegenknochen, darunter viele Ferkelknochen, ja sogar große aufgeschlagene Rinderknochen waren verstreut. Manche von ihnen zeigten Feuerspuren oder waren verkohlt. Dazwischen lag ein menschlicher Wirbel! Man hatte anscheinend ganze Feuerbrände in den Spalt geworfen, wie große Holzkohlestücke bezeugten. Und dann kamen wir zur Fundstelle der Nadel. Vorsichtig kratzten wir den Boden ab ... da schimmerte es grün ... eine neue Bronzenadel! Diesmal war es eine kleine Spiralkopfnadel; sie lag mitten im Getreide. Übrigens deutete nichts darauf hin, daß das Getreide einst in einem Behälter eingeschlossen war. Man mußte es also lose in den Spalt geworfen haben.
Wir hatten nunmehr eine Stelle erreicht, an der sich der Spalt in zwei sehr schmale Klüfte teilte. Jeder Zentimeter Boden wurde untersucht. Immer noch füllten sich unsere Fundkisten mit Getreidekörnern. Plötzlich stießen wir an einen harten Gegenstand – ein Bronzespiralröllchen kam zum Vorschein, wie man es in der Bronze- bis Hallstattzeit gerne zu einem Halsschmuck verarbeitete. – Schon klirrte es wieder. Diesmal

war es eine rhombische Schmuckplatte mit zentralem Buckel, die seitliche Durchbohrungen aufwies und anscheinend ebenfalls zu einem Halsschmuck oder Diadem gehörte. Ein Holzstäbchen war jetzt das einzig richtige Arbeitsgerät, womit der lockere Boden in winzigen Stichen umgelagert werden konnte. Klaus saß hinter mir und spähte mir über die Schulter. Beide sagten wir keinen Ton. Vor dem Eingang zur Nadelspalte hockte einer unserer Männer und wartete auf den erdegefüllten Eimer, den er wie immer zum Sieben aus der Höhle schaffen wollte. Er hatte wohl etwas vor sich hingedöst, doch unser seltsames Schweigen mochte ihn plötzlich ermuntert haben, und nun kam er, etwas Besonderes ahnend, leise heran. Klaus und ich erschraken, als er uns ansprach. Und nun war er, obgleich unter Verrenkung des Halses, Zeuge unseres großen Finderglücks. In der hellen, scheinwerferbestrahlten Erde lagen dicht an dicht weit über 20 Bronzegegenstände: Spiralröllchen, Anhänger, ovale Bronzebleche mit mittlerer Doppeldurchbohrung, seitlich durchbohrte rhombische Blechstücke mit zentralem Buckel, Ringe mit eingehängten kleinen Spiralen, ein gewundener Bronzeblechstreifen, kurzum, der vollständige Schmuck einer Frau aus der Zeit um 800 v. u. Z., bestehend aus einem Kollier, Ohrringen, einem Diadem oder Gürtelbesatz und einem Fingerring. Die beiden bereits geborgenen Haarnadeln gehörten ebenfalls dazu.

Am interessantesten aber waren zwei bronzene Anhänger mit schwalbenschwanzförmigen Enden, wie ich sie noch nie im Original gesehen hatte; ich kannte sie nur von Abbildungen. Das waren einst Symbole, deren Bedeutung wir allerdings noch nicht ganz kennen. Nur soviel dürfen wir heute schon sagen: Sie gehören wahrscheinlich zu den „anthropomorphen", das heißt menschengestaltigen Amuletten, die ihre Träger vor Krankheit und allem Bösen schützen sollten. In Mähren, in der Mark Brandenburg, in Franken, Niederbayern, Schwaben, Frankreich und Italien hat man ähnliche Amulette bei Hortfunden beobachtet. In Thüringen fand man sogar eine steinerne Gußform, in der gleich mehrere Exemplare hergestellt werden konnten. Heute wissen wir, daß diese schwalbenschwanzförmigen Anhänger, die von der Urnenfelder-

bis zur Hallstattzeit verbreitet waren, mit geistigen Strömungen aus dem Donaugebiet verbunden waren. Von da wanderten religiöse Motive längs der bayrischen Donau bis weit nach dem Westen, bis in das Schweizer Pfahlbaugebiet. Während unser Amulettyp in der Hallstattzeit des Westens aus unbekannten Gründen an Wertschätzung verlor – nur die späte Hallstattkultur des Französischen Jura machte hierbei eine Ausnahme –, wurde er im östlichen Hallstattkreis sehr beliebt und erschien zusammen mit plastischen Vögeln an großen radförmigen Anhängern, wahrscheinlich Kultgeräten. Die Kombination mit den mythischen Vögeln des Astral- und Fruchtbarkeitskultes hatte einen tieferen Sinn. – Diese Vögel können übrigens auch mit Beilamuletten, mit Rad- und Ringsymbolen, Pferdedarstellungen oder sogar mit Statuetten weiblicher höherer Wesen zusammen vorkommen. In der Hallstattzeit wurde unser Amulett sehr gerne mit einem dreieckigen urnenfelderzeitlichen Symbol, mit der „Vogelbarke“, und dem Sinnbild des heiligen Rinderhorns verbunden, wodurch ganz bestimmte mythische Gedankengänge mit magischer Wirkung zum Ausdruck gebracht werden sollten. Einige Symbolforscher versuchten, glaubhaft zu machen, daß dieses „Vogelbarkenmotiv“ die Sonne darstellen sollte, die heilige Vögel als Schiff oder Behälter über den Horizont ziehen.

Merkwürdigerweise gibt es eine ganze Reihe altgriechischer Heiligtümer, in denen solche Amulette, die mit unseren anthropomorphen Anhängern in geistiger Verbindung stehen, als Weihegaben niedergelegt worden sind. So lag ein Beilamulett mit einer einfachen Vogelbarke im Heiligtum von Dodona, zahlreiche Vogelanhänger wurden vor allem in den Heiligtümern von Pherae (Thessalien) und Perachora bei Korinth entdeckt. In dem Heiligtum der Artemis Orthia in Sparta hat man zierliche Vogelplastiken mit Steckstiften geopfert, sogenannte Aufsteckvögel, die den Hallstattvögeln im Aussehen vollkommen gleichen, auch Vögelchen aus Blechstreifen, ferner Scheiben, Räder und zierliche Basisstatuetten. Ein vierspeichiges Radamulett fand sich unter den Weihegaben des Aphaia-Tempels in Agina (Griechenland), Radanhänger kamen auch in den Heiligtümern von Olympia und Perachora zutage.

Die donauländischen, wahrscheinlich im ostalpin-nordwestbalkanischen Gebiet konzentrierten geistigen Strömungen erreichten auch Italien, wo die alten Idole und Tierterrakotten von den Darstellungen des heiligen Vogels und Stiers, von der Vogelbarke, der „Vogelgöttin" und von radförmigen Amuletten aus dem Kult verdrängt wurden. Zur selben Zeit war es dort auch üblich, den Toten schwalbenschwanzförmige Amulette als Grabbeigaben mitzugeben.

Sinnend betrachteten wir die beiden anthropomorphen Amulette. Klaus meinte, es werde vielleicht noch ein drittes Amulett zum Vorschein kommen, denn aller guten Dinge seien doch drei. Ich war jedoch anderer Meinung. Sicher waren es nicht zufällig nur zwei Stücke. Bronzezeitliche Gegenstände, die einer religiösen Sphäre angehörten, traten oft paarweise auf, zum Beispiel Luren in Jütland, Bronzeeimer in Jütland und Mecklenburg, Helme auf Seeland. Auch an der Darstellung des heiligen Vogelpaares wird die Rolle der Zweizahl in den religiösen Vorstellungen der damaligen Zeit deutlich.

In unbequemster Körperhaltung in dem engen Spalt hockend, fertigten wir eine Situationsskizze von den einzelnen Gegenständen an. Nachdem das mit vieler Mühe gelungen war, nahmen wir behutsam Stück für Stück an uns. Es war zweifellos wiederum kein Zufall, daß außer den anthropomorphen schwalbenschwanzförmigen Amuletten und den Bronzeröllchen noch große Scheibenringe zum Halsschmuck gehörten, und man kann wohl annehmen, daß diese Ringe, die im Symbolgut der Urnenfelder- und Hallstattzeit eine Rolle spielten und offensichtlich den astralen Radsymbolen an die Seite zu stellen sind, auch in unserem Schmuck Sinnbilder verkörpert hatten. Bei einem Schatzfund in der Nähe des Dörfchens Steinthalleben, nicht weit von unserem Höhlenberg entfernt, war übrigens ein Gegenstück zu diesem Ringsymbol, ein Radanhänger, gefunden worden.

Die Einzelsymbole, in ihrer Kombination sicher ein Symbolkomplex, waren hier auf thüringischem Boden, weit entfernt vom Herd der gewaltigen geistigen Strömung, der sie angehörten, nur einige wenige Bestandteile des donauländischen Symbolguts.

Trotz unserer Freude über die große Entdeckung spürten wir, wie die Kälte mit eisigen Fingern nach uns griff. Auch der Rücken schmerzte, und die Glieder wurden steif vom Arbeiten in der unbequemen Haltung. Was wir heute erlebt und gesehen hatten, machte uns trunken: Ich mußte hinaus an die Luft, an die Sonne! Unsere Pappkartons vorsichtig in den Händen, krochen wir wie Krebse rückwärts aus dem engen Loch. Im geräumigen Teil der Höhle erwarteten uns die Arbeiter, die von unserem Finderglück gehört hatten, und im Triumphzug ging es hinaus ans Tageslicht. In tiefen Zügen sogen wir die warme Luft in unsere verstaubten Lungen. Müdigkeit überfiel uns. Plötzlich hatte ich gar keine Lust mehr, heute nochmals in den Spalt zu kriechen. Ich wollte lieber schreiben, im Tagebuch festhalten, was wir erlebt hatten.
Auf dem Plateau malte die Sonne tanzende Kringel unter die windbewegten Birken. Weit breiteten die gewaltigen Eichen ihre knorrigen Äste kühlespendend über uns aus. Am sonnenüberfluteten Abhang neben der Grabungshütte ließen Klaus und ich uns wie zwei müde Hunde nach der Jagd zu Boden fallen, wir öffneten die Jacken und warfen die schmutzigen Hüte ins Gras. Wohlig genossen wir die flirrende Hitze. Die Birken- und Eichenblätter rauschten uns in den Schlaf.
Als ich die Augen wieder aufschlug und meine Gedanken langsam zurückkehrten, war die Sonne schon ein ganzes Stück weitergewandert. Klaus neben mir schnarchte wie ein Höhlenbär. Es tat mir leid, aber ich mußte ihn wecken. Mühsam wurde der Höhlenstaub abgewaschen, dann ging es ans Tagebuch. Klaus schrieb die Fundzettel für den Schmuck.
Als der Abend über das Frankenhäuser Tal zog, saßen wir gemütlich in unserer Hütte und hatten die Tür weit geöffnet, damit etwas Kühle unter das sonnenerhitzte, teerpappegedeckte Holzdach ströme. Dann hockten wir draußen dicht am Steilabfall und lauschten hinunter ins Tal. Dort, wo die alte Salzstraße sich schlängelte und die unzähligen Büsche zu einem wahren Vogelparadies geworden waren, schienen die Nachtigallen einen Wettstreit zu veranstalten. Hörte ein Sänger auf, begann sofort ein anderer. Wohltätige Entspannung umfing uns. Es wurde für alle eine schöne, geruhsame und traumlose Nacht.

Noch glitzerte der Nachttau in den Gräsern, als wir schon wieder in der Höhle waren, in unserer „Schatzspalte", wie wir die „Nadelspalte" umbenannt hatten. Wir hatten gestern gründliche Arbeit geleistet. Es fand sich kein einziger Bronzegegenstand mehr, aber Getreidekörner waren immer noch da. Ja, als wir mit einer Hacke den sehr schmalen rechten Spalt im Hintergrunde unseres Loches ausräumten – er war so schmal, daß sich auch der Schlankeste von uns nicht hineinzwängen konnte –, da wurden neben zahlreichen großen Stücken eines zerstörten Holzgegenstandes wieder viele Getreidekörner sichtbar – der letzte eindeutige Beweis, daß das Getreide in den Spalt hineingeworfen worden war.

Rief man sich alles noch einmal ins Gedächtnis, so ergab sich, daß die Menschen der Urnenfelderzeit Getreide, Schmuck und Teile von Tieren im Spalt niedergelegt oder in seinen Eingang geworfen hatten. Ich mußte an die eigenartigen Getreide- und Schmuckfunde in der mährischen Býčí-Skála denken, an das Gefäß, in dem der bronzene Stier lag. Was wir hier entdeckt hatten, war zweifellos auch ein Opfer. Aber hatte man es einem Toten oder der Totengemeinschaft dargebracht? Oder gar göttlichen Wesen? Das konnte noch nicht mit Sicherheit beantwortet werden. Wir waren zunächst froh, die Gewißheit zu haben, in eine Kulthöhle, ein Allerheiligstes der jüngsten Bronzezeit, geraten zu sein.

Die „Steinschuttspalte"

Mit großer Erwartung wandten wir uns nun dem anderen Spalt zu, der neben der Schatzspalte lag und wegen der vielen wild übereinandergetürmten Steinplatten „Steinschuttspalte" genannt wurde. Diese gewaltigen Klötze konnte man nicht alle mit dem Hammer zertrümmern und aus der Höhle schaffen – das hätte zu viel Mühe und Zeit gekostet. Außerdem war gerade hier die Trennwand zur Schatzspalte dünn wie ein Vorhang. Das Herumhämmern konnte leicht eine Katastrophe auslösen. Also wälzten oder trugen wir mit vereinten Kräften jeden Brokken in den großen Höhlenraum. Manche Platten ließen sich jedoch nicht von der Stelle bringen. Wir mußten sie trotz schwerster Bedenken mit dem Eisenhammer bearbeiten. Stück für Stück wurde abgeschlagen, bis sie transportfähig waren. Ich saß neben der Schatzspaltenwand und beobachtete unausgesetzt alte und neue Risse. Wir hatten wieder einmal Glück – es geschah nichts.

Zunächst sahen wir am Eingang zum Spalt außer Getreidekörnern, die wie in der Schatzspalte in Massen den Boden bedeckten, schwarze und weiße Aschenlagen einer Feuerstelle. Einige Platten Rotliegendes lagen umher und erinnerten an ähnliche Steine der merkwürdigen Terrasse vor Höhle 7.

Schon als die ersten Brocken fortgetragen wurden, bückte sich Klaus und leuchtete in einen Hohlraum. Eine Spiralkopfnadel der Urnenfelderzeit steckte in der Erde. Wie immer großer Jubel! Später fanden wir fast an der gleichen Stelle eine große bronzene Schmuckscheibe mit Öse. Der Reichtum der Höhle 9 an Schmucksachen, besonders an Nadeln, wurde immer auffallender!

Zunächst waren wir aber von einer endgültigen Lösung des Höhlengeheimnisses noch weit entfernt. Unter Schwitzen und Keuchen plagten wir uns manche Tage mit den Steinen herum. Jeder Hohlraum wurde untersucht, damit uns auch nichts entging. Wieder leuchtete Klaus auf den Höhlenboden – etwas Schwarzes lag diesmal dort. Es war eine bandkeramische Steinhacke. Je weiter wir in den Spalt eindrangen, um so größer wurden die Steinriesen. Nur langsam kamen wir vorwärts. Abermals legten wir eine bandkeramische Hacke frei, leider war sie zerbrochen. Dann entdeckten wir dicht an der Wand, zwischen den oberen Steinen, stark versinterte Scherben, die sich zu einem Topf zusammenfügen ließen, der anscheinend einstmals hier zerbrochen war. Seine Form ordnete ihn der Urnenfelderzeit zu. – Wieder schimmerte etwas sehr Helles auf dem grauweißen Gipsstein: ein einzelner Menschenzahn. – Dann fesselte etwas Braunes mit schwarzem Rand unsere Aufmerksamkeit: Es war der Stummel einer Birkenrindenfackel! Jemand hatte also einst in diesen Spalt geleuchtet. Was hatte er dort zu suchen gehabt? Der kleine Fackelrest spornte uns mächtig an. Ich sah sie vor mir, die Schattengestalt mit der Fackel, wie sie vorsichtig über die Steine kletterte. Jetzt hielt sie die Fackel nach unten, um den unwegsamen Steinbrockenpfad besser sehen zu können. Und nun verschwand sie im Dunkeln. Wir mußten ihr folgen! Von unserem Platz sah man deutlich den Hintergrund des Spaltes und die beiden sehr schmalen Klüfte, die von ihm abgingen. Dort also wurde unserer Arbeit endgültig Halt geboten. Ich dachte sofort an die Situation in der Schatzspalte, wo auch an der letzten Aufspaltung der große Fund zutage gekommen war.

Vor uns türmte sich ein gewaltiger Steinhaufen. Eine Platte lehnte etwas schräg am Profil. Sie wurde heruntergeschoben. Sofort leuchteten wir in die sichtbar werdenden Hohlräume. Klaus hielt die große Lampe und bewegte sie hin und her. Auf einmal drückte er seinen Kopf dicht an die Steine, drehte sich halb zu mir um und schrie: „Bronze!" Schnell riß ich ihm die Lampe aus der Hand und leuchtete selbst in das Loch. Das ganze Steingebilde wackelte. Unser Licht fiel auf einen kleinen, von mehreren Blöcken umgebenen Hohlraum. Eine sehr große grüne Bronzerolle fiel sofort auf. Man sah sie nur zur Hälfte; den anderen Teil konnten wir durch unser ziemlich hochgelegenes Guckloch nicht mehr erspähen. Aber das, was wir sahen, war so einzigartig, daß davon sofort eine Aufnahme gemacht werden mußte. Schon rannte einer zum nahen Gasthaus, um unseren Fotografen anzurufen. Der stand nach kurzer Zeit mit seinem Plattenapparat schwitzend in der Höhle. Da wir Scheinwerfer besaßen, konnte er diesmal auf das verhaßte Blitzlicht verzichten.

Als Standort für den Fotoapparat dienten einige aufgeschichtete Steine. Während Görz das Bild auf der Mattscheibe suchte, murmelte er unter dem schwarzen Tuch, es lägen noch mehr Gegenstände in dem Loche. Dann klickte der Verschluß für das erste Bild. Mehrfacher Plattenwechsel. Es mußte alles getan werden, damit wenigstens eine Aufnahme gelang. Endlich war es geschafft. Vorsichtig wuchteten wir die große

Gipsplatte herunter, die den Hohlraum verschloß, und nun konnte man von oben in den Hohlraum sehen. Alles drängte sich hinzu, jeder wollte als erster die neuen Schätze bewundern. Das war wieder ein Augenblick höchster Spannung, für den sich die schwere Arbeit der letzten Tage gelohnt hatte. Die große Bronzerolle war ein vielgewundener Armreif. Neben ihm lag ein an einer Seite zur Öse gebogener Bronzedraht, auf den einige grüne Perlen gefädelt waren. Andere Glasperlen, auch zersprungene, lagen verstreut umher, daneben viele kleine Bronzeröllchen, wie wir sie schon aus der Schatzspalte kannten. Ein eigentümlicher Bronzegegenstand mit plastischen Rippen erregte unsere besondere Aufmerksamkeit.

Nachdem alles sorgfältig aufgemessen und gezeichnet war, wurde der neue Schatz geborgen. Dabei wurde immer deutlicher: Dieser „Depotfund" war von ganz besonderer Art. Hier hatten Menschen in einem natürlichen Hohlraum, den sie später mit einer Steinplatte zudeckten, einen zerstörten Halsschmuck und ein Armbandgeschlinge niedergelegt, dessen Windungsende sie auf der einen Seite verbogen hatten. Den mit Perlen bestückten Bronzedraht hatten sie auseinandergerissen, die meisten Perlen abgestreift und in den dunklen Hohlraum geworfen, wo einige zersprangen. Wiederum fanden wir also etliche Gegenstände, die man absichtlich zerstört hatte, ehe man sie in der Höhle niederlegte.

Auf dem Boden des Hohlraums lagen winzige Stummelchen von Birkenrindenfackeln. Hatten nun fackeltragende Menschen der Zerstörung und Niederlegung des Schmuckes beigewohnt und die abgebrannten Fackeln schließlich zu den Schmuckteilen geworfen, oder hatte ein Einzelner wiederholt die Verschlußplatte geöffnet, in den Hohlraum geleuchtet und die Fackelreste dorthin gelegt? Das war wiederum zunächst schwer zu beantworten.

Ich balancierte die Kartons zur Plateaubehausung hoch. Die Gegenstände mußten gereinigt werden, damit die Einzelheiten besser zu erkennen waren. Mittlerweile war es Feierabend geworden. Die Frankenhäuser Männer hatten den Berg schon verlassen, die Zurückgebliebenen hockten auf der Bank vor der Grabungshütte und kramten wie immer ihre Rauchutensilien aus den Gipsstaubhosen. Das Tabaks-Grabungskollegium war wieder einmal zusammengetreten, um in feierlicher Sitzung die Funde des Tages zu besichtigen. Es wurde eine beschauliche Stunde.

Zweierlei erregte unser Interesse besonders: einmal die Frage, woher die grünlichen Glasperlen des Halsschmucks kamen, zum anderen der merkwürdige rippenverzierte Gegenstand. Die Perlen waren zweifellos Importstücke, die auf weiten Wegen bis zum Kyffhäuser transportiert worden waren. Früher nahm man an, solche Perlen stammten aus Ägypten; neuerdings aber vertritt man die Ansicht, daß in der jüngeren Urnenfelderzeit in Südosteuropa, nahe der Adria, vielleicht im nördlichen oder nordwestlichen Balkan, eine regelrechte Glasperlenindustrie bestanden hat. Von da gelangte anscheinend die Kenntnis der Glasfabrikation nach Mittelitalien, wo sie zu hoher Blüte kam. Aber auch im östlichen Hinterland der oberen Adria entwickelte sich, gestärkt durch Impulse, die wiederum von Italien ausgingen, ein hochkultiviertes Zentrum der alten Glasindustrie. Die Perlen aus unserer Höhle waren also Kostbarkeiten.

Der andere Fund war eine Bronzeröhre mit rhombischem Querschnitt. Im Innern sah man grüne Glasperlen, das Stück war demnach einstmals mit den Perlen auf den Bronzedraht gefädelt. Nach einigem Überlegen hatte ich endlich herausgefunden, was das für ein Gegenstand war: ein stark verschliffenes Ortband eines bronzezeitlichen Germanenschwertes, das hier als Anhänger eines Halsschmucks diente.

Ungeklärt blieb noch die Frage, welchem Volksstamm die alten Höhlenbewohner angehörten. Waren es Germanen? Angesichts der vor uns liegenden grünen Perlen lohnte es sich, das oft besprochene Problem nochmals zu beleuchten.

Im Nordwestbalkan, wo man neuerdings eine urnenfelderzeitliche Glasindustrie vermutet, war einst im 4. und 3. Jahrhundert v. u. Z. eine Kultur entstanden, die man Krainische Hügelgräberkultur nennt. Im 3. Jahrhundert faßten die Römer an der dalmatinischen Küste Fuß, und seit dem 1. Jahrhundert v. u. Z. bezeichneten sie das Gebiet, in dem einst die Krainische Hügelgräberkultur heimisch war, als „Illyricum". Dort wohnten also Illyrer, das bestätigt auch die Sprachforschung. Es ist demnach anzunehmen, daß die Krainische Hügelgräberkultur und ihre älteren Vorläufer illyrisch waren. Aber auch die Veneter werden für die Träger dieser Kultur gehalten. Einige Forscher meinen, die Wanderungen der venetischen oder illyrischen Urnenfelderleute seien der entscheidende Faktor für die Bildung der indogermanischen Einzelvölker, auch der Germanen gewesen. Wie gewaltig die Ausbreitung der Veneter bzw. Illyrer war, kann man daraus ermessen, daß sich selbst im Grenzgebiet von Europa und Asien Einwirkungen der „Urnenfelder-Wanderung" bemerkbar machen. Und man überlegt ernsthaft, ob nicht die gleichzeitige Einwanderung der Inder mit ihr zusammenhängt.

Auch nach dem Süden drangen die Stämme der Urnenfelderkultur. Sie überwanderten in Italien die einheimische Bevölkerung der mittleren und jüngeren Bronzezeit, der Pfahlbau- und Terramare-Kultur, und aus diesem gewaltigen Schmelztiegel der Völker gingen dann im letzten Jahrtausend die vielen Stämme Italiens hervor. Aber nicht nur an der Bildung jener Stämme hatten die Früh-Veneto-Illyrer Anteil, sondern anscheinend auch an der der Griechen. Die bekannte dorische Wanderung bringt man heute mit der Auswirkung der „Urnenfelder-Wanderung" in Verbindung.

Wie sah es nun in dem Gebiet aus, das heute Deutschland einnimmt? Sprachforscher und Prähistoriker haben unabhängig voneinander festgestellt, daß sich die Illyrer der österreichischen Lande bis nach Oberbayern ausbreiteten und daß die gleiche illyrische Kultur Nordostbayern mit Südwestböhmen verband. Über Nordostbayern hinaus lassen sich illyrische Spuren mit Hilfe der Fluß-, Berg- und Ortsnamenforschung nachweisen. Die kulturellen Verbindungen zwischen Nordostbayern und Mitteldeutschland während der frühen Eisenzeit, insbesondere der späten Hallstattzeit, ließen sich durch zahlreiche Funde beweisen. Und die illyrische Kultur war in Thüringen mit den älteren Urnenfelderkulturen verbunden.

Alles in allem: unsere urgeschichtlichen Vorgänger im Höhlengebiet des Kyffhäusers müssen sehr wahrscheinlich Veneter oder Illyrer gewesen sein. Prähistoriker, die das Gebiet Nordostbayerns bearbeiten, diese in frühillyrischer Zeit zur östlichen Hallstattgruppe gehörende, mit Thüringen eng verbundene Nachbarlandschaft, sprechen vorsichtig von einer „veneto-illyrischen" Bevölkerung, um anzudeuten, daß der hier siedelnde illyrische Stamm mit dem der Veneter zu tun haben könnte.

Veneto-illyrische Heiligtümer und Gottheiten

Was erwartete uns wohl im Spalt 10, der von der Höhle 9 abzweigte und uns schon bei einer flüchtigen Begehung so wichtige Funde gebracht hatte? Doch der Sommer ging zu Ende, und wir mußten die Außenarbeiten abschließen, damit wir während der Spätherbst- und Frühjahrsmonate im Schutze des Berges graben konnten. So wurde es still in unserer Höhle. Ich hatte jetzt etwas mehr Zeit, über sie und ihre eigentümlichen Funde nachzudenken. Wie vor Monaten, als wir die ersten Menschenknochen mit Schnittspuren in der Stopfnadelhöhle fanden, studierte ich jetzt bis tief in die Nacht eine Menge Literatur über wichtiges Material, das von den Prähistorikern vieler Länder ausgegraben und beschrieben worden war – Beobachtungen, die mir ein Schlüssel zum Verständnis der Befunde aus Höhle 9 sein sollten. Über dieser Arbeit vergingen viele Monate. Immer klarer wurde mir der kultische Charakter der Höhle 9; bald hatte ich die Gewißheit, ein bedeutendes Heiligtum entdeckt zu haben.

Schon während der Grabungen kam mir der Gedanke, ob man nicht der Frage nach dem Empfänger der Opfergaben näherkommen könnte, wenn man von den zahlreichen Schmucksachen, vor allem den Nadeln ausginge. Wir brauchten uns nur mit dem alten veneto-illyrischen Göttinnenkult zu beschäftigen, um auf die richtige Spur zu kommen.

Ende des vorigen Jahrhunderts war man in Este auf das Heiligtum einer venetischen Göttin gestoßen, die in den Weihe-Inschriften Rehtia genannt wird. Von der Hallstattperiode bis in die Römische Kaiserzeit, und zwar bis zum 2. Jahrhundert, bestand das Heiligtum, dessen Kult zuletzt römischen Einflüssen erlag. Die Römer verglichen Rehtia wegen verschiedener Übereinstimmungen mit ihrer Minerva, daher wissen wir heute einiges über das Wesen der venetischen Gottheit. Minerva behütete alle Gewerbe und Künste der Männer und alle weiblichen Handfertigkeiten. Als Schutzgottheit des Spinnens und Webens war Minerva und somit auch Rehtia Mutter- und Fruchtbarkeitsgöttin. Die Ausgrabungen im Heiligtum der Rehtia hatten eine Vielzahl von Weihegaben zutage gefördert, die Wichtiges über die Göttin aussagten. Neben Bronzeblechen, auf denen Männer, Frauen, Reiter, Pferde und menschliche Körperteile dargestellt waren, neben Tongegenständen, Münzen, Pferdestatuetten und Bronzetäfelchen mit magischen Alphabeten fand man zahlreiche Bronze- und Eisennadeln, Ringe und anderen Frauenschmuck. Die italienischen Ausgräber Ghirardini und Prosdocimi hielten die Nadeln für Nägel; später hat man sie als Haar- oder Kleidernadeln erkannt. Achtzehn Nadeln waren mit Weihe-Inschriften für die Göttin versehen; siebzehn davon nannten die Namen der Spenderinnen. Jetzt erinnerte man sich der Nachricht Herodots, nach der die Frauen den Göttinnen gerne Kleidernadeln geweiht haben.
Auf den Inschriften der Bronzetäfelchen war öfters das Wort „AKEO" zu lesen. Man verband es mit dem griechischen „akeomai" = heilen und hielt Rehtia für eine Heilgöttin, worauf vielleicht auch die Darstellungen der menschlichen Körperteile auf den Schmuckblechen deuten. Das griechische „ake" bedeutete aber nicht nur „Heilung", sondern auch „Schweigen" und „Spitze" (Nagel, Nadel = lateinisch acus!). Deutete dieses Wort dann auf die Nadelweihegaben? Daß Rehtia tatsächlich eine Heilgöttin war, läßt außerdem das Wort „SANITAS" erkennen, das in den Inschriften den Namen der Göttin ergänzte und mit dem lateinischen Worte „sanare" = heilen zu verbinden ist.

Das Heiligtum der venetischen Göttin rief die Archäologen, Religions- und Sprachforscher auf den Plan. Sie stellten fest, daß die Opfer für Rehtia den einer anderen Göttin geweihten Gaben auffallend ähnelten. Ihr Heiligtum lag in Sparta, sie hieß nach den Weihe-Inschriften Orthia, und die Sprachforscher hatten bald herausgefunden, daß dieser Name dasselbe bedeutet wie Rehtia, nämlich „gerade, recht", und sich einmal vom Griechischen, das andere Mal vom Lateinischen ableitet. Die Religionsforscher aber konnten Orthia mit Artemis identifizieren und sprachen jetzt von einer „Artemis Orthia".

Die Erkenntnis, daß Rethia und Artemis sich sehr ähnlich waren, brachte noch etwas Wichtiges zutage: Im Britischen Museum zu London wurde ein vierkantiger Bronzenagel aus spätrömischer Zeit aufbewahrt, der auf allen vier Seiten eine lange lateinische Inschrift trug, nämlich eine Beschwörung der Artemis gegen Feld- und Viehschaden. Den Nagel hielt man also wie die Nadel für ein Zaubergerät. Die Volkskundler wiesen auf den altenglischen Glauben an eine Hexe hin, die in der Unterwelt hausen, durch die Herdstellen zu den Menschen kommen und Krankheiten bringen sollte. Sie war angeblich nur abzuwehren, wenn man unter der Feuerstätte eine Flasche mit Stecknadeln vergrub. Und sie machten auf die Votivgaben an katholischen Wallfahrtsorten aufmerksam. Vor der Statue der heiligen Magdalena in der Calvarienberg-Grotte der Marienkirche von Oberberg-Eisenstadt zum Beispiel opferte man Haarnadeln, um von Kopfschmerzen befreit zu werden. Zum gleichen Zwecke legte man in einer Brabanter Muttergotteskapelle eine Haarnadel nieder. Das waren also letzte Ausläufer des alten Bann-Glaubens, der schon im Artemisnagel zum Ausdruck kam.

Doch die Volkskundler zeigten auch, daß das Nadelopfer nicht nur ein magisches Bannopfer an geweihter Stelle war, sondern vereinzelt auch heute noch fruchtbarkeitsspendenden höheren Wesen zugeeignet wird. Die heilige Magdalena, der man, wie gesagt, bei Kopfschmerzen Nadeln weiht, wurde als Nachfolgerin vorchristlicher Quell-, Erd- und Muttergottheiten erkannt. Wir hören von Müttern, die zu einem Marienheiligtum im Departement Finistère wallfahrteten und dort drei

Miedernadeln in den heiligen Brunnen warfen, wodurch sie ihre Säuglinge besser zu nähren hofften. – Ein anderes, früher sicher ebenfalls Fruchtbarkeit verheißendes Brunnenopfer, dessen Sinn heute jedoch verlorengegangen ist, vollzogen die Mädchen in der Bretagne. Sie warfen Nadeln in einen Waldbrunnen und sagten dabei: „Ris, Ris, Brunnen von Barenton, ich schenke dir eine hübsche Nadel." – Die Brunnen- und Quellopfer besitzen eine uralte Tradition. Auf dem Grunde mancher ur- und frühgeschichtlicher Dorfbrunnen fanden die Ausgräber Schmuckstücke, Münzen und andere Dinge, die nicht zufällig verlorengegangen, sondern geopfert waren. Außerdem gab es Quellen, die wegen ihrer Heilkraft viele Opfer, besonders Schmucksachen und Kleiderzubehör erhielten. Das berühmte Bronzefibelopfer in der Mineralquelle Pyrmont bestand aus etwa 230 Fibeln und 3 römischen Münzen. Wir wissen nicht, wem diese Opfer galten; gewiß waren sie für eine Fruchtbarkeits- und Heilgöttin bestimmt. Auch im Heiligtum der britannischen Quellnymphe Coventina fand man Münzen und Fibeln als Weihegaben.

Die Quell- und Brunnengöttinnen verehrte man bei vielen Völkern und Stämmen als heilige Mütter der Unterwelt, die angeblich über Leben und Tod auf Erden herrschten. Quellen, Brunnen, Moore und Höhlen führen nach uraltem Glauben ins Jenseits, in die Unterwelt. Das deutsche Märchen „Goldmarie und Pechmarie" zeigt noch, daß der Brunnen für den Eingang zur anderen Welt gehalten wird, in der Frau Holle wohnt, eine der jüngeren mythologischen Gestalten, die aber vom Wesen der alten Fruchtbarkeits- und Muttergöttinnen so manches bewahrt hat. Und damit schließt sich der Ring: Auch die venetische Göttin Rehtia war eine Fruchtbarkeit und Gesundheit spendende Muttergottheit, doch auch Totengöttin, und verfügte als Herrscherin der Unterwelt über Zauberkräfte.

Wie Rehtia und die Artemis Orthia empfing auch unsere Göttin der späten Urnenfelderzeit im Kyffhäusergebiet Schmucksachen, wobei, wie in Este, dem Nadelopfer beim Schutz- und Heilzauber große Bedeutung zuzukommen schien, was wir jedoch nicht beweisen können.

Unsere Höhlengöttin war anscheinend der venetischen Rehtia und der Artemis Orthia nahe verwandt, vielleicht sogar mit ihnen identisch. Nachdenklich stimmt die Behauptung des Religionsforschers Kretschmar, daß die Rehtia und die dorische Orthia etwa im 12. Jahrhundert v. u. Z. irgendwo im nördlichen Balkan, vielleicht also im Gebiet der „Lausitzer Kultur", die man mit den Illyrern in Verbindung gebracht hat, eine göttliche Vorgängerin gehabt haben müssen. Der Religionsforscher Barb meint dazu, daß sich aus dieser alten, noch primitiven Muttergottheit später, vielleicht durch komplizierte vorderasiatische und ägyptische Anschauungen beeinflußt, viele andere Muttergestalten abgespalten haben, zum Beispiel die kleinasiatische Magna Mater, auch Hekate und Artemis, Nemesis und Hera sowie viele Göttinnen der klassischen Mythologie.

Es gibt einige wenige Fundorte, die, wie das Heiligtum in Este, Opferplätze der Rehtia gewesen sein könnten, und immer wieder fallen dort die Nadel-Weihegaben auf. Im Campi Neri bei Cles, etwa 30 Kilometer nördlich von Trient, wurde in einem rätischen Stammesheiligtum ein Depotfund von zehn Bronzenadeln ausgegraben. In österreichischen Mooren bei Salzburg waren Bronzenadeln aus der Zeit von 1200 bis 900 v. u. Z. eingeschlossen. Auch das müssen Weihegaben gewesen sein, denn so viele Nadeln können nicht zufällig verlorengehen, auch schloß ihre räumliche Verteilung die Annahme aus, daß es sich um einen in Kriegszeiten vergrabenen Schatz handelte. Der Fundort hätte sich für eine Vergrabung auch gar nicht geeignet, denn einst breiteten sich dort große Seen aus, deren Ufer mit heimtückischem Schwingrasen bewachsen waren. Angehörige eines illyrischen Stammes müssen die Nadeln einzeln in das später vermoorte Wasser geworfen haben, und es ist nicht ausgeschlossen, daß man sie ebenfalls der Rehtia geweiht hatte.

Auch in nördlicheren Gegenden gibt es ähnliche Moorfunde: Bei Possendorf in Thüringen, in der Nähe von Weimar, liegt ein kleines Moor, ein alter Kultplatz der Germanen. Dort wurde beim Torfstechen eine hölzerne Götterstatue, ein Idol aus dem 3. Jahrhundert, gefunden. Noch tiefer lagen hallstattzeitliche Schmuckscheiben und eine Gewandspange, die einst geopfert wurden, als das heutige Moor noch ein See war. War es vielleicht die gleiche Göttin, deren Namen wir nicht kennen, der man aber auch in unserem Kyffhäuserberg opferte? Nicht nur Seen und Quellen, sondern auch Höhlen dachte man sich ja als Eingänge in ihr unterirdisches Reich!

Mußten wir uns damit zufriedengeben, daß es uns gelungen war, im sagenumwobenen Kyffhäuser ein vermutlich veneto-illyrisches Höhlenheiligtum entdeckt zu haben, das einer weiblichen, mit der venetischen Rehtia identischen oder einer ihr nahestehenden Gottheit geweiht war? Um Klarheit zu gewinnen über die unbekannte Göttin, mußte ich die illyrischen Heiligtümer und die illyrischen Gottheiten aus dem südöstlichen Europa studieren, also dem Heimatgebiet der Illyrer, und mich mit dem Volksglauben der heutigen Albaner beschäftigen, der Nachfahren der alten Illyrer und Bewahrer illyrischen Gedankengutes.

Solche Heiligtümer waren tatsächlich in der Heimat der Illyrer in Siedlungen, die man vor der römischen Okkupation angelegt hatte, von italienischen und österreichischen Prähistorikern entdeckt und erforscht worden. Es waren vorwiegend Höhlenheiligtümer, „Caverne sacre", wie sie die Italiener nennen. Die Quellgrotte von Re Tiberio, 90 Meter über dem Semofluß an einem Abhang des Monte del Volpe, war eine solche frühillyrische Kultstätte. An beiden Seiten ihres Eingangs waren Felsvorsprünge als Sitze hergerichtet. Betrat man den vorderen Grottenraum, sah man zwei aus dem Fels gehauene Becken, die das Wasser aufnahmen, das von der Felswand herabrieselte. Ein 55 Meter langer, dunkler Gang führte von dieser Grotte in einen völlig finsteren, von einer natürlichen Kuppel überwölbten Höhlenraum, in dem ebenfalls eine Quelle sickerte. Der Geologe Scarabelli hatte es sich in den Kopf gesetzt, die Quellgrotte und die tief im Berg verborgene Höhle zu untersuchen. In den oberen Schichten fand er eine kleine Bronzestatuette und zwei As-Münzen aus römischer Zeit. Dann stieß er auf Erdschichten der frühen Eisenzeit mit Keramik. Noch tiefer im Boden schnitt er eine mächtige, dicht mit Scherben gefüllte Schicht der Terramare-Kultur an. Die vielen Gefäße waren offensichtlich Weihegaben. Im Boden unmittelbar über dem Felsen lag endlich ein einzelner, vermutlich altbronzezeitlicher Menschenknochen, der wenig nach einem Bestattungsrest aussah.

Ein anderes illyrisches Höhlenheiligtum wurde in Istrien erforscht. Die Entdeckungsgeschichte begann damit, daß sich Pietro Savini in der Nähe von St. Kanzian an einer Strickleiter durch einen 50 Meter tiefen, schmalen Felsspalt in eine Schachthöhle, „Fliegenhöhle" genannt, hinabließ und auf ihrem Grunde einen wunderbaren Bronzehelm gallo-römischen Typs fand. Auf seinem Nackenschirm waren die Namen zweier römischer Soldaten, seiner jeweiligen Besitzer, eingepunzt. – 1910 entschloß sich der österreichische Gelehrte Szombathy, Nachforschungen in der Höhle anzustellen. Unter dem Fundort des Helms stieß er auf eine 80 Zentimeter mächtige Schicht abgestürzter Kalkblöcke, und es sah gar nicht so aus, als ob noch etwas Besonderes zum Vorschein kommen sollte. Als aber die Schuttschicht abgeräumt war, sah man den ganzen Schachtboden von den herrlichsten Bronzegegenständen bedeckt. Dicht an dicht lagen sie dort, und in tagelanger Arbeit wurde einer der größten Opferfunde des urgeschichtlichen Europas gehoben: 220 teilweise abgebrochene und verbogene bronzene und 10 eiserne Speerspitzen, dazu 22 bronzene Lanzenschuhe, 3 Schaftlappen- und 17 Tüllenäxte aus Bronze, 11 zerbrochene Bronzeschwerter, ein Eisenschwert, 6 zerbrochene Schwertscheiden, 3 Helm-Knospenzierate, 16 Bruchstücke dreier Kammhelme, 6 Schmuckscheiben und 150 Nieten, 28 kleine Schmuckscheiben, 66 Knöpfe, 5 Beschläge, 8 Messer, 8 Sicheln, 19 Nadeln, eine Fibel, ein Spiralrollen-Halsschmuck, ein Ohrring, 11 Armbänder, 2 Radschmuck-Anhänger, 8 Haken, 12 Ringe und 45 Tassen. Abgesehen von wenigen eisernen Gegenständen waren alle aus Bronze. Die Untersuchung ergab, daß man am Ende der Hallstatt-A-Periode damit begonnen hatte, die Weihegaben in den dunklen Schoß der Erde zu werfen, und während der ganzen folgenden Hallstatt-B-Periode solche Opferungen fortsetzte. Viele Weihegaben wiesen Feuerspuren auf, im Schacht aber war keine Brandspur zu entdecken. Szombathy glaubte daher, daß an der Erdoberfläche nahe der Schachtmündung gewaltige

Opferbrände viele metallene und vielleicht auch organische Gegenstände vernichtet haben müssen und daß am Schluß des Rituals alle Opfer- und Feuerreste, auch einige Tier- und Menschenknochen, in die Behausung der Gottheit geworfen wurden. Seine Deutung allerdings, nach der das Ganze für Überreste einer großen Siegesfeier zu halten sei, wobei die Kriegsbeute zerstört und der Unterwelt übergeben wurde, ist widerlegt worden, denn die Weihegaben müssen von vielen kleinen Opferfesten stammen. Zuletzt stürzte man viel Gestein in die Tiefe, damit alles bedeckt war, was die im Berge hausende Gottheit empfangen hatte. Der Helm wurde dann später von jemandem geopfert, der vielleicht noch von der Heiligkeit des Platzes wußte.

Die dritte Kulthöhle im Heimatgebiet der Illyrer, ebenfalls eine Schachthöhle, lag nur 200 Meter östlich der „Fliegenhöhle". Um sie zu erforschen, mußte der Ausgräber in einen 14 Meter tiefen Felstrichter steigen, dann gelangte er zu einem Absatz, neben dem sich ein neuer Spalt auftat, der nochmals 21 Meter tief war und zu einer 58 Meter langen, schräg abfallenden Höhle führte. Der Inhalt dieser Opferhöhle unterschied sich wesentlich von dem der „Fliegenhöhle". Zwar lagen auch hier inmitten einer Schutthalde eine eiserne und neun beschädigte bronzene Lanzenspitzen, drei Lanzenschuhe, eine Eisenaxt, 11 Bronzeknöpfe, das Bruchstück einer Bronzesichel, eine bronzene Spiralrolle, vier Teile eines Bronzegefäßes, ein eiserner Nagel, zwei Tonscherben und eine herrliche Bronzesitula mit venetischer Inschrift, die nach der Beschreibung des Ausgräbers, zusammen mit einer Gewandspange, einer Pinzette, zwei Spiralfingerringen und einem zerbrochenen Armreif zu einem Körpergrab gehörte. Die Inschrift, . O . . S . TIIAREH, ähnelt merkwürdig den Silbenbestandteilen des Namens Rehtia, ohne daß aber gesagt werden kann, ob diese Göttin damit gemeint ist. Außerdem fand man aber inmitten der von oben herabgeschütteten oder -gerieselten Erde und inmitten von Felsbrocken etwas, was Ausgräbern in der „Fliegenhöhle" nur selten begegnet war: Tier- und Menschenknochen! 11 teilweise stark beschädigte Schädel, 19 Oberarm-, 27 Unterarm-, 20 Oberschenkelknochen, 9 Schienbeine und andere Skelettteile von 18- bis 40jährigen Männern lagen, mit den Tierknochen und Metallgegenständen vermengt, in der Schutthalde. Heute glauben wir zu wissen, daß die menschlichen Skelettreste nicht, wie man früher annahm, von Bestattungen stammen, die mit der Halde abgerutscht sind. Es muß sogar fraglich bleiben, ob das angeblich zur Situla gehörende Skelett wirklich eine Bestattung war. Es kann sein, daß die gut erhaltenen Knochen die sterblichen Überreste eines in neuerer Zeit verunglückten Südslawen sind, denn der Kurzschädel unterscheidet sich wesentlich von den übrigen Schädeln im Schachte.

Während wir also einige wenige illyrische Höhlenheiligtümer im ehemaligen Illyricum kennen, wurde bisher nur ein einziges Quellheiligtum dieses Volkes aufgefunden, nämlich der „pozzo rosso" von La Panighina. Dort entdeckten die Ausgräber Speisereste, die für eine Gottheit niedergelegt worden waren; die alten Illyrer dachten sich demnach ihre Quellgottheit in Menschengestalt und mit menschlichen Eigenschaften und Bedürfnissen.

Die Forschungen der italienischen und österreichischen Gelehrten ergaben also, daß die Frühillyrer die Wohnungen ihrer Götter in wasserdurchflossenen Höhlen, an Quellen, in freier Natur und in tiefen Erdschlünden vermuteten.

Neben den Höhlenheiligtümern, diesen natürlichen Tempeln, besaßen die Illyrer und Veneter der späteren Jahrhunderte regelrechte Kultbauten, die uns zum Glück das bisher nur verschwommene Bild der göttlichen Gestalten klarer überliefert haben. Wiederum auf der kleinen Halbinsel Istrien am Gegengestade Oberitaliens, wo die unheimlichen Opferspalten der Frühillyrer lagen, fand man ein Heiligtum aus der Zeit um 600 v. u. Z., das Einblicke in die Religion der Veneter gewährte. Diesen einzigartigen Tempel hatte man einst an der Westseite des Hügels errichtet, auf dem sich später die illyrisch-römische Stadt Nesactium erhob. Er war beim Anlegen eines großen späthallstattzeitlichen Gräberfeldes vernichtet, seine Mauern auseinandergerissen, zerschlagen und zur Herrichtung der Gräber verwendet worden. Die erhalten gebliebenen Skulpturen aber gaben Aufschluß genug. Am kostbarsten ist das fast lebensgroße Bildnis einer unbekleideten hockenden, nur an einem Arm ringgeschmückten Frau, die ein Kind an der Brust hält und einem weiteren Kinde gerade das Leben gibt – offenbar die Darstellung einer nährenden und lebenspendenden Göttin. – Außerdem fanden die Ausgräber Teile dreier Skulpturen, die nackte ithyphallische Männer darstellen: einen Reiter und zwei anbetende oder opfernde Gestalten.

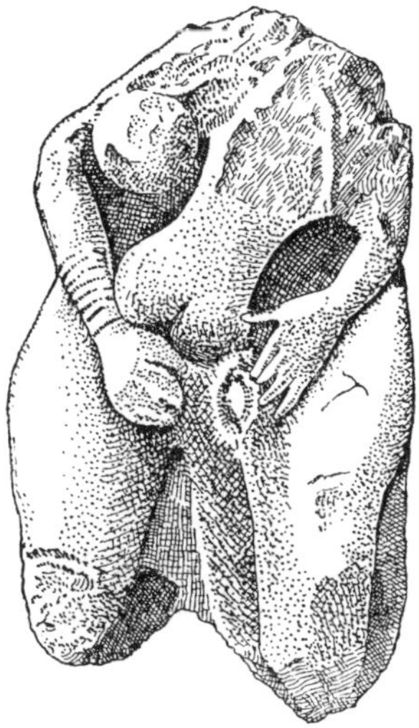

Skulptur der nährenden und gebärenden Göttin aus dem Heiligtum von Nesactium in Istrien

Das Heiligtum von Magrè bei Chio, etwa 30 Kilometer nordwestlich von Vicenza gelegen, erbrachte abermals Hinweise, daß Rehtia und Artemis nahe verwandt, wenn nicht ein und dieselbe Göttin waren. Außer ganzen Hirschgeweihen gab es dort zahlreiche beschnitzte Hirschgeweihenden mit Weihe-Inschriften in einer rätischen Abart des venetischen Alphabets. Einige Inschriften begannen mit RIT oder REIT. Wenn Rehtia (in den Inschriften von Este: Reititia) auch nicht genannt wurde, so bezogen sich die Inschriften doch sicherlich auf sie. Und was bedeuteten die Hirschgeweihe?

Als der Bauer Ferdinand Pfeffer aus Strettweg in der Obersteiermark 1851 wie alle Jahre sein Feld bestellte, stieß sein Pflug auf große Steine. Diese Hindernisse mußten aus dem Boden, und so machte sich Pfeffer daran, sie herauszuwühlen. Das war keine leichte Arbeit – zentnerschwere Brocken waren dabei. Plötzlich wurden Bronzegegenstände sichtbar. Der fromme Entdecker brachte sie sogleich zum Pfarrer des nahen Städtchens Judenberg, und dieser regte eine Nachuntersuchung an der Fundstelle an, wobei noch viele Bronzegegenstände zutage kamen.

Was hatte es nun mit diesen Funden auf sich? Der Vater des Finders

Kultwagen von Strettweg

erinnerte sich noch an den großen Hügel, der von mächtigen Bäumen überschattet war. Er hatte ihn angepflügt; sein Sohn aber hatte ihn überackert. Erst die Ausgrabung ergab, daß der Hügel die letzte Ruhestatt eines reichen hallstattzeitlichen Häuptlings enthielt. Die bronzene Aschenurne des Toten ruhte auf einem Gestell, das, umgeben von den mannigfaltigsten Beigaben, auf einem Steinpflaster stand. Am kostbarsten aber waren nicht die bronzene Fußschale, die Bronzeschüsseln, das Becken, der Kessel, die Messergriffe oder die Teile eines Holzkästchens, nicht der Schmuck und nicht die Waffen, sondern ein vierrädriger Kultwagen aus Bronze! In der Mitte seiner Tragfläche überragte die Figur einer nackten, nur mit einer Kopfbedeckung bekleideten, mit Ohrringen und einem Gürtel geschmückten weiblichen Gottheit, deren

Haupt eine Opferschale trug, eine Gruppe ebenfalls nackter Figuren. Vor und hinter ihr befanden sich je zwei Männerstatuetten, die einen Hirsch am Geweih festhielten. Hinter dieser Gruppe stand ein Paar – der Mann mit erhobenem Beil, die Frau mit Schmuck im Haar. Je ein Reiterpaar – die Gestaltung der Figuren erinnerte sehr an den Reiter aus dem Heiligtum von Nesactium – mit spitzkegeligen Helmen, ovalen, buckelverzierten Schilden und kurzen Speeren ergänzte die Gruppe. Das Ganze stellte offensichtlich eine Opferhandlung dar: ein Hirschopfer für eine Fruchtbarkeitsgöttin.

Teilskulptur des Kultwagens von Strettweg

Die wissenschaftlichen Untersuchungen des Kultwagens aus dem 7. Jh. v. u. Z. ließen zunächst an seine Herkunft aus einer nord- oder mittelitalienischen Werkstatt glauben. Venetische Händler sollten ihn in die Ostalpenländer gebracht haben, der Häuptling von Strettweg erwarb und verwendete ihn als Ritualgerät. – Heute ist man der Auffassung, der Wagen sei im engeren hallstattzeitlichen Kulturbereich entstanden, also nicht in Italien.

Die nackte Frau in der Mitte des Kultwagens mit betonten Geschlechtsmerkmalen muß eine Fruchtbarkeitsgöttin gewesen sein, die Leben und Tod auf Erden regelte. Auch bei den Griechen war sie bekannt. Über Ephesus war ihr Kult nach Griechenland gelangt, wo sie „Allmutter Erde" genannt und mit der griechischen Göttin Artemis identifiziert wurde. Und zum Kult der ephesischen, der asiatischen Artemis gehörten Hirschopfer! Auf dem Umweg über die Göttin von Strettweg und die Artemis der Griechen, die beide Hirschopfer empfingen, ließ sich also zeigen, daß die alte venetische Gottheit von Magrè, wahrscheinlich Rehtia, in manchen Wesenszügen der Artemis entsprach. Wie die ephesische Artemis muß auch sie eine allnährende Naturgottheit und, wie die griechische Artemis, eine Göttin der Geburt, eine Schützerin und Ernährerin der Viehherden und eine Heilgöttin gewesen sein. Ob sie Menschenopfer empfing, wissen wir nicht. Der spartanischen Artemis Orthia wurden wahrscheinlich solche Opfer dargebracht, denn nach der Überlieferung geißelte man in ihrem Heiligtum Knaben so lange, bis der Altar mit Blut bespritzt war – eine letzte Erinnerung an blutige Kinderopfer für die Göttin. Von der ihr verwandten, in Tauris verehrten Artemis aber ist bekannt, daß sie Menschenopfer forderte.

Die Göttin vom Strettweger Wagen ist vielleicht die älteste Darstellung der norischen Landesgottheit Noreia, die der venetischen Rehtia unmittelbar an die Seite gestellt werden kann. Die Römer nannten sie Isis Noreia und gaben durch diese Interpretatio Romana den Charakter der Göttin als Lebens- und Fruchtbarkeitsspenderin zu erkennen, was auch durch ihren Quellkult sichtbar wird.

Mit der illyrischen Göttin des Heiligtums von Nesactium aber, der gebärenden und ernährenden Muttergottheit, die letzten Endes nicht nur bei den Illyrern verehrt wurde, waren nun eine Reihe bedeutungsvoller Symbole eines mythischen Gedankenkreises verbunden, zu dem auch das Schwalbenschwanzamulett aus unserer Höhle 9 gehörte. In Frög in der Steiermark zum Beispiel fand man eine Figur in gleicher Haltung wie die Strettweger Göttin, das heißt mit erhobenen Händen und einem Gefäß auf dem Haupte, jedoch zusammen mit einem Rad, an dem Vögel saßen.

Zum Glück haben uns die Römer oder romanisierten Illyrer und Veneter Weihesteine hinterlassen, die über das Wesen der illyrischen Göttinnen ebenfalls Aufschlüsse geben. Die Römer verglichen nämlich die einheimischen Gottheiten mit den römischen, setzten sie gleich wie Rehtia und Minerva und gaben ihnen römische Namen. Eine Vielzahl verehrter Wesen ist überliefert. Silvanus, ein ithyphallischer Fruchtbarkeitsgott mit Hörnern und Silensohren, bärtig und wie Pan mit Früchten geschmückt, hütete die Herden und war mit den Bäumen und dem

Walde verbunden. Drei bekleidete weibliche Gestalten, offenbar Quellgottheiten – die Inschriften nennen sie „Nymphae" –, die sich an den Händen hielten und manchmal Zweige trugen, begleiteten ihn zuweilen. Silvanus wurde auch mit Diana genannt, mit einer Gottheit also, deren einheimischen Namen wir zwar nicht erfahren, die jedoch der Artemis entsprochen haben mag.

Die Quellgöttin Feronia verglichen die Römer mit ihrer Juno, ihrer Schutzgöttin der Frauen: sie behütete die Ehe, förderte die Geburten und schützte die Kinder. – Biviae, Triviae und Quadriviae waren Göttinnen, die sich auf den Zwei-, Drei- und Vier-Wegekreuzungen aufhielten. Ihr Kult scheint dem der römischen Diana und dem der griechischen Hekate zu gleichen. Hekate, die furchtbare zauberkundige Herrscherin des Totenreichs, schwärmte nachts auf den „Drei Wegen" und an den Gräbern mit den Seelen der Toten umher, überwachte das Gedeihen der Jugend und das Wachstum der Viehherden, konnte Unglück bringen und abwehren; man legte ihr, um sie sich geneigt zu machen, Speiseopfer an den „Drei Wegen" nieder.

Daneben gab es Schicksalsgöttinnen, die stets in der Mehrzahl erschienen. Bei den Griechen hatten sie, wie die Erdmutter, über Leben und Tod zu bestimmen, traten daher gern zusammen mit den Gottheiten der Geburt und des Todes auf. Die eine, Klotho, die Spinnerin, spann auf ihrer Spindel den Lebensfaden; Lachesis, die das Los Bestimmende, hatte in einer Schriftrolle die Geschicke der Menschen verzeichnet; Athropos, die Unabwendbare, zerschnitt den Lebensfaden und wies die Todesstunde auf der Sonnenuhr zur vorbestimmten Zeit. Ihr Symbol war eine Waage.

Im Pantheon der illyrischen weiblichen Gottheiten traten noch eine „Icha" auf, wohl eine Quell- oder Brunnengöttin, und eine „Iria", von den Römern mit Venus verglichen, ihrer Göttin der Liebe, besonders der ehelichen Liebe.

Die Veneter verehrten nach der Weihe-Inschrift auf einem Bronzeeimer eine Louzerä, die die Römer ihrer Göttin Libera gleichsetzten, der Gefährtin des illyrisch-thrakischen Nationalgottes Dionysos. Libera aber zeigte verwandte Züge sowohl mit der Totengöttin Hekate als auch mit der venetischen Rehtia.

„Latra" sollte Reichtum bringen, war also anscheinend ebenfalls eine Wachstums- und Fruchtbarkeitsgöttin, und die Göttin „Honde" oder „Hunte", bei deren Fest ein junger Hund geopfert werden mußte, war wie Hekate eine Unterweltsgottheit.

Fruchtbarkeits- und Quellkult herrschten also ganz offensichtlich in der illyrischen Religion vor, und die weiblichen Gottheiten standen dabei an erster Stelle. Die wenigen männlichen Fruchtbarkeits- und Quellgötter, zum Beispiel Silvanus, sowie Nachtgottheiten, Flußgötter und ein Heilquellengott blieben bescheiden im Hintergrunde.

Warum aber enthielt die „Fliegenhöhle" nicht nur Frauenschmuck, sondern auch so viele Waffen? Hatte man das Kriegsgerät dem Gemahl der Göttin geopfert oder empfing sie selbst das Beutegut nach einer gewonnenen Schlacht?

Das Opfer für die Göttin

Wir gruben eifrig die Erdschichten unter dem Portal der Höhle 7 ab und leiteten damit einen neuen ereignisreichen Abschnitt in unserem Grabungsunternehmen ein. Ich aber konnte mich von dem Höhlenheiligtum nicht trennen. Sobald sich die Gelegenheit bot, kletterte ich in den unterirdischen „Tempel" hinab. Es waren ja noch so viele Fragen zu klären, die mit den Opfergaben für die Gottheit zusammenhingen. Am leichtesten zu beantworten war wohl die, warum die Veneto-Illyrer ihrer Göttin Schmuck geopfert hatten. Nun, bereits die jungsteinzeitlichen Muttergottheit-Figuren waren, wie die späteren altillyrischen Göttinnen vom Strettweger Kultwagen oder vom Heiligtum von Nesactium, unbekleidet dargestellt – wodurch man den Fruchtbarkeitsgedanken betonte –, aber stets mit Schmuck behängt. Schon die 5000 bis 6000 Jahre alten Statuetten von Susa im Iran zeigten Armbänder, vor

allem aber Halsschmuck. In einer Periode der alten iranischen Kulturen gehörte der Halsschmuck sogar zu den festen Requisiten der Göttin.
Auch im gleich alten Anau, jenseits des Kaspi-Sees, fanden die Archäologen tönerne Muttergottheiten mit Halsschmuck, in Südbelutschistan 6000jährige Ton-Idole einer unbekleideten Göttin, die Haarbänder, Kaurimuschel-Ohrgehänge, Halsschmuck sowie Handgelenk- und Armreifen trugen. Im Industal, wo die Ausgräber auf großzügig angelegte 5000 Jahre alte Stadtsiedlungen stießen, wurde eine Muttergottheit verehrt, die nur mit einem kleinen, gürtelgehaltenen Schurz bekleidet, aber mit Halsbändern aus Perlen, mit Ohrringen, Halskragen, Arm- und Beinringen sowie Fußspangen geschmückt war. Überall, in Anatolien, auf Cyprus oder auf den Kykladen, wurde die „Große Mutter" ähnlich dargestellt.
Auch die frühesten Feldbauer Mitteleuropas, die Bandkeramiker, deren Wanderungen bis nach Mitteldeutschland führten, kannten die geschmückte unbekleidete Göttin. Und wenn wir uns nach einem Sprung über die Jahrtausende den Germanen des ersten Jahrhunderts der heutigen Zeitrechnung zuwenden, treffen wir auch bei ihnen noch die alte, schmuckfreudige Fruchtbarkeitsgöttin. Nach wie vor stellen sie ihre Göttin nackt dar, und noch immer besitzt sie die gleichen Wesenszüge wie ihre älteren Vorläuferinnen, ist sie als Fruchtbarkeits- und Todesgottheit mit dem Mysterium von Leben und Tod eng verbunden. Freia erwählte als Todesgöttin die Hälfte der gefallenen Krieger, aber auch die gestorbenen Frauen kamen nach einer Sage zu ihr. Brisingamen hieß ihr herrlicher goldener Halsschmuck, ursprünglich sicher ein Kraftgürtel, der den kreißenden Frauen die schwere Stunde erleichtern sollte. Bereits Grimm hat Freias Schmuck mit dem der griechischen Aphrodite verglichen, dessen Zauber alle Götter und Sterblichen unterlagen. Hera, die ihrem Gatten Zeus gefallen wollte, entlieh diesen Gürtel von Aphrodite. Der Schmuck hat demnach auch erotische Bedeutung, da er die Reize des Weiblichen und ihre bezwingende Macht betont. Die sterbliche Frau mußte der Göttin als ihrem Vorbild nacheifern, das Schmükken des eigenen Körpers war also religiöses Gebot.

So ist es nicht verwunderlich, daß man der Großen Mutter des Lebens und der Fruchtbarkeit, die den Schmuck als Symbol der Lebensbejahung und als Ausdruck einer geheimnisvollen erotischen Kraft liebte, auch Schmuck geopfert hat, wobei Haar- und Kleidernadeln noch eine besondere Bedeutung zukommen konnte. Ausgrabungen und Überlieferungen bestätigen die Richtigkeit dieser Vermutung. Da hören wir von einem der Aphrodite geweihten Halsschmuck im Heiligtum zu Amatheus auf Cyprus, da erfahren wir über die Opferung von Gewandspangen im Tempel der trözenischen Naturmütter Damia und Auxesia. Funde bezeugen, daß die Assyrer bei den Grundsteinlegungen für die Tempel der Ištar, ihrer Göttin des Geschlechtslebens und der Geburt, der Helferin bei Krankheiten und Befreierin von Dämonen, mit Perlen-Weihegaben nicht sparten. Auch Ištar-Figuren sind meist nackt; nur den Haarschopf der Göttin ziert nicht selten ein großer Pfeil. Im 7. und 6. Jahrhundert stellte man Ištar, wie die illyrische Gottheit im Heiligtum von Nesactium, oft mit einem Kinde dar.
Der Sinn des Schmuckopfers in Höhle 9 war also hinlänglich erklärt. Was aber hatten die anderen Funde zu bedeuten? Mir kam ein Gedanke: Wenn irgendwo ein Verbrechen geschieht, versuchen die Kriminalpolizisten, die Tat am Ort zu rekonstruieren. Ich sah mich in der Höhle um: Man mußte ebenfalls versuchen, sich nach den vorhandenen Indizien das damalige Geschehen in der Höhle vorzustellen.
Wie also kamen die Opfernden – die Schmuckbeigaben lassen vermuten, daß es Frauen waren – in die Höhle? Der Kletterweg durch Höhle 4a war wohl ausgeschlossen – sollten sie den Gang, unseren Spalt 10 benutzt haben? Wir wußten noch nicht, wohin er führte, doch konnte dieser Spalt ohne weiteres der ursprüngliche Zugang zur Höhle sein. Künftige Grabungen mußten das zeigen.
Meine Phantasie schweifte: ... Eine Gruppe von Frauen schreitet im zuckenden Fackellicht langsam vom Gange heran. Alle tragen Grasbüschel, die sie nun auf dem Höhlenboden ausbreiten. Mit grünen Haselnußzweigen, die als Symbole des Lebens und der Fruchtbarkeit bekannt sind, und mit Erlenzweigen schmücken sie die Höhle. Sie be-

reiten die Opferhandlung vor. – Nach der ältesten indogermanischen Ritualliteratur, dem indischen Rigweda, der den Ablauf der Opferhandlungen beschreibt, mußte der Opferplatz, die Vedi, auf dem sich die Götter zum Opferempfang niederließen, mit Opfergras bestreut sein. Dieses heilige Gras mußte frühmorgens im Angesicht der Sonne gerupft oder mit einer Sichel, der Rippe eines Pferdes oder Rindes, geschnitten sein. Dann war es nach Vorschrift wie ein Teppich auszubreiten.

Die Frauen haben jetzt ihre Arbeit beendet und entfernen sich. Waren religiöse Gesänge ertönt? Hatte ein Priester die Herrichtung des Kultplatzes mit frommen Sprüchen begleitet?

Die soeben noch schwach beleuchtete Höhle liegt wieder im Dunkeln. Da, ein Geräusch ... ein merkwürdiges rhythmisches Reiben. Über mir, in Höhle 4a, wird aus gerösteten Weizen- und Hirsekörnern Schrot gemahlen und zu Opferspeise bereitet. Wohnt dort oben der Priester oder die Priesterin des Heiligtums? – Die indische Ritualliteratur lehrt, daß Getreidemühlen und Mörser für die Zubereitung der Opferspeisen am Opferplatz benutzt werden mußten. Beim Neu- und Vollmondopfer sollten die Körner zunächst in einem Mörser enthülst, dann auf der Steinmühle gemahlen werden. Dem Schrot wurde Wasser zugesetzt, es wurden aus dem Brei Fladen gebacken und die Priester und die toten Seelen aufgefordert, davon zu essen. –

Jetzt dringt leiser eintöniger Gesang zu mir: Eine Prozession nähert sich dem Heiligtum. Im engen Spalt müssen die Teilnehmerinnen hintereinander gehen. Sie tragen Fackeln, das unerläßliche Requisit bei allen Opferhandlungen für die Unterwelts-Gottheiten. – Ich erinnere mich an ein hellenisches Relief, auf dem man einen heiligen Kegel, der die Artemis verkörpert und an dem zwei Fackeln mit Weihebinden befestigt sind, auf der Mauer eines Sacellums sieht. – Darstellungen der Mond- und Todesgöttin Artemis zeigen sie als fackeltragende Frau, deren Scheitel ein Halbmond schmückt. Auch Hekate, die Todesgöttin, trägt eine Fackel. Im Mysterienkult der „Kornmutter" Demeter hielten Priester und Eingeweihte während des nächtlichen Marsches nach

Eleusis und während der heiligen Handlungen Fackeln in den Händen. –

Nun sind die schweigenden Frauen im Höhlenheiligtum. Ein Feuer flammt vor der Steinschuttspalte auf. Schrot, Wasser und Fett werden verrührt, ein Brei zubereitet, kleine Klöße daraus geformt. Unter den Anrufungen des Priesters werden die Speiseopfer für die Gottheit niedergelegt: ein einfacher Mehlbrei, ähnlich dem Demeter-Opfer der Griechen, vielleicht mit Salz gewürzter Opferschrot, wie ihn die Römer herstellten – jedenfalls ein Brei, wie er heute noch als „Seelenkleister" und „Seelenpapp" während des Allerseelenfestes in katholischen Gegenden auf die Gräber gestellt wird. –

Die Frauen beten. Für sich und ihre Kinder, für die Familie, für das Vieh und um gute Ernte. Aber die Göttin verlangt noch mehr Opfer. – Man schlachtet Rinder, Ziegen, Schweine, vor allem Ferkel, röstet das Fleisch über dem Feuer und verteilt es dann an die auf dem Boden hokkenden Gläubigen, die das heilige Mahl schweigend verzehren, die Knochen aufschlagen und aussaugen. Geflochtene Körbe und Rindenschachteln, gefüllt mit geröstetem Getreide, rückt man an das letzte Tor zum unterirdischen Reich der Göttin, an die Schatzspalte, in die man brennende Scheite vom Opferfeuer, Fleisch und Knochen der Opfertiere sowie Körner wirft. Geröstete Körner: uraltes Opfer für die Gottheiten, in der indischen Ritualliteratur als Weihegabe bei Hochzeitszeremonien, beim Schlangenopfer und beim Neujahrsfest erwähnt.

Erschauernd vor der Nähe der Göttin legen die Frauen Schmuckgürtel und Kopfbinden ab, breiten sie Haar- und Kleidernadeln auf dem Opferteppich aus, stellen sie andere Schmuckstücke in kleine Seitenspalten. Gesang begleitet die Opferhandlung und das magische Geschehen.

Nun verlassen die Frauen die Höhle. Dunkelheit hüllt die heilige Stätte ein. Doch eines Tages verlangt die Göttin neue Opfer, damit das Leben draußen in den Dörfern und Fluren pulsieren kann. Denn wehe, wenn zur rechten, festgesetzten Zeit nicht geopfert wird und die Göttin zürnt! Dann hält der Mond, ihr Gestirn, den Regen zurück, die Quellen aus dem Reiche der Unterwelt versiegen, die Felder trocknen aus, die Saat verdorrt, die dürren Weiden können das Vieh nicht ernähren. Schreckliche Hungersnot bricht aus, Seuchen verwüsten das Land, das Strafgericht der „Großen Mutter" lastet schwer auf Mensch und Tier, die sie in Scharen in ihr Totenreich holt. Die Göttin muß also gnädig gestimmt werden. – Es muß gesühnt, es muß gedankt werden . . .

Da – ein lauter Ruf reißt mich jäh aus meinen Gedanken. Klaus hat mich gesucht. Oben auf dem Berg sei ein Herr, der mich dringend zu sprechen wünsche. Er habe etwas Großartiges entdeckt. Nur widerstrebend erhebe ich mich, steif vom langen Sitzen auf dem kalten Höhlenboden. Gäbe es doch eine Zeitmaschine, wie sie ein englischer Schriftsteller schilderte, und könnte man damit in die Vergangenheit zurückfahren, die Jahrtausende durcheilen und alles sehen, was sich hier einst ereignet hat! Waren die opfernden Frauen unbekleidet? Auf dem Kultwagen von Strettweg ist das opfernde Paar nackt dargestellt, die Frau trägt nur einen Haarschmuck. – Waren Männer an der Opferhandlung beteiligt? Der Strettweger Wagen zeigt Mann und Frau im Dienste der Göttin. Wie beteiligten sich die Männer am Opfer? Der Mann von Strettweg hält eine Axt in der erhobenen Hand; er tötet also den Hirsch. Schafften die Männer vielleicht die Tiere herbei und opferten sie? Im Ahnenkult der Chinesen bringen die Männer das Fleisch, die Frauen das Korn! Fragen über Fragen, auf die es noch keine Antwort gibt.

Auf dem Wege zum Vorplatz dachte ich an die eigentümlichen Lianenknoten und an die roten Fäden, von denen einer geknotet war. Was hatten sie im Heiligtum zu bedeuten? Wieder ein Problem! Irgendwo hatte ich gelesen, daß die Kleidung der nach Mekka pilgernden Moslems keinen Knoten aufweisen durfte. Die Sitten vieler Völker verboten es, bei wichtigen Lebensabschnitten, wie Geburt, Hochzeit oder Tod, einen Knoten zu tragen. Auch im alten Rom war es den Teilnehmerinnen an den Kulthandlungen zu Ehren der Geburtsgöttin Juno Lucina untersagt, Knoten an der Kleidung zu haben. Ovid empfahl der Schwangeren, ihr Haar aufzulösen, bevor sie zur Göttin der Geburt hintrete

und bete, damit ihr fruchtbarer Leib während der Geburt ebenso geöffnet werde, wie sie selbst die Haare geöffnet habe. – Aber es gab auch andere Ansichten: Schwangere Negerfrauen in Westafrika glaubten sich und ihr Kind vor Unheil geschützt durch eine um den Hals gelegte zweifarbige, geknotete Schnur.
Wie waren nun die Knoten an einem heiligen Ort zu deuten, an dem eine Fruchtbarkeitsgöttin verehrt wurde – vorausgesetzt natürlich, daß bereits in der späten Urnenfelderzeit ähnliche Anschauungen über Knoten herrschten, was durchaus wahrscheinlich ist.

Der Wünschelrutengänger

Tief in Gedanken versunken erreichte ich das Plateau. Dort hatte eine Gruppe Arbeiter mehrere Schnitte angelegt, denn es sollte untersucht werden, woher die Scherben kamen, die an der Oberfläche umherlagen. Viele zerbrochene Gefäße und rotgebrannter Lehm von abgebrannten Hütten füllten bereits die Fundkisten. Obwohl es hier oben kein Wasser gab, deuteten Spuren auf einige halbkreisförmig angeordnete Gebäude. Pfostenreste hatten sie im Boden nicht hinterlassen; es mußten also Block- oder Schwellenbauten gewesen sein.
Neben den Grabungsleuten stand etwas gebeugt ein älterer Mann in einer hellen Sommerjacke und kurzen Hosen. Kaum hatte er mich gesehen, als er auch schon auf mich zueilte. Kurze Vorstellung, und schon sprudelte es aus ihm hervor: Er arbeite seit vielen Jahren mit der Wünschelrute, wandere in seinen Mußestunden durch das Kyffhäusergebirge und suche nach Wasseradern und Hohlräumen. Er habe von der Grabung gehört und hier, auf dem Plateau unseres Gipsberges, soeben eine sensationelle Entdeckung gemacht. Während seiner Rede sah er mich durchdringend an, damit ihm nichts von der großen Überraschung entgehe, die sich ja auf meinem Gesicht widerspiegeln mußte. Wahrscheinlich aber konnte er nur ein gewisses Mißtrauen gewahren, denn

etwas enttäuscht über meine Reaktion legte er mir nochmals redegewandt dar, daß er schon große Erfolge beim Wassersuchen gehabt habe, sich aber nunmehr als Helfer der Wissenschaft betätigen wolle.
Ich blieb skeptisch und erzählte ihm von meinen Erfahrungen mit einer Gruppe Berliner Wünschelrutengänger, die ich vor zwanzig Jahren bei der Ausgrabung eines germanischen Dorfes kennengelernt hatte. Diese Rutengänger sollten einen germanischen Schmelzofen suchen, der irgendwo im Gelände liegen mußte und durch Schlackenfunde belegt war. Überall dort, wo die Wünschelruten mit heftigem Ausschlag Eisen angezeigt hatten, war sofort gegraben worden, leider immer ohne Erfolg.
Der Kurzbehoste hörte sich alles ruhig an, bemerkte aber dann mit wegwerfender Handbewegung, das seien wohl Anfänger auf dem Gebiete der Wünschelrutengängerei gewesen. Dann pflanzte er sich dicht vor mir auf, seine Augen durchbohrten mich, und mit leiser, eindringlicher Stimme raunte er mir zu: „Sie sind hier am richtigen Platze. Der Instinkt hat es Ihnen gesagt. Aber Sie graben nicht tief genug. Schürfen Sie tiefer – es erwartet Sie etwas Wunderbares." Schon holte er aus seiner Jacke eine Stahlrute, und gemessenen Schrittes wandelte er mit ihr auf und nieder. Die Männer erstarrten vor Ehrfurcht und blickten voller Bewunderung auf dieses seltsame Gebaren. Plötzlich hob sich die Rute wie von Geisterhand gezogen, blieb eine Weile so stehen und drehte sich dann wieder nach unten. Auf dem Rückweg wiederholte sich das Spiel. „Wissen Sie, was das bedeutet?" Ich wußte es nicht. „Fünf Meter unter uns befindet sich ein Gang, der in Richtung Kyffhäuserdenkmal verläuft." Diesmal kontrollierte er mein Mienenspiel nicht. Geschäftig hantierte er schon wieder mit seiner Rute, jetzt auf eng begrenztem Raum. Plötzlich blieb er mit geschlossenen Augen wie angewurzelt stehen, da – jetzt schnellte die Rute empor. „Der Gang ist ungefähr 3 Meter hoch", murmelte er vor sich hin. Mit Zweigen markierte er nunmehr die seitliche Begrenzung des mysteriösen „Ganges" und stolzierte dann auf dieser Linie geradeaus weiter. Die Rute schlug in bestimmten Abständen aus. Nach einer Weile beendete er seine Wan-

derung und setzte sich zu mir auf den Rasen. Deutlich konnte man ihm anmerken, wie sehr ihn die Sache angestrengt hatte. Ich bat ihn, mir zu sagen, was er alles noch herausgefunden habe. Ein geheimnisvolles Lächeln umzuckte seinen Mund. „Sie ahnen ja gar nicht, welch unerhörte Entdeckungen Ihnen noch bevorstehen!"

So leitete er eine genaue Schilderung des wundersamen Ganges ein. Er hatte gespürt, daß die Seitenwände in bestimmten Abständen nischenartig zurücktreten! Jetzt unterbrach er sich und blickte mich erwartungsvoll an – anscheinend mit der Wirkung seiner Worte zufrieden. „Können Sie sich denken, was es mit diesen Nischen auf sich hat?" Ich kam beim besten Willen nicht darauf. Er hatte sich wieder erhoben und wandelte gesenkten Hauptes mit seiner Rute abermals zum „Gange".

Unser Zimmermann war offensichtlich vom gespenstischen Auf und Nieder der Rute fasziniert. Er lechzte nach weiteren Offenbarungen, seine Augen hingen gebannt an dem mit übernatürlichen magischen Kräften ausgestatteten Manne. Dieser drehte sich mit einemmal im Kreise, dann in einer Spirale. Nach einer kurzen Erholungspause wurde das anstrengende Treiben fortgesetzt. Jetzt blieb die Rute innerhalb der Spirale erhoben, während sie sich daneben sofort senkte. „Unglaublich", murmelte der Kurzhosige. Endlich war das Ringelspiel beendet. Mit lauter Stimme verkündete er das Unglaubliche, indem er prophetisch auf eine Stelle des Gipsbodens wies. „Hier mündet eine Wendeltreppe aus dem unterirdischen Gang an der Oberfläche."

Brinkmann unterbrach das betroffene Schweigen, indem er mit Spitzhaue und Schaufel herbeieilte und den Gipsfelsen an der bezeichneten Stelle untersuchte. Nichts war von einer Treppe zu sehen. Brinkmann konnte es sich nicht verkneifen, einige der locker liegenden oberen Gipsplatten mit der Spitzhaue hochzuwuchten. Großer Jubel: Ein kleiner Hohlraum wurde sichtbar, bequem konnte man hineinfassen. Den Zimmermann erfaßte eine fieberhafte Geschäftigkeit. Er stürzte sich auf die Steinplatten, neben ihm stand triumphierend der Wünschelrutengänger.

Trotz der Erfahrungen, die ich bereits mit Wünschelrutengängern ge-

sammelt hatte, und entgegen besserer Einsicht holte ich also noch zwei Arbeiter. Der stark verwitterte obere Gipsfelsen ließ sich nach und nach blockweise abheben. Brinkmann beschwor mich, das Loch weiter zu verfolgen. Nach einer Stunde standen einige schweißtriefende Männer da und besahen sich ihr Werk. Jetzt war der Grund des Loches sichtbar – aber man konnte absolut nichts von einem Treppenanfang sehen. Der Kurzbehoste verlangte, es sollten noch größere Flächen abgeschlagen und -gesprengt werden, die Treppe sei nur verstürzt. Ich tat ihm auch diesen Gefallen. Einen ganzen Tag wurde geschuftet. Jedes geologisch geschulte Auge sah, daß hier der gewachsene Fels zutage trat und kein Hohlraum verborgen war, der sich später mit Steinen zugesetzt haben konnte. Ich erklärte allen diesen Tatbestand. Aber damit kam ich schlecht an. Temperamentvoll machte mir der Wünschelrutenmann klar, wie oft sich die Wissenschaft schon geirrt habe. Auch bedeutende Männer hätten sich von anscheinend einwandfreien Indizien täuschen lassen. Jedenfalls sei es in unserem Falle meine Pflicht, unentwegt weiter in das Gestein einzudringen. Und um mir nochmals die Sternstunde seiner phänomenalen Entdeckung zu verkünden und sogar für ungläubige Zweifler sichtbar zu machen, tanzte er mit seiner auf und ab klappenden Rute um unser Loch.
Das konnte doch kein Zufall sein! Wie hypnotisiert schlugen die Männer auf den Felsen ein. Ich merkte, bald mußte ich dem Spuk ein Ende bereiten, denn der Wünschelrutenmann war auf dem besten Wege, die Mannschaft zu fanatischen Schatzsuchern zu machen. Es war für sie bereits klar: In dem Gang lag Rotbarts Schatz verborgen. Der Stahlruten-Zauberer peitschte mit seinen Einflüsterungen die Nerven der Leute. Da hörten sie von Rittern, die sich einst in den Nischen verborgen gehalten hatten. Als dann die über die Wendeltreppe eindringenden Feinde in den Gang stürmten, kamen die Waffenklirrenden plötzlich hervorgesprungen – ein kurzer Kampf hin und her –, und die Angreifer waren vernichtet. Dieser Unsinn leuchtete mehr ein als ernsthafte wissenschaftliche Erklärungen.
Am nächsten Morgen mußten die Männer zu ihrer großen Enttäuschung

an anderen Plätzen arbeiten. Sie konnten nicht verstehen, warum ich die einzigartige Gelegenheit, Gold zu entdecken, nicht mit beiden Händen ergriffen hatte. Es paßte gerade gut, daß uns in derselben Woche ein Experte für geologische Fragen im Kyffhäusergebirge aus Bad Frankenhausen besuchte. Ich richtete es so ein, daß er in Gegenwart der Arbeiter das Loch auf dem Plateau betrachtete. Als er erstaunt fragte, was wir eigentlich im gewachsenen Felsen suchten, sahen sich die Arbeiter verstohlen an. Ich erklärte kurz, worum es hier ging. Brinkmann versuchte zwar, allerlei anzubringen, wieso an dieser Stelle doch eine Wendeltreppe verborgen sein könne, seine Einwände wurden aber von unserem Besucher sachlich widerlegt. Leider war damit jedoch kaum Boden für eine vernünftige Betrachtung der Angelegenheit gewonnen worden. Ich bekam zu hören, daß ich die Sache mit dem Fachmann schlau eingefädelt habe. Auch wir seien überzeugt, daß unter der Gipsdecke ein Vermögen liege. Aber alleine und heimlich wollten wir die Goldmünzen suchen und ungesehen nach Weimar transportieren. – Lange Zeit betrachteten unsere Grabungsleute morgens argwöhnisch das Loch und suchten nach irgendwelchen Veränderungen. Da aber nichts geschah, sah man schließlich ein, daß keine Geheimpläne zur Hebung des Schatzes vorlagen. Die Sache geriet in Vergessenheit, und das Loch wurde schließlich zugeschippt. Aber in Frankenhausen sprach man noch lange von einem Gang, der auf unserem Berg entdeckt worden sei und direkt in Rotbarts Reich führe. Der Kurzhosige war verärgert; er hielt mich für einen unverbesserlichen Narren, der an seinem Glück vorbeigeht. Für immer verschwand er aus meinen Augen.

Zauberknoten und Haaropfer

Während einige die „Wendeltreppe" suchten, hatte ich in der Literatur allerlei aufgestöbert, was mich näher an das Geheimnis der Knotenfunde im Höhlenheiligtum heranführen konnte. Ethnographische und volkskundliche Quellen hatte ich studiert, und ich war erstaunt über den Hokuspokus, der mit Knoten betrieben wurde. Da zog man bösartige Zauberknoten, um eine Hochzeit zu verhindern, um den Bräutigam unfruchtbar zu machen, um Krankheiten und Unglück auf andere zu lenken. Der Zauberer des Stammes der Hos im Togoland zum Beispiel sagte, wenn er seinen Grasknoten knüpfte: „Ich habe den . . . in diesen Knoten eingebunden. Möge alles Böse über ihn kommen. Wenn er in das Feld geht, möge ihn eine Schlange beißen. Wenn er zur Jagd geht, möge ihn ein Raubtier anfallen. Und wenn er in einen Fluß geht, möge ihn das Wasser mit sich fortreißen. Wenn es regnet, möge ihn der Blitz treffen. Mögen ihm üble Nächte beschert sein." Der Zauberer glaubte also, das Geschick des Feindes sei im Knoten eingebunden. Er betrieb „schwarze Magie".

Es gab aber auch andere, wohltätige Knotenzauber. Sie sollten nicht töten, sondern Krankheiten heilen. Es war und ist heute noch ein weitverbreiteter Glaube, daß Krankheiten von bösen Dämonen erzeugt werden, die man mit magischen Knoten abwehren und einfangen kann. Plinius wußte von einem Rezept, den Leistenbruch zu heilen, indem man einen Faden mit sieben oder neun Knoten um ihn legte und befestigte, dann die Knoten aufzog und dabei jedesmal den Namen einer Witwe nannte. – Auch die alten Assyrer bedienten sich geknoteter Schnüre, um Krankheiten und Unheil zu bannen. Die Keilschrifttafeln geben uns hierüber Auskunft: Zunächst wurden die Glieder des Kranken mit einer Schnur aus weißen und schwarzen Fäden gebunden, dann folgende Beschwörungsformel vorgetragen:

„Ištar, . . . ließ die weise Frau auf eine Liegebank setzen, damit sie weiße und schwarze Wolle zu einem doppelten Faden spinne; zu einem starken Faden, einem mächtigen Faden, einem zweifarbigen Faden auf einer Spindel; einem Faden zum Überwinden des Fluches, gegen die schlimme Verdammnis des menschlichen Fluches, gegen die göttliche Verdammnis, einem Faden, den Fluch zu überwinden. Er band ihn um den Kopf, um die Hand und den Fuß dieses Mannes. Marduk, der Sohn Eridus, der Prinz, schnitt ihn auf mit seinen unbefleckten Händen, damit der Fluch – sein Faden – von ihm fortgehen sollte in die Wüste, an einen reinen Ort, damit der schlimme Fluch beiseite stehen sollte."

Bei Kopfschmerzen nahmen die Assyrer zu Schnüren Zuflucht. Auch Augenkrankheiten heilten sie angeblich mit einer vierzehnknotigen Schnur.

Noch heute dient der Schnur- und Knotenzauber zum Bannen von Krankheiten, wobei oftmals geglaubt wird, daß der Faden mit der eingeknoteten Krankheit nach einer gewissen Frist in einen Fluß geworfen oder an einen Ort gebracht werden müsse, wohin weder Sonne noch Mond scheint.

Andere Knotenzauber sollten Liebe erwecken, einen geflohenen Sklaven oder eine entlaufene Frau wieder einfangen. Im Swazieland kann man zuweilen an Fußpfaden Grasknoten liegen sehen. Sie sind meist Zeugen irgendwelcher häuslicher Tragödien; da hat vielleicht eine Frau ihren Mann verlassen, und er verteilte mit seinem Freunde solche Knoten auf dem Wege, um die Entlaufene magisch festzuhalten.

Zauberknoten konnten auch vorbeugend wirken, geknotete Schnuren galten als Amulette. Zur Dämonenabwehr schlang man einfache Grasknoten. Einige afrikanische Bantustämme knoteten Grashalme zusammen und wollten sich damit einen günstigen Tagesablauf sichern.

Dämonenabwehr und damit Schutz des Eigentums ist der Sinn anderer Knotenzauber: Die Yabmis auf Neuguinea legen einen Knoten in ihr Fischerboot, damit der Geist Balum nicht heimlich an Bord kommen und auf hoher See die Fische fortnehmen oder gar das Boot kentern lassen kann. – Ein ähnlicher Eigentumsschutz findet sich auf Ceylon und in Afrika. – Die Singhalesen knoten einige Ährenhalme zusammen und verbergen sie im Getreide, das gedroschen werden soll. Dadurch will man verhindern, daß die Teufel Korn wegnehmen. – Bei den Damaras bannte die Häuptlingstochter Unheil von der Viehherde, indem sie ihren Schurz mit einem Knoten versah.

Ein alter Schutz- und Erfolgszauber blieb bis heute in der Sitte der Rosenthaler Beerensucher (Hessen) erhalten, die, bevor sie an die Arbeit gehen, unter den Fruchtstand eines Beerenstrauches einen Knoten knüpfen. Auch die dreimal drei Beeren, die sie hinter sich werfen, sind mit einem alten Brauch verbunden, dessen tieferer Sinn jedoch verlorengegangen ist. Nicht anders ist es mit der „letzten Garbe des Feldes", die in einigen hessischen Orten mit drei Knoten versehen wird. Ursprünglich wurde durch dieses Dankopfer, verkörpert durch die letzte Garbe, die Gottheit gebeten, auch weiterhin das Feld zu beschützen und ihm reiche Frucht zu bescheren. Die Knoten sollten bewirken, daß vor dieser heiligen, der Gottheit geweihten Garbe die Dämonen zurückweichen müssen.

Nicht nur vor Dämonen und Teufeln sollte der Knotenzauber den Menschen und sein Eigentum schützen, sondern sogar vor dem Tode. Als man 1572 bei St. Andrew eine „Hexe" verbrennen wollte, fand man nach der Überlieferung bei ihr, als man sie entkleidete, ein Stück weißes Tuch, an dem geknotete Fäden hingen. Nachdem man es ihr abgenommen hatte, sagte sie: „Nun habe ich keine Hoffnung mehr." – Auf einen Schutzzauber vertrauten auch die in den Krieg ziehenden Soldaten des zaristischen Rußland, wenn sie sich Schnüre mit Knoten umhängten, um kugelfest zu sein.

Schließlich darf hier ein berühmter mythischer Knoten nicht vergessen werden: In Gordion, der alten Hauptstadt des phrygischen Königreichs, soll sich ein Wagen befunden haben, dessen Joch durch einen komplizierten Knoten aus Hartriegelrinde oder aus einer Weinrebe mit der Deichsel verbunden war. Es hieß, wer ihn auflöse, werde ganz Asien beherrschen. Alexander der Große durchschlug ihn bekanntlich mit einem Schwertstreich – und wurde Herrscher über Asien. – Man deutet den Gordischen Knoten heute als Talisman der einheimischen Dynastie.

Ich holte mir aus dem Schuppen, in dem die Funde auf ihren Abtransport nach Weimar warteten, den Karton mit dem Pflanzenstengel- und dem Lianenknoten und durchdachte noch einmal die vielen Deutungsmöglichkeiten. Sollte man ihnen überhaupt Bedeutung beimessen? Ein witziger Mitarbeiter meinte, die guten Stücke habe bestimmt ein zerstreuter veneto-illyrischer Professor im Höhlenheiligtum vergessen. Sie sollten ihn sicher an irgend etwas Wichtiges erinnern; aber da er sie verlor, vergaß der Arme, was er nicht vergessen wollte. Schade, daß ich diese Möglichkeit nicht erwägen konnte – das hätte mir viel Arbeit erspart.

Der Pflanzenstengelknoten erinnerte mich an die Knoten in den Strohseilen, mit denen die Bauern noch hier und da ihre Garben zusammenbinden; der andere, sehr kompliziert in sich verschlungene, erregte größeres Interesse. Wie der berühmte Gordische Knoten war er aus einer Ranke geknüpft, aus einem – so hatte eine Botanikerin herausgefunden – Lianenstrang der Gemeinen Waldrebe, die am Rande von Auenwäldern oft undurchdringliche Dickichte bildet. Diese Waldrebe, eine Giftpflanze, wird in der Volksmedizin noch mannigfaltig verwendet.

Drei Deutungsmöglichkeiten kamen für unsere Knoten in Frage: Man wollte sich beim Besuch der Höhle vor dem Zorn der Göttin und vor den dämonischen Totenseelen der Unterwelt schützen. Aber hätte man dann das Amulett in der Höhle zurückgelassen, bevor man das Tageslicht wieder erreicht hatte?

Oder: Die Knoten gehörten zu Krankheitsbeschwörungen; indem man sie im Heiligtum niederlegte, wollte man sich mit göttlicher Hilfe auch der Krankheit entledigen. Die Große Mutter wäre dann auch nach diesem Indiz eine Heilgottheit gewesen. Der Gedanke, die in Fäden und Knoten gebannte Krankheit an einem Ort zurückzulassen, an dem eine wunderbare Heilung erwartet wird, findet sich noch heute in verschiedenen Bräuchen.

Die Knoten können auch als besonders wirksamer Talisman aus Dankbarkeit der Göttin geweiht worden sein – ein Gedanke, der zweifellos auch dem Schmuckopfer in der Schatzspalte zugrunde liegen könnte: Die Amulette hatten ihren Besitzer gut geschützt, dankbar wurden sie, zusammen mit dem anderen Schmuck, der Gottheit überreicht.

Eine Zusammenfassung der Deutungsversuche läßt die Knoten wie den Amulettschmuck als dämonenabwehrende Symbole des gleichen Ideenkreises, als Objekte des Schutzzaubers, erscheinen. Als Weihegaben sollten sie die Göttin gnädig stimmen. Das war für mich der „rote Faden", der sich durch den ganzen Komplex des Knoten- und Amulettopfers zieht und der somit auch die roten Fäden des Höhlenheiligtums selbst einschließt. Diese eigentümlichen dicken, gedrehten Fäden, von denen einer ebenfalls mit einem Knoten versehen war, hatten sich vor allem in der Nähe der Schatzspalte gefunden – Zeugen einer Krankheitsbeschwörung oder lediglich Schnüre, auf die einst ein Halsschmuck gefädelt war? Aus Kleidungsstücken schienen sie nicht zu stammen. Dem Verdacht, es könnten hier Gewänder von im Kindbett verstorbenen Frauen niedergelegt worden sein – Euripides spricht von diesem Opfer für Diana –, brauchte ich also nicht nachzugehen.

Roten Fäden wird, ähnlich wie den Knoten, bei vielen Völkern eine Schutzkraft zugeschrieben. Die rote Farbe soll nämlich die bösen Geister abhalten. Schon die alten Griechen und Römer hielten rotgefärbte Wollfäden für ausgezeichnete Abwehrmittel, die man, wie Theokrit, Tibull, Vergil, Civis, Ovid und andere Schriftsteller überliefern, um den Hals tragen mußte. Im alten Griechenland sollten diese Fäden besonders die Wöchnerin und das Kind schützen, was noch heute in Serbien, Mähren und in einigen Gebieten Deutschlands geglaubt wird.

In vielen Gegenden hielt man rote Fäden für wirksam gegen Krankheiten, die durch einen Hexenzauber entstanden sein sollen, und man trug sie als hexenbannende, abwehrende Amulette. So flochten einst die chinesischen Mütter ihren Knaben und Mädchen rote Schnüre in die Zöpfe, banden die Hindus einen roten Faden um den Leib ihrer Kinder und einige Einwohner Zentralbrasiliens um den Hals ihrer Kleinen, damit sie vor dämonischen Einflüssen geschützt seien. Der chinesische Priester legte ein rotes Bändchen um, das die bösen Geister verscheuchen sollte, und schwangere Frauen, Wöchnerinnen, Braut und Bräutigam, Tiere und auch Gegenstände sind nach einem Volksglauben unserer Breiten durch rote Schnüre gegen Unheil gefeit. – Sicher dienten die roten Wollfäden in unserem Heiligtum ebenfalls einem alten Schutzzauber.

Was aber hatte es mit den seltsamen Haarfunden in der Kulthöhle auf

sich? Es ließ sich zunächst nicht sagen, ob diese Zöpfchen zu einer Haartracht gehörten, oder ob sie Teile einer Schnur aus Menschenhaaren waren. Doch allein die Tatsache ist bezeichnend, daß in einem Heiligtum Menschenhaare gefunden wurden. Zahlreiche Quellen beschreiben Haaropfer bei Griechen und Römern. Euripides erzählt, daß solche Opfer den Unterweltsgottheiten dargebracht worden seien. Hatte nicht auch die illyrische Muttergottheit enge Beziehungen zur Unterwelt? Einige griechische Muttergottheiten, die Haaropfer empfingen, kennen wir mit Namen: Pallas Athene nahm die Opfer in ihrem Tempel zu Athen entgegen, die Venus Calva, die Hera und die korinthische Aphrodite in den ihnen geweihten Heiligtümern. Eileithya, der Göttin der Geburt, opferten die dalischen Bräute Spindeln und Haarlocken, und wenn sich nach Pausanias die Frauen bei ihrer Niederkunft das Haar abschnitten, so weihten sie es sicher einer der Muttergottheiten.
Auch die Geister der Abgeschiedenen forderten Haaropfer. Das mit dem Totenfest verknüpfte altindische Neumondsfest zeigte das besonders eindringlich: Man backte Fladen, übergoß sie mit Wasser, legte Salben, ein Tuch oder wollene Flocken dazu, und, wenn der Opfernde schon alt war, noch Haare von Arm und Brust. Dann forderte der Opfernde die Väter auf zu essen, sich zu waschen, zu salben und zu kleiden. – Zwei Beispiele für Haaropfer, die einem einzelnen Toten dargebracht wurden bzw. werden, seien aus der Fülle der Bräuche herausgegriffen: Bei Attilas Bestattung verwundeten sich die Hunnen freiwillig und opferten ihrem toten Anführer einen Teil ihrer Haare. – Bei den Albanern ist es Sitte, daß sich die nächsten Verwandten und die Ehefrau eines Toten die Haare abschneiden.
Auch griechische Götter, die die großen Mächte der Naturzeugung verkörperten, empfingen Haaropfer. Plutarch berichtet, daß dem Apollo im Tempel zu Delphi von 18jährigen Jünglingen oder Mädchen Haaropfer dargebracht wurden. Andere Schriftsteller erzählten, so Lukianos und Euripides, daß die griechischen Jünglinge und Mädchen vor der Hochzeit ihr Haar dem Hippolyt opferten. Die als heilig geltenden Barthaare der Jünglinge und die Locken der Jungfrauen sollen in silbernen

und goldenen Behältern in einem Tempel des Adonis aufbewahrt worden sein. – Auch als Gelübdeopfer spielte das Haar eine Rolle: Der Vater des Achilleus gelobte dem Flusse Spercheios sein Haar, falls sein Sohn glücklich zurückkehren werde.

Das Haar kann auch ein Menschenopfer ersetzen. Jupiter von Numa gab sich an Stelle des Sühneopfers, das aus Menschenhäuptern bestehen sollte, mit den Haaren dieser Häupter zufrieden. Im syrischen Hieropolis sollte das Haaropfer dem Vegetationsgott Adonis, der, wie viele Vegetationsgottheiten, nach der Ernte starb und erst zu Beginn der Regenzeit wieder auferstand, die Kraft zu neuem Leben verleihen. Und wenn römische Frauen ihre Haare der Venus opferten, um dadurch der gallischen Knechtschaft zu entgehen, so wollten sie damit zeigen, daß sie ihr Leben der Göttin geweiht hatten. – Die thrakischen Sklavinnen gaben Herakles durch ihr Haar sich selbst zum Dank für seine Hilfe, und griechische Seeleute weihten es nach Lukianos und Hermotimos in höchster Seenot dem zürnenden Meeresgott. – Es gibt einige archäologische Zeugnisse für Haaropfer der Griechen, der Germanen und der Hallstattbevölkerung. Das hallstattzeitliche Opfer von Wallerfangen zum Beispiel bestand aus einem von Geweberesten bedeckten Brett, Schmuckstücken, einem Bronzeschälchen, einem Tontöpfchen – und Haaren.

Aber auch wenn unsere Funde aus Höhle 9 keine Haaropfer, sondern Stricke aus Menschenhaaren gewesen sein sollten, so gibt es wiederum Beweise, daß solche Haarstricke kultische Vorstellungen in sich bargen. Im Herakles-Tempel zu Erythräa zeigte man einen aus dem Haar „freier thrakischer Weiber" geflochtenen Strick, der das Schiff des Herakles in den Hafen der Stadt gezogen haben soll. – In Australien und Tasmanien spielen Gürtel aus Menschenhaaren, denen man eine Schutzwirkung gegen bösen Zauber zuschreibt, bei der Jünglingsweihe eine große Rolle.

Und welche Bedeutung kam den vielen Haselnüssen in der Höhle zu? Geröstete Haselnußkerne neben den von Nagern ausgehöhlten Schalen bestätigten uns, daß sie der Mensch hineingebracht hatte. Seit Urzeiten haben diese Früchte für die Ernährung der Menschheit eine Rolle gespielt; seit der südwestdeutschen Hügelgräberbronzezeit waren sie auch in Gräbern zu finden. Der Volksglaube klärt uns über ihre Bedeutung auf.

In Deutschland wie in anderen Ländern bewarf man die Braut, bei den Ruthenen den Bräutigam, mit Getreidekörnern und Nüssen, damit die Ehe fruchtbar werde. Aber nicht nur von der Nuß, sondern auch vom Haselnußstrauch und vom Nußbaum erhoffte man Fruchtbarkeit. Wollte man die Bräuche der verschiedenen Völker niederschreiben, die mit Nüssen zusammenhängen, so könnte man Bände damit füllen. Einige davon sind uralt. Schon zu Vergils Zeiten wurden bei den römischen Hochzeiten Nüsse gestreut. Noch heute überreicht man in Italien den Brautleuten Brot und Nüsse, damit sich reicher Kindersegen einstelle. – Die Griechen opferten der Göttin Eris Nüsse. Eris scheint demnach nicht immer die Göttin der Zwietracht gewesen zu sein. Sie warf bekanntlich unter die Götter, die zur Hochzeit des Peleus und der Thetis geladen waren, einen Apfel mit der Aufschrift „Der Schönsten". Zank brach unter den Göttinnen aus, den Apfel aber erhielt Aphrodite. Vielleicht sind in der Verbindung der Göttin zur Hochzeit und zu Aphrodite ältere Anschauungen verborgen. – In der Sage von der germanischen Göttin Iduna, der Hüterin der Äpfel, die die Asen zur Erhaltung ewiger Jugend brauchten, steckt ein älterer Kern. Iduna wurde von den Riesen geraubt, Loki verwandelte sie in eine Nuß und brachte sie zu den Göttern zurück.

Die Nuß ist Sinnbild des Todes und des ewigen Lebens. Sie fällt reif und anscheinend tot vom Baume, unter ihrer toten äußeren Hülle aber verbirgt sich neues Leben, das wieder sterben muß, um abermals neues Leben hervorzubringen. „Durch Tod zum Leben", das gilt für alle Früchte; bei der Nuß ist das besonders augenfällig. Diesem Gesetz unterliegt auch der Mensch. Die den Toten ins Grab gelegte Nuß sollte wohl diesen Gedanken zum Ausdruck bringen.

Das Nußsymbol finden wir auch im Christentum, das so viele alte heidnische Anschauungen und Bräuche übernommen hat. Zu Mariä

Himmelfahrt werden im Badischen und in Niederbayern Zweige mit Haselnüssen und einzelne Haselnüsse geweiht. Und auch Perchta, die Dämonengestalt des Volksglaubens und Sammelgestalt alten heidnischen Fruchtbarkeitsglaubens, nimmt am 6. Januar, ihrem Umzugstag, Nußspenden entgegen.

So müssen denn die fruchtbarkeitspendenden Haselnüsse, die Symbole des Todes und des ewigen Lebens, eine willkommene Gabe für die Muttergottheit gewesen sein, vielleicht sogar irdische Sinnbilder des göttlichen Wesens. Wie man heute der Braut Nüsse zuwirft, um ihr Fruchtbarkeit zu wünschen, warf man die Früchte in das Heiligtum, um die göttliche Fruchtbarkeit zum Segen aller Lebewesen zu stärken. Dabei dachte der Opfernde freilich zunächst an sich, an seine Familie, seine Äcker und Weiden und an seinen Viehbestand.

Nicht nur mit Nüssen bewirft man heute das Brautpaar, sondern auch mit Getreide. Beide Früchte nahm auch unsere Göttin als fruchtbarkeitsförderndes Opfer entgegen. Weizenkörner hatte man in das heilige Opferfeuer der Höhle und, zusammen mit brennenden Scheiten, in die „Schatzspalte" geworfen. Bis in historische Zeit hat sich die gleiche Sitte in Volksbräuchen erhalten. Im Niederrheinischen warf man Getreidekörner und Garben in das Erntefeuer – auch „Hervestfeuer" genannt –, und die Kirche versuchte mit allen Mitteln, diesen „heidnischen Unfug" zu verhindern. Noch im Jahre 1697 wurde im Bergischen ein kurfürstliches Verbot erlassen, das sich auf ältere Verordnungen berief und in dem das „gottlosige heidnische Arndtfeuer bei unnachsichtiger Leibesstraf" verboten wurde.

In anderen Gegenden Deutschlands warf man lebende Hunde und Katzen sowie Körbe mit Früchten in die Erntefeuer. Stroh-, Pech- und Kienfackeln spielten dabei neben brennenden Rädern, die den Berg hinabgerollt wurden, eine Rolle. Asche und Holzkohle der Erntefeuer wurden über Felder und Wiesen gestreut, damit die nächste Ernte gut werde.

Das waren letzte Reste eines alten heidnischen, zur Volksbelustigung abgesunkenen Erntedank- und -bittopfers, das nicht nur bei den

Veneto-Illyrern, sondern auch bei anderen ur- und frühgeschichtlichen Feldbauervölkern dargebracht wurde. Frucht-, Brei-, Brot- und Tieropfer an die Gottheit und fruchtbarkeitsmagische Bräuche waren die wichtigsten Bestandteile dieses großen Festes, denen wir in unserem rund 2800 bis 2500 Jahre alten Heiligtum einer Fruchtbarkeitsgöttin in ursprünglicher Form wiederbegegneten. Zu diesen Bestandteilen gesellte sich hier aber noch das Menschenopfer; denn das kultische Mahl bestand nicht nur aus Tier-, sondern auch aus Menschenfleisch!

Das tägliche Brot des Vorzeitmenschen

Höhle 7 hatte uns großartige Entdeckungen gebracht – technische Schwierigkeiten verboten jedoch einstweilen ein weiteres Eindringen in den Berg. Diese Pause wollten wir benützen, um uns endlich über den Spalt 10, der von Höhle 9 abzweigte, Klarheit zu verschaffen. Führte er wirklich ins Freie, und war er der ursprüngliche Eingang zum Höhlenheiligtum, oder stand er mit anderen Hohlräumen des Berges in Verbindung?

Als wir am Übergang der Höhle zum Spalt die Erde bis zum Boden abgruben, stießen wir dicht neben dem Fundort der Rindenschachtel auf eine herrliche bronzene Lappenaxt, so bezeichnet, weil seitliche Lappen einen knieförmigen Stiel festhalten, von dem allerdings an unserem Stück nichts zu sehen war. Die Axtschneide hatte man gewaltsam verbogen, das Blatt war dabei gerissen. Wieder hatten wir einen absichtlich zerstörten Gegenstand gefunden – zweifellos eine Weihegabe an die Gottheit. Mir fiel ein, daß einige der zerbrochenen Holzgegenstände aus der Höhle zum Axtstiel gehört haben konnten. Die Stücke wurden hervorgeholt, sie gehörten tatsächlich dazu. Man hatte also den Holzschaft ebenso wie die Axt unbrauchbar gemacht. Der hirschtötende Mann vom Strettweger Wagen hielt eine ähnliche Axt. Es war also nicht abwegig anzunehmen, daß mit unserer Axt die

Tiere getötet worden waren, deren Skelettreste wir im Höhlenheiligtum gefunden hatten. Als die Kulthandlungen nicht mehr ausgeübt wurden, zerstörte man das geweihte Gerät, da es keinem profanen Zweck mehr dienen durfte, und legte es am Eingang zum Heiligtum nieder. – Vielleicht waren auch einige der zerbrochenen Holzgegenstände ursprünglich Ritualgeräte, die man nach den Kulthandlungen zerstört hatte? Dann brauchten durchaus nicht alle diese Gegenstände Opfergaben gewesen zu sein. Da gab es zum Beispiel den zerbrochenen hölzernen Spinnwirtel. In einem westgermanischen Seeheiligtum lag ein ganz ähnlicher Holzwirtel neben der Statue einer Göttin als ein Symbol der Gottheit. Konnte nicht auch dieser Wirtel aus dem Höhlenheiligtum ein Emblem der veneto-illyrischen Muttergottheit sein? Diese Fragen drängten sich auf, waren aber nicht zu beantworten.

Bald standen wir im Spalt 10, dem Gang mit den beiden Abknickungen. Wir fanden auch dort den Steinboden mit vertrocknetem Gras bedeckt, und wiederum freuten wir uns an Rindenschachtelteilen. Wie an manchen Stellen der Höhle 9 lagen überall Holzkohle und halbverkohlte Zweige umher, und allenthalben sahen wir die Knochen von jungen Schweinen und faustgroße schwarze Klumpen, die wir später als Breireste erkannten. Plötzlich stieß einer unserer Grabungsleute auf etwas Hartes: Ein Menschenschädel lag mit dem Hinterhauptsloch nach oben in der Schicht, so, als ob man ihn beim Herrichten einer jüngeren Grabgrube achtlos beiseite geschoben hätte. In Megalithgräbern und auch in Gräbern der älteren Bronzezeit beobachtet man nicht selten, daß eine ältere Bestattung weggeräumt wurde, um für eine jüngere Platz zu machen. Sollte es hier auch so gewesen sein, dann gehörte der Oberschenkelknochen, den ich am Eingang zum Spalt 10 gefunden hatte, wohl ebenfalls zu einem Grabe. – Es blieb jedoch zunächst bei diesen Skeletteilen, später kamen noch Wirbel und einige kleinere Knochen dazu. Dicht unter dem Schädel lag ein verschlungener Bronzedraht mit einem Schlaufenende.

In dem schmalen Gang konnte nur einer arbeiten. Zwei Männer saßen hinter ihm und beobachteten mit, dann wurde abgewechselt. Die durchgespachtelte Erde wurde wie gewöhnlich zur Höhle 4 gebracht, wo man sie, säuberlich nach Schichten und Quadranten getrennt, zum Sieben sammelte. Ein merkwürdiges rundliches Gebilde fiel mir in die Hände. In der Grabungshütte wurde es gesäubert und zeigte sich als ein fast vollständig erhaltenes Fladenbrot. Einige tiefe Eindrücke auf seiner Oberfläche sahen zuerst wie eine grobe Verzierung aus, hatten aber einen anderen Zweck: wie die plumpen Einstiche auf schwedischen Fladenbroten des vorigen Jahrhunderts sollten wohl auch sie das Austrocknen des Brotes beschleunigen. Die vielen, allerdings feineren und maschinell hergestellten Einstiche in unserem Knäckebrot verfolgen das gleiche Ziel.

Was ist nun ein Fladenbrot? Chemische und mikroskopische Untersuchungen von Nahrungsresten aus ur- und frühgeschichtlichen Siedlungen und Gräbern ergaben, daß man von der jüngeren Steinzeit bis zum Mittelalter große Vorliebe für Brei hegte, der nichts anderes war als eine eingedickte Mehlsuppe. In manchen dieser alten Nahrungsreste wurden Spuren von Fett nachgewiesen – wahrscheinlich waren die Mehlsuppen mit Milch gekocht. Zur Herstellung von Brei oder Grütze verwandte man außer Getreide auch andere mehlhaltige Früchte wie Erbsen, Bohnen und Linsen, was nicht nur mikroskopische Untersuchungen ergeben haben, sondern auch aus den Nachrichten antiker Schriftsteller, zum Beispiel aus der Anabasis von Xenophon hervorgeht. Gern setzte man dem Mehlbrei Leinsamen zu, der die Speise noch nahrhafter machte. Mit Reagenzglas und Mikroskop stellten die Nahrungsmittelchemiker weiterhin fest, daß man durch Beigabe von Gemüse, Fleisch, Fisch oder Knochenmark den Brei verbessert hatte.

Auch Hirse wurde zu Brei verkocht. Die Breireste aus der hallstattzeitlichen illyrischen Siedlung von Hallein bestanden aus Weizen, Gerste und Hirse. Reiner süßer Hirsebrei, der offenbar gern mit Pflaumen, Himbeeren, Brombeeren und Honig genossen wurde, war etwas für die Leckermäuler. Ganz raffinierte Feinschmecker versetzten ihn noch mit Haselnüssen oder Mohn.

Die einfachste Art der Breizubereitung, sicherlich überall im urgeschichtlichen Europa üblich, hat uns der alte Römer Cato in seinem Kochbuch beschrieben: „Kornbrei aus Weizen koche so: Schütte ein halbes Maß reinen Weizen in einen reinen Mörser, wasche ihn fein, reibe die Schalen ab und spüle sie weg. Sodann tue den Weizen in einen Topf, gieße reines Wasser hinzu und koche. Ist er gar, gieße allmählich so viel Milch zu, bis ein dicker Brei entstanden ist." Galenus dagegen schreibt, daß die römischen Bauern die gemahlene Hirse mit Schweinespeck oder Öl zu kochen pflegten. Mittelalterliche und spätere Nachrichten berichten vom Brei als der bevorzugten Speise auf der Tafel bis zum 13. Jahrhundert. Dann erst begann der Siegeszug des schon viel früher bekannten Brotes, das aber bis zum 17. Jahrhundert den Brei als Hauptnahrung nicht verdrängen konnte.

Wir hatten im Spalt einen Fladen gefunden. Fladen ist gebackener Brei, und seine Erfindung in der Jungsteinzeit war eine Großtat für die menschliche Ernährung. Dieser Entdeckung lag wahrscheinlich ein Küchenunglück zugrunde, das vielleicht von hausfraulichen Tränen begleitet gewesen sein mochte: Da hatte eine Frau ihre Weizensuppe zum Eindicken auf das Feuer gestellt. Im Drang ihrer Geschäfte oder vielleicht über einem Schwätzchen dachte sie nicht mehr an das Mittagessen – und da geschah das Malheur: Die Suppenflüssigkeit war verdunstet, der Boden des Kochtopfs erhitzte sich immer mehr und trocknete den Brei noch weiter aus. Schließlich platzte der Topf, und sein Inhalt fiel ins Feuer! – Wie oft mochte sich so etwas ereignet haben, bis endlich jemand erkannte, daß aus dem festen Brei noch etwas zu machen sei, und der Vorgang zur Erfindung des Backens führte! Der Fladen war aber nur warm und frisch genießbar – kalt war er steinhart und lag schwer im Magen. Warme Fladen mit Fleisch gab es jetzt als neuen Leckerbissen beim Urmenschen! Und weil eine Entdeckung häufig eine andere nach sich zieht, kam eine findige Hausfrau bald darauf, daß man auch kalten Fladen nicht fortzuwerfen brauchte. Man konnte ihn sogar viel besser als Getreidekörner auf längere Reisen mitnehmen. Zerschlagen, zerrieben und mit Wasser oder Milch aufgekocht, lieferte er wieder Brei! Der Fladen war also ein hochkonzentrierter Brei, ein Brei auf Vorrat!

Ich betrachtete das kostbare Fladenbrot von allen Seiten. Dort, wo die graue Oberfläche abgebröckelt war, sah man eine braune, schrotartige Masse. Wer sieht ihm an, daß er ein Vorgänger unserer warmen Fladen, des Eierkuchens und des Kartoffelpuffers ist, die ja auch kalt recht gut schmecken, wer ahnt, daß er die Zwischenstation zwischen Brei und Brot darstellt?

Auch die Entdeckung des Brotes verdanken wir einer nachlässigen jungsteinzeitlichen Hausfrau, die die Reste eines Mittagsbreis so lange stehen ließ, bis sie goren. Wie Fladen gebacken, ergab diese Masse Brot! Legionen von guten Hausfrauen mußten viele Jahrhunderte das Wesen der Gärung ohne chemische Kenntnisse und ohne das Wissen um den Bacillus levans und um die Hefepilze empirisch studieren, ehe man endlich hinter das Geheimnis des Sauerteigs kam. Daß auch die feucht-fröhlichen Weintrinker des Altertums ihren Anteil an der Brotbereitung hatten, ist ein Kuriosum an der ganzen Geschichte. Denn die im Bier oder im Wein schwimmenden Hefekolonien waren ein kostbares Gärmittel, das das Stadium der Sauerteiggewinnung überwand.

Plinius berichtet uns, wie die Alten das Brot herstellten: „Man macht den Sauerteig aus dem Brotmehl selbst. Man knetet es nämlich, ehe Salz hinzu kommt, kocht es dann wie Brei ab und läßt es nachher stehen, bis es sauer wird. Noch gewöhnlicher ist es aber, vom jedesmaligen Backen Teig aufzuheben und ihn beim folgenden Backen als Sauerteig zu brauchen." Und dann beschreibt er auch noch ein zweites Verfahren: „Man macht aus Wasser und Gerste zweipfündige Klöße, röstet sie auf dem heißen Herde oder in einer irdenen Schüssel unter Asche und glühenden Kohlen, bis sie rot werden, läßt sie dann in bedeckten Gefäßen, bis sie sauer werden und gebraucht sie, um Brotteig in Gärung zu versetzen, nachdem man sie zuvor mit Wasser verdünnt." Schließlich erzählt er auch noch von der in Spanien und Gallien geübten Methode, wobei man aus dem dicken Schaum des gärenden Mostes den Triebstoff zum Brotbacken gewann. –

Auch im ersten Teil des Ganges, vor allem in seinen kleinen Spalten, waren Schmucksachen zu finden: Lederbesatzbuckelchen mit seitlichen

Zwingen, Nadeln, von denen besonders eine mit schön verziertem, vasenkopfförmigem oberem Ende zu erwähnen ist, die aufrecht in einer solchen Spalte stand und damit wiederum bewies, daß sie nicht zufällig verlorengegangen, sondern absichtlich dort niedergelegt war, und zwar als Weihegabe für die Göttin.

Unter dem Grasbelag folgte eine Geröllschicht mit altbronzezeitlichen Scherben, die Teile eines hölzernen Erntemessers enthielt, dessen in Harz gefaßte kurze Feuersteinklingen sägeartig schräg in den Schaft gearbeitet waren. Es gibt nur sehr wenige Orte in Europa, an denen solche Erntemesser gefunden wurden: die Fledermaushöhle (Cueva de los Murcielagos) in Spanien und einzelne Orte im Schweizer Pfahlbaugebiet, wo die Geräte wahrscheinlich mit der Megalithkultur der Pyrenäen in Verbindung standen. Auch im Balkangebiet fanden sich einige Exemplare. Sie stammen aus der Stein-Kupfer-Zeit, und die Feuersteinklingen sind in einen Knochenschaft eingelassen. Das schließt natürlich nicht aus, daß auch Holzschäftungen in Gebrauch waren, die jedoch nicht erhalten geblieben sind. Vermutlich schnitt man mit diesen Messern weniger Ähren, als vielmehr feste Früchte, wilde Pflanzen oder Rohr.

Noch ein anderer Fund erfreute uns sehr: eine Bronzeahle im Holzfutter, eingelassen in einen Knochengriff aus Reh- oder Ziegenbein. War das ein gewöhnlicher Pfriem, mit dem Löcher gebohrt wurden, oder hatten wir hier eine Tatauiernadel vor uns? Antike Überlieferungen besagen, daß sich die Illyrer tatsächlich tatauiert haben – und als Andenken an diese alte Sitte ist das noch heute bei den katholischen Bosniern üblich, wobei übrigens die Sonne, der Mond und der Morgenstern als Motive immer wiederkehren. – Später fanden wir in der Höhle noch andere Bronzeahlen, die aber nur in einem Holzstück ohne Knochengriff steckten.

Entscheidende Aufschlüsse über das Opferwesen der Illyrer aber erhielten wir an der zweiten Abknickung des Spaltes, wo uns in der Grasschicht, aber auch bereits in höheren Schichten, menschliche Skeletteile begegneten, die durch ihre merkwürdige Lagerung auffielen. Sie waren niemals vollständig. Da lag zum Beispiel ein Schädel friedlich neben einem Bein, die anderen Knochen fehlten. Daneben verstreut aufgeschlagene Rinder-, Schweine-, Schaf- oder Ziegenknochen. Etwas tiefer kamen zahlreiche einzelne unzusammenhängende Skeletteile von Kindern zutage. Und wieder sah man, wie schon an einigen Knochen aus den Höhlen 1 und 7, deutlich feine Schnittmarken – und abermals waren Arm- und Beinknochen aufgeschlagen! Das konnten keine Bestattungen sein – die Reste zerteilter, vorwiegend jugendlicher Menschenkörper lagen hier wild durcheinander, vermischt mit Tierknochen, vor allem mit solchen von Ziegen und Ferkeln. Brandspuren an einigen Menschenknochen und die Schnittmarken ließen sofort an Kannibalenmahlzeitreste denken. Unter und zwischen den Menschenknochen aber sah man wie schon in der Höhle 1 Strohfeuerreste.

Nun zweifelte ich nicht länger: Ich war dem Sinne des urnenfelderzeitlichen Kannibalismus und des Zerteilens menschlicher Körper auf die Spur gekommen: Das waren Opferhandlungen zu Ehren einer Muttergottheit! Die Reste der Menschenopfer lagen vorwiegend im Seitengang, im Heiligtum selbst hauptsächlich Tier- und nur wenige Menschenknochen.

Ich mußte jetzt endlich wissen, wohin der Spalt führte. Meine Ungeduld ließ sich kaum mehr zügeln. Noch stand eine hohe Erdwand mit Steinbrocken drohend vor uns und hinderte uns am Vordringen. Wir befanden uns nach unseren Berechnungen in der Nähe des Steilhangs. Eine Situationsskizze der Höhle 9 und ihres Seitenganges und Messungen am Steilhang ermittelten ungefähr die Stelle, wo der Gang münden mußte. Aber dort waren nur riesige Erdmengen und Steinkolosse zu sehen, daneben ein gigantischer schräger Gipsturm, der aussah, als wollte er sich jeden Augenblick auf uns stürzen. Voll atemloser Spannung standen wir in unserem Spalt im Berginnern, während ein Arbeiter draußen mit der Spitzhacke die verdächtigen Stellen abklopfte. Die Untersuchung ergab, daß wir in unmittelbarer Nähe des schiefen Turmes arbeiten mußten, wenn wir letzte Gewißheit haben wollten, ob der Gang tatsächlich ins Freie führte. Nach kurzer Beratung gaben wir unser

Vorhaben auf; denn das Projekt war viel zu umfangreich und zu gefährlich, um es noch in diesem Jahr in Angriff nehmen zu können. Keinesfalls durfte während der Wintermonate an den Verbruchstellen des Hanges herumgewirtschaftet werden; Frost- und Tauwetter konnten harmlos aussehende Steingruppen ins Rutschen bringen. So wurde also beschlossen, bis zum Einsetzen des scharfen Frostes in den Höhlen 7 und 2 weiterzuarbeiten.

Unser „Opferfeuer"

Weihnachten nahte. In dickem, weißem Winterpelz lag unser Berg. Die riesigen Eichen hoben ihre knorrigen Äste gegen den grauen Schneehimmel, als wollten sie ihn in seiner Schwere stützen. Diesmal beabsichtigten wir nicht, während der Wintermonate zu graben. Einer unserer Frankenhäuser Arbeiter mußte jeden Tag die Grabungshütte inspizieren und sorgfältig die Abstiege zu den Höhlen überwachen, damit niemand heimlich in unseren Arbeitsbereich eindringen konnte. Kohle und Holz lagen im Schutze der kleinen Grabungshütte, die jetzt wie ein riesiger schneebedeckter Maulwurfshügel aussah.
Im Schuppen waren die kostbaren Funde aufgestapelt. Sobald es nicht mehr schneite, sollte unser Wagen diese letzte Ausbeute des alten Jahres nach Weimar bringen. Aber vorläufig war nicht daran zu denken, denn die Straßen waren von Schneedünen überwandert, und es war fast unmöglich, den Weg zur Grabungshütte zu befahren. Unsere Mannschaft arbeitete wieder im Weimarer Museum. Plötzlich, es war zwei Tage vor dem Heiligen Abend, packte mich eine seltsame Unruhe, und ich wurde das Gefühl nicht mehr los, daß die Funde draußen auf dem Berg gefährdet wären. Ich fürchtete, unser Wachtposten könnte vielleicht im Schneetreiben seinen Dienst vernachlässigen, da er bei diesem Wetter kaum mit Eindringlingen rechnen würde. Dann stellte ich mir vor, es könnte jemand in die Hütte einbrechen; hatten wir doch in der

letzten Zeit unserer Grabungstätigkeit bemerkt, daß sich manchmal irgend jemand an Türschloß und Fensterladen zu schaffen gemacht hatte: Wenn diese Brüder herausbekamen, daß der Berg gegen Abend verlassen dalag! Unser Fahrer war keineswegs entzückt, als er am Vorabend des Heiligen Abends den Wagen wie einen Schneepflug nach Bad Frankenhausen steuern sollte. Es half nichts, ich mußte die Kisten in Sicherheit haben. Die hinteren Autositze hatten wir ausgeräumt, damit wir alles bequem auftürmen konnten. Auf dem Hüttenboden stand noch ein kostbares Vermessungsinstrument – auch das wurde eingeladen. Nach einem herzlichen Händedruck und nachdem wir uns alle ein schönes Fest gewünscht hatten, ging es wieder heimwärts.
Konnten wir ahnen, daß diese Schneepflugaktion ein Unglück vereitelt hatte? Kaum hatten wir den Berg verlassen, nahm das Verhängnis auch schon seinen Lauf. Das Feuer im Ofen wollte und wollte nicht anbrennen. Da fiel unserem Wächter ein, daß im Bodenverschlag noch eine Flasche Duosan stand, das Mittel, mit dem wir die Scherben klebten und das wundervoll brannte. Schon hatte er die Flasche in der Hand und goß in aller Ruhe die zähe Flüssigkeit durch die geöffneten Ringe auf das schwelende Feuer im Ofen. Eine riesige Stichflamme fuhr ihm an den Kragen. Entsetzt ließ er die Flasche zu Boden fallen und ihr Inhalt, der schon Feuer gefangen hatte, ergoß sich in den Raum.
Im Nu stand der Mann in einem Flammenmeer. Vergeblich versuchte er, den Ofen aus dem Fenster zu werfen. Gierig beleckten die Flammen die in der Sommerhitze ausgedörrten Bretter des Tisches, der Stühle und der Betten, die Bettfedern wirbelten als brennende Flocken umher – da stürzte er in Todesangst ins Freie, hinter sich eine Flammenfackel, vor deren Gewalt selbst der Schnee zurückwich. In fliegender Hast versuchte der brandwundenbedeckte Mann, die an der Hüttenwand aufgestapelten Holzscheite wegzuräumen und das Schuppenschloß des Kohlenbunkers zu sprengen. Aber es war zu spät. – Der Feuerschein hatte die Frankenhäuser Feuerwehr alarmiert. Sie kam gerade noch zurecht, um festzustellen, daß von unserer Hütte nur ein schwelender und qualmender Trümmerhaufen übriggeblieben war. Zum

Glück hatten wir wenigstens die unersetzlichen Funde und die teuren Meßinstrumente in letzter Minute gerettet.
Dicht am Steilabfall hatte das Feuer hellauf gegen den Himmel gelodert. Jeder Frankenhäuser, der es sah, dachte an unsere Grabungshütte mit ihren Schätzen. Keiner ahnte, daß vor rund 3500 Jahren nur wenige Meter neben diesem Brandherd bereits Feuer gelodert hatten, Opferfeuer für ein Heiligtum, das noch älter war als das aus Höhle 9. So hatte die Göttin des Berges als genius loci auch von uns ein allerdings unfreiwilliges Opferfeuer mit Weihegaben empfangen.

Wir finden den Eingang zum Heiligtum

Schon im zeitigen Frühjahr gingen wir wieder ans Werk. In monatelanger Arbeit und unter unsäglichen Mühen beseitigten wir den Verbruch am Steilabfall, aber wir fanden den Eingang zum Spalt nicht. Doch unser Optimismus und unser Eifer brachten uns trotz der unheimlichen Gefahr, die vom Gipsturm drohte, nicht von unserem Ziel ab. Eine „Sicherheitskommission" aus erfahrenen Bergleuten, die wir um ihren Rat gebeten hatten und die nach Beendigung dieser Arbeiten erschien, entsetzte sich immer wieder und meinte, wir müßten bei dieser Aktion unerhörtes Glück gehabt haben. Der Gipsturm stand nämlich, wie sich herausstellte, auf Geröllfüßen, und alles war bestens für einen höllischen Stapellauf des Felsens vorbereitet. Wir hatten das geahnt und den lockeren Untergrund des Turmes nicht angerührt, ja sogar seine Lücken mit Steinen verstopft.
Die Freude war groß, als wir eines Tages auf die bekannte Graslage stießen, die, wie wir bald merkten, den ganzen Platz vor dem mutmaßlichen Eingang zum Höhlenheiligtum bedeckte. Abgestürzte Steinlagen hatten den Gipsstaub festgepreßt, der die Grasschicht hermetisch abschloß, so daß sie auch hier im Freien nicht verwesen konnte. Dicht unter ihr fanden wir die Spuren der altbronzezeitlichen Menschen, und

noch tiefer stießen wir auf ein wunderbar verziertes jungsteinzeitliches Gefäß. In Höhe der Aunjetitzer Schicht befand sich im Felsen eine kleine Nische, in der ein primitiver Holzgötze mit roh ausgeführtem Kopf und zugespitztem Ende lag. Nach seinem Zustand und nach bestimmten Beobachtungen in der Schichtenfolge zu urteilen hatte das Kultbild Beziehung zu unserem urnenfelderzeitlichen Höhlenheiligtum. Der feste Gipsstaubmantel hatte auch diesen Gegenstand konserviert.

Nachdem ein riesiger Gipsbrocken weggeräumt war, unter dem eine schön verzierte bronzene Gürtelgarnitur lag, sah man, daß die Grasschicht zum Berge hin verlief. Endlich pickte die Spitzhaue eines Arbeiters ein kleines Loch in den Berg, das sich nach und nach zu einem schmalen hohen Spalt erweiterte. Der alte Eingang zum Heiligtum!

Beim Suchen dieser Öffnung waren wir immer wieder auf Menschenknochen – aufgeschlagene Langknochen, einzelne Beckenschaufeln und Schädel – gestoßen. Sie lagen auf dem Vorplatz, später fanden wir sie auch im vorderen Teil des Spaltes.

Hinter dem Gipsturm, dort, wo wir den Haupteingang zur Höhle 4a entdeckt hatten, in der die Getreidemühlen für den Opferschrot aufbewahrt worden waren, lagen ein Schädel mit einigen noch zusammenhängenden Wirbeln und eine einseitig angebrannte Beckenschaufel, offenbar die Reste einer Kannibalenmahlzeit. Tage hindurch stießen wir auf viele Scherben, die im Museum zu riesigen Vorratsgefäßen zusammengesetzt wurden. Sie hatten sicherlich bei den Mahlzeiten eine Rolle gespielt und wurden dann nach Beendigung der Festlichkeiten zerschlagen, damit sie dem profanen Gebrauch entzogen waren. Wie schon im Höhlenheiligtum, saß ich nun oft auf dem Vorplatz, betrachtete unsere Aufmessungen und versuchte, das Geschehene zu rekonstruieren. Die Opfergrasmatte, die den Vorplatz über die winkelige Gangspalte mit dem Höhlenheiligtum verband, bewies eindeutig, daß auch der Vorplatz zum geweihten Ort gehört hatte. Demzufolge muß der Kannibalismus eine sakrale Handlung zu Ehren der Göttin gewesen sein. Diese Erkenntnis gestattete ganz neue Einblicke in das venetoillyrische Kultwesen.

Funeraler und Ahnenkult-Kannibalismus

Wie bereits erwähnt, hielt der Anthropologe Jelínek die zerteilten und unzeremoniell bestatteten Skelette, die einzelnen Menschenknochen und -schädel sowie die Zeugnisse von Kannibalismus in Siedlungen und Gräbern der mittleren Bronze- bis Hallstattzeit für die Überreste von Trauerzeremonien, ohne jedoch auszuführen, wie er sich diese Zeremonien vorstellte.

Völkerkundliche Vergleiche lassen dagegen die archäologischen Befunde gut erklären. Die afrikanischen Stämme der Basuto und der Mangbettu zum Beispiel verzehrten ihre Toten; Häuptlinge und andere führende Persönlichkeiten aber wurden rituell begraben. Bei den Naturvölkern ist der Kannibalismus sehr oft mit Begräbniszeremonien verbunden. Selbst in Gebieten, wo die europäische Kolonisation den Kannibalismus nahezu ausgerottet hat, ist noch immer eine Verbindung zwischen Begräbniszeremonie und Kannibalismus zu bemerken. So essen noch heute die Baja und Nsakara bei ihren Häuptlingsbestattungen Menschenfleisch. Auch bei den Gedächtnisfeiern für einen verstorbenen Häuptling wurden am unteren Niger ein Mann und eine Frau getötet und verzehrt. Einige Stämme pflegten bei jeder Bestattung Menschenfleisch zu verschlingen. Die Männer und Frauen der Nembe trugen bei ihren Tänzen Menschenfleischstücke und verzehrten sie schließlich nach zeremonieller Vorschrift.

Sehr oft wurde nicht nur ein Mensch, meist ein Sklave, zur Beerdigung oder Toten-Gedächtnisfeier geschlachtet, sondern viele Menschen mußten dabei ihr Leben lassen. In Dahomey zum Beispiel enthauptete man 40 bis 50 Sklaven zum Gedenken an den verstorbenen Vater eines Königs. Das Blut der Opfer sammelte man in einer Schale, in die der König seinen kleinen Finger tauchte, den er als symbolischen Akt und als Ersatz für den Verzehr ableckte. Die Köpfe der Opfer pfählte man und stellte die Stangen rings um das Grab, die Leiber wurden regellos um die Grabstelle geworfen. – Eine Grabung würde dort einen einzelnen rituell bestatteten Toten aufdecken und viele enthauptete Skelette in wildem Durcheinander um seine letzte Ruhestatt. Der Befund würde dem ähneln, den Wankel in der Býčí-Skála antraf, doch war dort der Kannibalismus offenbar nicht nur symbolisch betrieben worden. – Die Ausgrabungen eines Häuptlingsgrabes der Bangala im Kongobecken aber erbrachten halbe, um das Hauptgrab gruppierte Skelette. Bei diesem Stamm war es nämlich üblich, die Opfer in zwei Teile zu teilen, den einen mit dem Verstorbenen zu beerdigen, den anderen aber in kleine Stücke zu schneiden, zu kochen und schließlich zu essen. – Bei den ostafrikanischen Wandoe würde der Ausgräber abseits der Siedlung auf verscharrte Skelette ohne Hände und Köpfe stoßen. Dort wurden nämlich zwei bis vier Sklaven mit dem toten Häuptling begraben, ein gefangener Fremder getötet und in den Wald geschleppt, wo dem Leichnam von einem dazu auserwählten Mann die Hände abgeschlagen wurden, die er heimlich verzehrte. Den Schädel verarbeitete man zu einer Trinkschale für das Stammesoberhaupt, die man in das Dorf zurückbrachte.

Nicht nur in Afrika, sondern auch in der Südsee war die Menschenfresserei bei den Begräbniszeremonien üblich. Auf den Marquesas-Inseln wurden beim Tode eines Priesters stets drei, bei den jährlichen Gedächtnisfeiern bis zu zwanzig Menschen getötet und teilweise verzehrt.

Warum aber betrieb man diesen „funeralen Kannibalismus", wie man die mit Menschenfresserei verbundenen Begräbniszeremonien bezeichnen könnte? Der Ethnologe Volhard, der sich mit dem Kannibalismus der Natur- und Kulturvölker eingehend beschäftigt hat, befragte die Eingeborenen und stellte fest, daß man glaubte, die Toten verlangten nach Fleisch und Blut der Getöteten, und die Lebenden müßten ebenfalls davon essen, damit eine Kommunion zwischen Vorfahren und Nachkommen stattfinde. Diese Sitte ist also nicht nur, wie Jelínek meint, eine Trauersitte, sondern sie erfüllt eine Pflicht, da die Toten ein Recht auf Menschenfleisch haben. Man muß ihre Wünsche erfüllen und sie sich geneigt machen, denn – so meinen viele Völker – die Verstorbenen schicken gute oder schlechte Ernten, beeinflussen die Fruchtbarkeit von Mensch und Tier, aber auch Erfolge und Mißerfolge bei Krieg und Jagd.

Es gibt noch eine andere Art von Kannibalismus, die ebenfalls mit dem Begräbniswesen zusammenhängt und wobei der Verstorbene selbst verzehrt wird: die „Patrophagie". Die Überlebenden essen ursprünglich ihren toten Verwandten oder nächsten Freund, weil sie meinen, er kehre im Sohn oder Enkel wieder, und sie erfüllen damit ebenfalls eine Pietätspflicht. Volhard vermutet, daß die Patrophagie später, als man an ein persönliches Weiterleben des Verstorbenen glaubte, vom Menschenopfer abgelöst wurde. Jetzt wünschte man, den Menschen sehr oft mitten aus dem Leben heraus zu essen, um sich, wie es der Ethnologe Trimborn ausdrückte, „das Leben des Opfers so lebend wie möglich einzuverleiben". Man zerstückelte daher den dazu Auserwählten bei lebendigem Leibe und verschlang das Fleisch vor seinen Augen, oder man erschlug oder betäubte ihn aus dem Hinterhalt.

Der Gedanke, in Kommunion mit dem Verstorbenen Lebenskraft zu gewinnen, konnte von eigensüchtigen Wünschen abgelöst werden: Erlangung von Zeugungskraft oder von übernatürlichen Kräften und physischer Stärke, oder Einverleibung begehrenswerter individueller Eigenschaften des Toten. Diese selbstsüchtigen Beweggründe des „Magischen Kannibalismus" wurzeln sicher bereits in einem frühen Stadium kannibalischer Bräuche.

Der „funerale Kannibalismus" und seine vermutliche Vorstufe, die „Patrophagie", enthalten die Grundlage für den Kannibalismus im Dienste des gehobenen Ahnenkults, zu Ehren des göttlich verehrten Ahnen und Heroen sowie schließlich der Gottheit selbst. Der Ahnenkult spielt noch heute bei vielen Kannibalenvölkern eine große Rolle im Geistesleben, ja ist dort nicht selten die einzige Religion. Den Verstorbenen angesehener Geschlechter, sagenhaften Urvätern und Urmüttern der Familie und des Stammes kann göttliche Verehrung zuteil werden. Und wie der einfache funerale Kannibalismus verlangt dieser Ahnenkult den Verzehr von Menschenfleisch. Die Jagas zum Beispiel enthaupten bei

den Begräbniszeremonien zahlreiche Opfer, lassen das Blut auf die Gräber der „durstigen Verstorbenen" fließen und verschlingen im Dienste ihres sehr entwickelten Ahnenkults das in einem Gefäß zusammengekochte Menschen- und Tierfleisch.
Wir unterscheiden also den einfachen funeralen Kannibalismus, bei dem der Verstorbene selbst aufgegessen wurde (Patrophagie); den gehobenen funeralen Kannibalismus, bei dem man, dem dringenden Bedürfnis des Verstorbenen entsprechend, ein Menschenopfer in Kommunion zwischen Lebenden und Toten verzehrte; den Ahnenkult-Kannibalismus, den man jährlich zum Gedächtnis an alle Toten und besonders an geachtete einzelne Individuen zelebrierte; den Stammesahnen-Kannibalismus zu Ehren eines Gottes, der sich aus dem sagenhaften Stammesahnen entwickelt haben konnte.
Wenn man die Ausgrabungsergebnisse aus Höhle 9, Spalt 10 und dessen Vorplatz mit den Sitten der Kannibalenvölker vergleicht, muß man zur Überzeugung kommen, daß hier ein einfacher funeraler Kannibalismus nicht vorliegen kann. Die Weihegaben aus Höhle 9 lassen auch nicht an einen Ahnenkult zu Ehren aller Toten denken. Es spricht sehr viel dafür, daß hier ein Kannibalismus zu Ehren einer sagenhaften Stammesmutter geübt wurde, die man mit ihren Nachfahren, den toten und noch lebenden Stammesangehörigen, eng verbunden glaubte. Diese „Urmutter" kann auch als göttliche Gestalt gedacht worden sein.
Die merkwürdigen Befunde aus den mittel- und jungbronzezeitlichen bzw. hallstattzeitlichen Siedlungen und Gräberfeldern aber sind wohl vorwiegend Zeugnisse eines funeralen oder Ahnenkult-Kannibalismus. Die in der Býčí-Skála angetroffenen Befunde lassen sich am besten mit funeralem oder Ahnenkult-Kannibalismus erklären.
Unsere Grabungsergebnisse aber forderten förmlich dazu auf, sich mit dem Stammesahnen- und divinen Kannibalismus besonders eingehend zu befassen.

Kannibalismus im Stammesahnen- und Götterkult

Vier ausgedehnte geographische Gebiete können für die Charakterisierung des im Dienste eines Stammesahnen oder einer Gottheit stehenden Kannibalismus wichtige Hinweise geben: die Südsee, Afrika, Amerika und Hinterindien.

Auf den Fidschi-Inseln (Südsee) war dieser kultische Kannibalismus eine feststehende Einrichtung. Der Schmorofen, in dem die Toten zubereitet wurden, die Töpfe und Schalen, die das Fleisch des Kultmahles aufnahmen sowie die Gabeln, die mit den Fleischstücken in Berührung kamen, waren tabu, galten also als heilige Gerätschaften, die nicht entweiht werden durften. – Bei verschiedenen Gelegenheiten verzehrte man Menschen zu Ehren einer Gottheit; vor allem beim Tempelbau, bei Siegesfeiern und nach der Auffindung Schiffbrüchiger, die, durch ihren Unglücksfall als Eigentum des Meeresgottes gekennzeichnet, diesem geopfert wurden. – Bei den Siegesfeiern führte man die Gefangenen dem Häuptling vor, der sie dem Priester zum Töten übergab. Die zerstückelten Leiber füllte man in Körbe, einige weihte man als „liebste Speise" der Gottheit, die anderen wurden an die Häuptlinge verteilt, die Männer und Frauen ihres Dorfes damit bedachten. – Manche der von den Fidschi-Insulanern verzehrten Opfer hatten die Ehre, ihre abgenagten Knochen für einen besonderen Zweck zur Verfügung stellen zu dürfen: Man fertigte aus ihren Arm- und Beinknochen einen Priestertisch an, aus ihren Schädeln Kultbecher, die auf den beinernen Tisch gestellt wurden.

Nicht immer nahm auf den Südsee-Inseln die gesamte Opfergemeinde an der Kommunion mit der Gottheit teil. In Polynesien wurde dem Gott Atua das gepfählte Herz des ersten getöteten Feindes als Versöhnungsopfer dargebracht. Die Kriegergemeinschaft durfte einige andere gefallene Feinde verzehren. – Auf Samoa bot man der Gottheit Satia Menschenfleisch an, und nur der Priester und der Medizinmann durften sich an der Mahlzeit beteiligen. – Auf den Marquesas-Inseln bekam der

Stammesgott vor der Schlacht das Herz eines Getöteten als Bittopfer, aber nur seinen Propheten war es erlaubt, sich den übrigen Leichnam einzuverleiben.

In Afrika gab es bei den Stämmen der Nupa und Haussa öffentliche Kannibalenmahlzeiten, an denen alle Dorfbewohner teilnehmen mußten. Das Opfer galt dem Gotte Djiberri und wurde bei Ausbruch eines Krieges oder einer Seuche zelebriert. Es bestand aus einem Rüden, einem Ziegenbock, einem Bullen, einem leprakranken Manne und einem Albino, deren Fleisch zusammen gekocht wurde. – Auch in Kostarika, beim Stamme der Nicardo, verzehrten Priester und Volk gemeinsam das Opfermahl, einen getöteten Gefangenen oder Fremden. Herz und Blut gehörten der Gottheit. Mit dem Blute wurde das Idol bespritzt, das Herz aß der Priester als Stellvertreter des Gottes. Das Fleisch kochte man mit Salz und Pfeffer; die Schenkel waren den Vornehmen des Stammes vorbehalten, auf alles andere stürzte sich das Volk und verschlang es zusammen mit Maisbrot und Kakao.

Bei den Azteken, die Menschenopfer und Kannibalismus häufig miteinander verquickten, wurde der Gottheit Uzilapochtlis am „Zweiten Jahrestag zum Gedeihen der Hauptgestirne" ein Mensch geschlachtet. Das Herz gehörte der durch den Priester vertretenen Gottheit, die Schenkel bereitete man dem König. Die anderen Leichenteile bekamen der Opfernde, der den Menschen zur Verfügung gestellt hatte, und die Opferteilnehmer. Die Schädel der Aufgefressenen stellte man auf einem Gerüst neben dem Tempel aus.

Zur Sicherung der Reisernte wurde im nördlichen Burma, im Upper-Chindwin-Gebiet, ein grauenhaftes Menschenopfer dargebracht: Der Opfernde kaufte ein Kind. An einem Strick, den man dem Kleinen um den Hals gelegt hatte, führte man es in die Haushaltungen der Verwandten seines Käufers, die ihm nach und nach die Fingerglieder abschlugen, das Blut ableckten und damit ihren Herd beschmierten. Endlich tötete man das Opfer durch Speerstiche, der Käufer und seine Verwandten durften sich mit dem aufgefangenen Blut einreiben, dann verzehrten er und die unsichtbare Gottheit gemeinsam den kindlichen

Körper. In jüngerer Zeit erhielt nur die Gottheit das Fleisch; es wurde in einem Korbe auf einen Hügel gestellt und nach einer gewissen Zeit fortgeworfen.

Es gibt noch eine ganze Reihe Menschenopfer-Mahlzeiten, von denen nicht mehr bekannt ist, ob sie für ein göttliches Wesen bestimmt waren.

Wem das Fruchtbarkeitsopfer beim Ackerbaufest der südafrikanischen Marino galt, ist nicht mehr ganz deutlich – heute ist es ein magisches Opfer: Ein kräftiger Jüngling wurde verzehrt, sein Kopf und sein geronnenes Blut verbrannt und die Asche auf das Feld gestreut. – Ähnlich war es bei den fruchtbarkeitbringenden Majo-Zeremonien, bei denen ein Mädchen getötet und aufgegessen wurde. Mit ihrem Blut bestrich man die fruchttragenden Palmen; an den neugepflanzten Palmen vergrub man je einen Knochen.

Auch die Initiationszeremonien der Knaben konnten mit kannibalischen Bräuchen verbunden sein. Die Initianden des Stammes am McKinlay in Nordaustralien, die eine solche Zeremonie nicht bestanden hatten, wurden getötet, zerteilt, vom Häuptling und von den alten Männern aufgegessen und ihre abgenagten Knochen in eine Kulthöhle geworfen. Daß die Knochen in eine heilige Höhle geworfen wurden, läßt vermuten, daß auch dieses Opfer ursprünglich einer Gottheit zugedacht war.

Wenn die Angehörigen des Stammes der Tangale ihr Menschenopfer anläßlich einer Siegesfeier in einem heiligen Hain brachten, es dort gekocht und von den ältesten Stammesgenossen verzehrt wurde, und wenn sie schließlich die Mahlzeitreste weit von ihrem Wohnort entfernt vergruben, so dürfte auch dieses Opfer vor Zeiten einem höheren Wesen gegolten haben, obwohl man sich später nicht mehr daran erinnern konnte.

Daß die Kannibalen-Siegesmahlzeit im Dorfe Kapsu zu Ehren eines göttlichen Wesens stattfand, ist heute noch zu erkennen, denn die Arm- und Beinknochen des Opfers wurden zu Speergriffen verarbeitet, die man in einer Idolhütte aufbewahrte. – Dasselbe gilt für das „Juju-Opfer", ein Siegesmahl, das in der Ansiedlung Bommy im Nigerdelta gefeiert wurde: Die Schädel der Verspeisten dienten zur Ausschmükkung des Götzenhauses, die übrigen Knochen stellte man auf ein Gerüst, das vor dem Götzenhaus errichtet wurde. – Auf den Hervey-Inseln der Südsee, besonders auf Rarotonga, schichtete man nach einem Siegesmahl die Schädel vor dem Tempel auf, und auch die Schädel der anläßlich der Eröffnung eines neuen Tambohauses auf St. Christoval Verspeisten wurden aufbewahrt. – Aber nicht nur die Schädel der aufgefressenen Menschen, sondern auch die Schädel der verzehrten Alligatoren, Hunde und Schweine wurden nach einer solchen Siegesmahlzeit im Heiligtum untergebracht. Im Puraridelta, aber auch an anderen Orten Ozeaniens, sind sie in den Männerhäusern zu finden, die man sich auch als Wohnsitz der Götter denkt. – In Schur auf Neuguinea wurden die bemalten Langknochen der Opfer zu Bündeln gepackt und zusammen mit den Feuerbohrstäben, die das neue Feuer durch den Leib des Opfers entfachten, in der heiligen Geisterhütte des Rapa-Geheimbundes niedergelegt. Dieses Opfer war mit einer rituellen Kopulation verbunden.

Ob die Siegesmahlzeit der Ganawuri in Nordnigeria einer Gottheit zugedacht war, wissen wir nicht; doch bestimmte Einzelheiten deuten darauf hin. Nach erfolgreicher Kopfjagd wurde das Haupt des Erschlagenen dem Priesterhäuptling des Dorfes überbracht, der mit seiner Familie Fleisch und Gehirn verspeiste. Die alten Männer trafen sich nachts in einer Höhle, in der ein Altar stand, kochten dort die Hände und Arme des Getöteten und verzehrten sie.

Dem für eine Gottheit zelebrierten Kannibalismus können also eine Reihe von Motiven zugrunde liegen: Bittopfer vor Schlachtbeginn, Sühne- und Versöhnungsopfer bei Seuchen, der Wunsch, eine gute Ernte zu sichern oder besondere kultische Ereignisse, wie Gründung und Eröffnung eines Sakralbaus, sind Gründe, um das Menschenopfer gemeinsam mit der Gottheit zu verzehren. Das kosmische Geschehen und das Wohl und Gedeihen der Gestirne, von denen das tierische, pflanzliche und menschliche Leben auf Erden abhängt, Initiationsfeiern und Siegesfeste sind ebenfalls Anlässe für einen Kannibalenschmaus, der ursprünglich Bestandteil eines Götterdienstes war.

Und nicht nur Götter empfangen und verzehren nach diesem sonderbaren Glauben den menschlichen Leichnam, sondern, wie wir bereits erfuhren, auch die fruchtbarkeitspendenden göttlichen Toten.
Sieht man die vielen Äußerungen des Kannibalismus an verschiedenen Orten der Erde im Zusammenhang, dann ergeben sich, entwicklungsgeschichtlich gesehen, drei Vorstellungskomplexe, die die Menschheit durchlief und noch durchläuft, denn noch heute gibt es Kannibalen, und die älteren Entwicklungsstufen blieben oft neben den jüngeren bestehen, lösen einander also nicht grundsätzlich ab. Die Urmenschen der Altsteinzeit betrieben einen Ur-Kannibalismus, bei dem vermutlich nur gestorbene und vielleicht vorsätzlich getötete Verwandte sowie die eigenen Gefallenen verzehrt wurden (Patrophagie). Als die Menschheit später zum Feldbau überging, wurde bei Bestattungen und im Ahnenkult zur magischen Stärkung der Vegetationsfruchtbarkeit und der ihr verbundenen Toten, mythischer Stammesahnen und chthonischer Gottheiten ein niederer kultischer Kannibalismus ausgeübt. Der höhere kultische Kannibalismus zeigt noch enge Verbindung zum niederen, greift dann aber in die geistige Sphäre über. Der mythische Ahnen-, der Kopfjagd- und zum Teil auch der fruchtbarkeitsmagische Kannibalismus verschmelzen mit dem göttlichen Kannibalismus zu einer Einheit, aus der dann die rein geistige Kommunion mit der Gottheit erwächst.

Albanische Märchen- und Göttergestalten

Unsere Ausgrabungen deuteten darauf hin, daß die Veneto-Illyrer kultischen Kannibalismus zu Ehren einer mütterlichen Gottheit, einer Fruchtbarkeits- und Totengöttin betrieben haben. Die Annahme liegt also nahe, daß den Kannibalismus fruchtbarkeitsmagische Motive bestimmten, daß Menschenopfer dargebracht wurden, um die Vegetation zu stärken.
Sehr wenig wissen wir über den Kult für die illyrische Fruchtbarkeits-

göttin. Der Römer Arian spricht zwar von Menschenopfern, die die Illyrer vollzogen haben sollen, wem und warum sie dargebracht wurden, hat er uns aber leider nicht gesagt. Und doch gibt es eine Möglichkeit, auch hier etwas Klarheit zu schaffen, und zwar auf dem bereits angedeuteten Weg über die Volkskunde.

Wieder ist es ein Verdienst der Sprachforschung, nachgewiesen zu haben, daß die Albaner die letzten Nachfahren der Illyrer sind, denn ihre Sprache zeigt Verbindung zur Sprache der alten Balkanvölker Illyrer und Thraker, die beide, nach altgriechischen und lateinischen Lehnwörtern zu urteilen, unter dem Einfluß der klassischen Kulturen standen. Mittelalterliche Urkunden, Personen- und Ortsnamen weisen darauf hin, daß die Albaner früher weiter nördlich, vielleicht im Bereich der Dardanellen, zu Hause waren. Bei ihnen haben sich trotz ihrer Romanisierung die alten kultischen und religiösen Vorstellungen wie sonst nirgendwo erhalten, und zwar in dem reichen Schatz ihrer Erzählungen und Märchen.

Was gibt es da für eine Vielzahl weiblicher Gestalten! Eine große Rolle spielt die Kutschedra, ein grauenhaftes Wesen, das als riesiges, an Gesicht und Körper graubehaartes Weib, als drachenartige Schlange oder als Reptil erscheint. Sie haust in Höhlen, Quellöchern des Gebirges und in Brunnen, kann Gewitter machen und die Quellen versiegen lassen, so daß Wassernot auftritt. Nur ein Menschenopfer versöhnt und bewegt sie dann, die Quellen erneut fließen zu lassen. Nicht selten erscheint sie wie Andromeda als Menschenfresserin und verschlingt ihre Opfer bei lebendigem Leibe. Um ihre Behausung liegen Totenschädel. Sterbliche, die sich ihrer Höhle nähern, verwandelt sie. Andererseits ist sie wie der Sphinx bereit, den Menschen Orakelsprüche zu erteilen, und sie gibt dem Helden, dem sie gut gesonnen ist, wertvolle Ratschläge. – Ursprünglich war diese Kutschedra nur eine „Wetter-Kutschedra", ein Gewitterdämon, der, wie unsere Frau Holle, später die Eigenschaften anderer mythischer Wesen in sich vereinigte. Man mußte also die alten Überlieferungen zurückverfolgen, um die Wesenszüge auszuscheiden, die erst später hinzugekommen waren.

Der Kutschedra wesensverwandt ist die Ljubia. Auch sie erscheint als geschwänztes Wesen und hat die Macht, die Gewässer versiegen zu lassen. Wie die menschenfressenden Hexen, die in den albanischen Märchen oft auftreten, lechzt sie nach dem Fleische kleiner Kinder; in einem Märchen verlangt sie Jungfrauen-Opfer, wenn sie die Quellen wieder fließen lassen soll.

Der albanische Volksglauben kennt ferner eine Hexe, Sykjinesa, die Augenhündin, die vorn und hinten je ein Augenpaar besitzt und damit an die zwiegesichtige griechische Hekate erinnert. Sie lockt junge Frauen an sich und brät sie im Backofen. Im Gegensatz zu diesem allgesichtigen Wesen wird auch von einem blinden Weib erzählt, das als Krankheitsdämon die Pest bringt.

Die Berge und Wälder bevölkern – verehrt und gefürchtet – die „Bergbräute" oder „Jungen Frauen des Gebirges". – In den nordalbanischen Bergen, in Höhlen und Sümpfen, auf Wiesen und in Wäldern hausen die elfenartigen Schtoisawalen. Sie spinnen nachts in Gesellschaft der Drangues, der Todfeinde der Kutschedra, die Lebensfäden der Menschen und schneiden sie durch. Doch das ist nur ihre Nebenbeschäftigung. Zwei Märchenwesen haben vor allem diese Aufgabe zu erfüllen: die „Ora" und die „Schöne der Erde".

Die nordalbanische Ora tritt in der Vielzahl auf, da jeder Mensch nach seinem Charakter entweder eine schöne oder eine häßliche Ora besitzt. 300 dieser Schutzgeister sammeln sich nachts unter Leitung einer wunderschönen Ober-Ora um ein Feuer auf einem Felsgipfel und beraten das Schicksal der Neugeborenen. Sind sie verärgert, so schneiden sie den Lebensfaden der Kinder durch. Die Oren erscheinen auch als „Fati", als Feen und Schicksalsdämonen. Die „Fatijen", drei alte Frauen, kommen zur Wiege eines jeden Kindes und bestimmen seinen Lebensweg; ebenso die drei „Miren".

Hoch in den nordalbanischen Bergen haust die wilde Zâna, die die Helden liebt und im Kampfe beschützt. Sie vermag wie eine Mutter laut über den Tod ihres gefallenen Lieblings zu klagen, aber sie spinnt auch tückisch ihren siebenfarbigen Faden und versucht, friedlich lebende und sich liebende Menschen auseinanderzubringen, ja gegeneinander aufzuhetzen, daß sie sich bekämpfen und töten. –

Die beliebteste Gestalt im albanischen Märchen- und Volksglauben ist die „Schöne der Erde", die Bukura e dheut. Dieses Wesen wird, so erzählen viele Märchen, in der Unterwelt von einem dreiköpfigen Hund bewacht. Im Märchen „Das Haar der Schönen der Erde" finden drei Brüder ein großes Loch, das in die Unterwelt hinabführt. Der Jüngste wagt den Abstieg und fällt schließlich auf das Haus einer Zauberin, der er sein Verlangen nach einem Haar der „Schönen der Erde" anvertraut. Er erhält ein unsichtbar machendes Zauberwasser, damit ihn der dreiköpfige Hund nicht sehen kann, und etwas Totenerde, die er der schlafenden „Schönen", bevor er ihr das Haar raubt, ins Ohr stecken soll. Das Unternehmen gelingt, die alte Zauberin ruft Krähen und Raben herbei, die den jungen Helden wieder auf die Erde tragen, während er die Vögel mit Fleisch füttert. Das Haar bekommt der König, der den Überbringer fürstlich belohnt.

In einem anderen Märchen hilft die „Schöne der Erde" ihrem Gatten beim Lösen der schweren Aufgaben, die ihm der König gestellt hat, indem sie ihm aus der Unterwelt Antwortschreiben der Verstorbenen besorgt und ein Kraut in den Mund legt, das ihn zum Herrn über den Tod macht.

Während sie in manchen Märchen der Inbegriff der Schönheit, eine Venus mit goldglänzendem Haar und das Idol kühner Helden ist, erscheint sie in anderen als schwarzhäutige, kampflustige Böse, deren Haus von Totenschädeln umgeben ist – also als Doppelnatur. Ein Märchen läßt sie mit der Kutschedra zusammenleben. Die „Schöne der Erde" muß ursprünglich eine Göttin der finsteren Unterwelt und auch des im Frühling erwachenden Wachstums gewesen sein; man hat sie mit der Persephone und der Demeter verglichen – aber sie hatte offenbar auch enge Verbindung zu Aphrodite, der „Schönsten", wie sie ihr Beiname bezeichnet.

In einigen Märchen erscheinen noch eine „Schöne des Himmels" und eine „Schöne des Meeres". Vermutlich verkörpern diese drei Gestalten

einen altillyrischen Mythos von der Dreiteilung des Weltregimes: Gewittergöttin – Unterweltsgöttin – Meeresgöttin.
Eine alte Göttin verbirgt sich auch in der heiligen Prenne oder Prema, der zu Ehren heute noch im katholischen Nordalbanien ein Kirchenfest gefeiert wird. Der Volksmund nennt sie „Herrin der Schönheit" und erinnert damit an die „Schöne der Erde". An ihrem Festtag schmücken sich die Nordalbanerinnen besonders sorgfältig und stellen als ein erotisches Symbol Mörser auf. Die Kirchenväter haben Prema mit „Veneranda" übersetzt, und man hat ihren Namen vom lateinischen „premo" abgeleitet; sie scheint also vorerst Liebesgöttin gewesen zu sein, die mit Zeugung und Fruchtbarkeit verbunden war.
In all den weiblichen Gestalten des albanischen Volksglaubens, die teils mit der Totenwelt und dem aus der Unterwelt sprudelnden Wasser, teils mit Erotik und der menschlichen Fruchtbarkeit verquickt sind, hat sich viel vom Wesen der alten illyrischen Fruchtbarkeitsgöttin erhalten, die, wie man ebenfalls aus solchen Resten altillyrischer Überlieferung deutlich erkennen kann, auch als göttliche Menschenfresserin gefürchtet war und in Zeiten der Dürre gebieterisch ihre Opfer verlangte.
Von den Göttern der Veneter wissen wir nur wenig; aber das Wenige zeigt viele Übereinstimmungen mit dem altillyrischen Fruchtbarkeitskult. Man darf also annehmen, daß die Frühillyrer und die Veneter viele gemeinsame Anschauungen über Wesen und Wirken höherer Gestalten und über ihre Verehrung hatten – Anschauungen, die im urgeschichtlichen Europa an bestimmte Wirtschaftsformen gebunden, sicher nicht nur auf einzelne Stämme beschränkt waren.

Die zerstückelte Fruchtbarkeitsgottheit

Im albanischen Märchen, also auch im Mythos um die illyrische Göttin, sind sogar Anzeichen für eine Körperzerstückelung nachweisbar. Da heißt es im Märchen „Briefe aus der Totenwelt", die „Schöne der Erde" habe vor ihrer Ehe zehn Jahre lang tagsüber gevierteilt im Wipfel eines Baumes gehangen, und nachts sei sie durch die Berührung eines Schwarzelfs belebt worden. Nach der Liebesnacht zerschnitt sie der Schwarzelf und hängte die vier Teile wiederum in die Baumkrone. Während sie dort hing, behielt sie immer das Lebenskraut im Munde; sie war also unsterblich.

Die Völkerkundler und Religionsforscher haben den eigentümlichen Zerstückelungsmythos erklärt. Vor allem der Ethnologe Jensen beschäftigte sich eingehend mit diesem Motiv und hat es in Ceram, Neuguinea, Afrika, Indien und Amerika studiert. Einige Völker besitzen Überlieferungen, die das Töten und Zerschneiden mythischer Wesen oder männlicher und besonders weiblicher Gottheiten behandeln. Die zerstückelten Körperteile verwandeln sich in diesen Sagen in Nutzpflanzen, und die Naturvölker vermeinen die Gottheit selbst zu essen, wenn sie die Pflanzen verzehren, die aus dem zerschnittenen Körper entstanden sind. Daß man tatsächlich die Gottheit selbst zu essen glaubt, ergibt sich besonders klar aus einer Mythe der Ceramesen, worin der Vater der Göttin Hainuwele den Mördern seiner Tochter zuruft: „Ihr habt sie getötet, nun müßt ihr sie auch essen."

Die alten Pflanzenbauer glaubten, das Urgeschehen, das ihnen die Nutzpflanzen bescherte, müsse alljährlich wiederholt werden, damit die vegetative Fruchtbarkeit erhalten bleibe und gefördert werde. Danach ergibt sich eine Reihenfolge der Kulthandlungen: Ein Mensch wird ermordet – man ahmt also den Tod der Gottheit nach –, der Leichnam wird zerstückelt und damit die Vorbereitung für die Entstehung der Nutzpflanzen wiederholt. Dann verzehrt man den Leichnam, wie man auch die Gottheit in den aus ihr entstandenen Früchten verzehrt. Bestimmte Körperteile werden auf dem Acker vergraben, damit aus ihnen wiederum Nutzpflanzen entstehen sollen. Damit ist die Frucht des nächsten Jahres gesichert – eine göttliche Frucht, aus dem Leibe der Gottheit erwachsen. Da nach der Mythe die zuerst unsterblichen Menschen durch ihren Mord an der Gottheit sterblich, aber fortpflanzungsfähig wurden, spielen bei den Riten sexuelle Ausschweifungen eine große Rolle.

Die Verehrung des Mondes gehört ebenfalls zum Kult für die Erdmutter. Die Mondphasen werden als Symbole des immerwährenden Wechsels von Tod und Leben, der Mond als Sinnbild der Unsterblichkeit verehrt. Wie der Mond stirbt und erwacht auch die illyrische „Schöne der Erde" in unendlicher Folge von Tod und Leben, in einem ewigen Rhythmus, dem auch die Vegetation auf Erden unterworfen ist.
Die Zerstückelung des Kultopfers muß nicht immer mit Kannibalismus verbunden sein. Eine indische Sage berichtet von der Erdgöttin, die den Menschen den Ackerbau, die Jagd und den Krieg gebracht hat. Sie habe die Menschen aufgefordert, sie zu töten und ihren Leichnam zu zerstückeln. Die Menschen gehorchten dem Befehl und zerteilten sie, dann lösten sie das Fleisch von den Knochen und vergruben es. Beim Kultopfer, das dieses Urgeschehen nachahmen sollte, zerrissen die Opferer den vom Priester vorerst leicht verwundeten Stellvertreter der Gottheit bei lebendigem Leibe und vergruben das in viele Stücke zerschnittene Fleisch auf dem Versammlungsplatz des Dorfes und auf den Feldern.
Beim Morgenstern-Opfer der Skidi-Pawnee, das dem mexikanischen Maisopfer gleicht, wurde ein Mädchen getötet, das noch warme Fleisch von den Knochen gelöst, in Stücke geschnitten und das Blut über die frische Maissaat getropft.
Eine nordische Überlieferung berichtet von einem Germanenkönig, dessen Herrschaft dem Lande Wohlstand und Glück gebracht hatte. Nach seinem Tode zerstückelte man seinen Leib und vergrub die Teile an verschiedenen Orten, damit sie dem Lande Fruchtbarkeit schenkten. – Auch hier sehen wir also noch denselben Gedanken, denn der König galt bei den Germanen als Stellvertreter der Gottheit, der bei schweren Hungersnöten sogar geopfert wurde, um durch mystische Auferstehung in den Pflanzen wieder zu neuem Leben zu erwachen.
Alle diese grausigen Opferzeremonien in Zusammenhang mit der merkwürdigen Zerstückelungssage von der illyrischen „Schönen der Erde" werfen die Frage auf, ob das Kannibalenfest zu Ehren der veneto-illyrischen Erdmutter im Kyffhäusergebirge nicht ebenfalls ein mythisches Urgeschehen wiederholen sollte, wobei der menschliche Stellvertreter

der Göttin deren sagenhaftes Schicksal nochmals erleiden mußte. Wo aber spielte sich dieses Drama ab – auf dem Vorplatz, im Gang oder im Heiligtum, wie das im Mysterienkult geschah, in einem Geheimkult, an dem nur Eingeweihte teilnehmen durften? Haben in unserem Heiligtum die für die Mysterienfeiern typischen Riten der Reinigung, der Einweihung und der „Schau" stattgefunden? Und dürfen wir annehmen, daß sich hier ähnliches abspielte wie im Demeterkult bei den berühmten eleusischen Mysterien? Wir können nur eins sagen: Das heilige Kultmahl, das in den meisten Mysterien zu den sakramentalen Riten gehörte, hat zweifellos im Höhlenbezirk der Göttin stattgefunden.

Bei den Mysterienfeiern und sicher auch im veneto-illyrischen Höhlenheiligtum spielten die Fackeln eine wichtige Rolle. Es ist überliefert, daß man die Eingeweihten durch Lichteffekte und den raschen Wechsel von Hell und Dunkel in Ekstase versetzte. Beim Höhepunkt der Mysterienfeier, wenn das verehrte Wesen erwartet und empfangen wurde, flammten alle Lichter auf, die göttlichen Symbole und die mystischen Behälter waren hell beleuchtet, und die Teilnehmer fühlten sich selbst als göttliche Wesen.

Der lange, winklige Weg durch den Spalt in unser Höhlenheiligtum mag einst wie ein Gang ins Jenseits, in die Unterwelt angemutet haben. Auch das erinnert an die bekannten Mysterienfeiern, wenn dem von einem Priester geleiteten Teilnehmer sein künftiges Geschick in der Unterwelt vor Augen geführt wurde.

Es gab also Übereinstimmungen zwischen dem Kult für unsere Höhlengottheit und den geheimnisumwitterten Mysterienkulten. Aber was wußten wir zum Beispiel über den Gebrauch heiliger Gewänder in unserem Heiligtum, denen doch im Mysterienkult eine so große Bedeutung zukam? Waren die verzierten Rindenstreifen vielleicht Reste einer solchen Kultkleidung, die man später, nach Beendigung des Opfers, ebenso zerstörte wie die Kultaxt und die anderen Gegenstände? Wurden in unserer Höhle Bräuche wie die Heilige Hochzeit geübt? Galt das Gebot des Schweigens wie bei den Mysterienfeiern auch im Heiligtum unserer Göttin? Dürfen wir annehmen, daß die Kulthandlungen zu Ehren der veneto-illyrischen Gottheit sich ähnlich abspielten, wie Plutarch es von einem heiligen Mysterienkult beschreibt: „Die Weihekandidaten kommen zuerst unter Lärm und Geschrei zusammen, wenn aber die heilige Handlung vollzogen und die heiligen Gegenstände gezeigt werden, dann geben sie unter Schrecken und Schweigen acht." Können wir sagen, ob die Teilnehmer an der Opferhandlung in unserer Höhle außer dem Schutz der Göttin auf Erden auch ein besseres Los im Jenseits erhofften?

Diese Fragen können niemals beantwortet werden. Die Funde besitzen sehr oft nur eine begrenzte Aussagekraft; was geschah, ist heute nicht mehr zu ergründen. Auch die Ergebnisse der Ausgrabungen in den berühmten Heiligtümern von Eleusis und Samothrake, im Isistempel zu Pompeji und in einigen Mithräen enttäuschten, da man nicht einen Hinweis auf die Ausübung von Geheimkulten fand. Was wir von antiken Schriftstellern, wie Plutarch, Diodor, Aristophanes, Pindar, Sophokles, vom Geheimkult, von den Weihen und deren Sinn wissen, wäre durch die Funde niemals zu enträtseln gewesen.

Es kann nicht mehr ergründet werden, ob die Menschenopfer für die veneto-illyrische Muttergottheit und die Kannibalenmahlzeiten nur einfache Opfer waren, die die Fruchtbarkeit der Felder, Tiere und Menschen gewährleisten sollten, oder ob sie alljährlich ein überliefertes Urgeschehen darstellten, das Drama von der Gottheit, die sich töten ließ und dadurch zum Wohltäter und Erlöser des Menschengeschlechtes wurde.

Konnten aber Kinder, sogar Säuglinge, eine Gottheit vertreten? Es waren doch viele Kinder auf dem Vorplatz des Heiligtums verzehrt worden! Darauf gibt eine antike Zerreißungsmythe von dem göttlichen Kinde Dionysos Zagreus Antwort: Titanen zerrissen das stiergestaltige Kind. Athene wollte es retten und brachte sein zuckendes Herz dem Zeus, der es verschlang und Dionysos dadurch aufs neue zeugte. Die Vorstellung vom zerrissenen Dionysos wurde in die Mysterien der Demeter und der Persephone eingeführt, und in den „Kleinen Mysterien" von Agrä bei Athen wurde dieses Geschehen im Kult wiederholt.

Zu den Symbolen gehörte Kinderspielzeug – wie Ball, Kreisel, Würfel, Spiegel, ferner Äpfel und Wollflocken –, Dinge, mit denen die Titanen angeblich das göttliche Kind beschenkt hatten, bevor sie es zerrissen. Im Schicksal des Kindes sah man das Los der Menschen: Wie die Pflanzen werden sie nach kurzem Erdenleben vom Tode dahingerafft. Doch wie dem durch die göttliche Verspeisung zu neuem Leben wiedererstandenen Dionysos sollte auch den Eingeweihten des Geheimkults neues Leben nach dem Tode beschieden sein. – Das Zerreißungs- und Zerstückelungsmotiv gehörte offensichtlich zum Kult des Dionysos, der wie Demeter als Fruchtbarkeitsgott verehrt wurde. Die mythischen Dionysos-Überlieferungen sprechen deutlich von Menschenopfern zur Stärkung der Vegetationsfruchtbarkeit: Homer erzählt, Lykurgos, der thrakische König der Edoner, habe die Ammen des trunkenen Dionysos vertrieben. Zur Strafe kam Unfruchtbarkeit über das Land. Lykurgos geriet in Raserei, hielt seinen Sohn Dryas für eine Weinrebe und tötete ihn. Zwar wurde der König vom Wahnsinn geheilt, doch die Unfruchtbarkeit blieb im Lande. Nunmehr schleppte das Volk seinen König auf Geheiß des Dionysos zum Gipfel eines Berges und ließ ihn von Pferden zerreißen. Damit war die böse Tat gesühnt, und die Hungersnot hatte ein Ende. –

Eine andere Zerreißungsmythe zeigt wohl Verbindung zum Dionysos-Kult, nicht aber zur Fruchtbarkeit des Landes: Pentheus, der König von Theben, wollte den Frauen die Verehrung des Dionysos verbieten. Seine Mutter, die sich unter den rasenden Bacchantinnen befand, hielt ihn für einen Löwen oder Eber und zerriß ihn. – Die Frauen von Argos sollen einst dem Gotte die Anbetung verweigert haben, weshalb er sie alle in Raserei versetzte, in der sie ihre eigenen Kinder töteten und verzehrten.

Wir sehen also, daß ein Kind sehr wohl Stellvertreter einer Gottheit, besonders der jugendlichen Gottheit sein kann.

Doch gibt es noch eine andere Erklärung: Die Göttin Aura (= Aurora oder Eos), ursprünglich eine Muttergottheit, soll nach einer Mythe von Dionysos vergewaltigt worden sein. Sie gebiert Zwillinge, verschlingt aber ein Kind gleich nach der Geburt, das andere wird von Artemis rechtzeitig entführt. Sie will sich ertränken, Zeus verwandelt sie jedoch in eine Quelle. Aura war also offenbar eine Quell- oder Fruchtbarkeitsgottheit, die ihr eigenes Kind verzehrte.

Wir wissen nicht, welche Vorstellungen unsere veneto-illyrische Unterweltsgottheit umgaben – darüber kann uns auch der albanische Zerstückelungsmythos von der „Schönen der Erde" keine Aufklärung geben. Wir müssen uns lediglich mit der Feststellung begnügen, daß unsere Göttin wie Artemis Orthia Kinderopfer empfangen hat. Vielleicht brachte man ihr Erstlingsopfer dar, wobei ihr die Kinder mit den ersten Früchten und jungen Tieren geweiht wurden. Beispiele von Opferungen erstgeborener Söhne und Töchter gibt es auch in der altsemitischen Religion (Passah-Erzählung und Abrahams verhindertes Sohnesopfer). Die dämonische kinderfressende Ljubia des albanischen Märchens ist eine letzte Erinnerung an die Versöhnungsopfer für ein über Fruchtbarkeit und Dürre entscheidendes mythisches Wesen, ebenso die kinderfressende Fee, der man Brot- und Kuchenopfer anbietet und die nach heutigem Volksglauben in einigen französischen Höhlen wohnen soll.

Wie es scheint, hat nicht nur der Erdmutterkult bei den Illyrern und Venetern, sondern auch bei anderen Völkern solche grausamen Kinderopfer gekannt, die jedoch nicht immer mit Kannibalismus verbunden sein mußten. Auf der Insel Cyprus entdeckten die Archäologen eine Gruppe von Kuppelgräbern, in denen 25 Kinder meist bei den Köpfen Erwachsener bestattet waren. Es schien, als ob sie bei deren Tode geopfert worden seien. Daneben wurde ein Thron und der Kopf einer Muttergöttin-Statue gefunden. Nahe bei diesem anscheinend heiligen Ort befanden sich noch kleine Kuppelgräber, die man als Wohnstätten oder als Getreidebehälter deutete.

Auch die Germanen haben ihren Fruchtbarkeitsgottheiten Kinder geopfert. Bei Mißwuchs und längerer Hungersnot töteten sie – wir erfahren das aus nordischen Quellen – zunächst einen kräftigen Knaben, um die geschwächte Gottheit zu stärken. Das Opfer hat gewisse Ähnlichkeit mit dem magischen Kannibalismus zentralaustralischer Stämme, wobei alte Leute gern Säuglinge verzehrten, damit sie wieder jung und kräftig würden.

Ebenso brachten die unter germanischem Einfluß stehenden Völkerschaften Kinderopfer dar. Die Esten raubten zum Beispiel auf der Insel Ösel Knaben für Thorsopfer.

Nach Hieronymus (4. Jahrhundert) verzehrte man beim gallischen Stamm der Attacotter das Gesäß von Knabenleichen. Wahrscheinlich war auch das ein kultisches Mahl. Der Stamm besaß große Viehherden; Hunger kann also das Motiv dieses Kannibalismus nicht gewesen sein.

Ein altmexikanisches Fruchtbarkeitsopfer, bei dem die Regengöttin kleine Kinder empfing, fand am „Ersten Jahresfest" statt, das man „Die Bäume erheben sich" nannte. – Kinderopfer, mit oder ohne Kannibalismus, waren also eine besondere Opfergabe für die Vegetations- und Fruchtbarkeitsgottheiten. Zur Stärkung der geschwächten Zeugungskraft erhielten sie Fleisch und Blut von jungen Menschen und Tieren.

Wann aber fanden die Opfer zu Ehren unserer veneto-illyrischen Unterweltsgottheit statt? Wir können auch darüber etwas aussagen, haben wir doch die merkwürdigen Strohfeuerreste in den Höhlen gefunden. Da man früher nur die Ähren abschnitt, das Stroh aber auf dem Felde stehen ließ, gab es nur unmittelbar nach der Ernte brennbares Stroh. Sicher wurden die großen Kannibalenfeste der heutigen Naturvölker nicht zufällig nach der Ernte abgehalten, zu einer Zeit, da man zu ihrer Ausgestaltung reichlich Nahrungsmittel zur Verfügung hatte.

Warum verbrannte man übrigens Stroh? Hätte doch trockenes Holz ein viel dauerhafteres Feuer gegeben! Noch vor nicht allzulanger Zeit besaß das Strohfeuer bei allen germanischen Saat- und Erntebräuchen große Bedeutung. Man glaubte, das hell lodernde Strohfeuer vertreibe die Dämonen und sichere dadurch die zukünftigen Ernten. – Auch wird dem Stroh als Bestandteil der Getreidepflanze eine fruchtbarkeitfördernde Kraft zugeschrieben. Bis in unsere Tage hat sich eine heidnische Sitte auf deutschem Boden erhalten: In Niedersachsen an der Hönne, nahe bei Clusenstein, liegt eine Höhle, in der sich ein eigenartiger Tropfstein, Ruêndäupe oder Pferdedäupe genannt, befindet. Am ersten Pfingstfeiertag entzündet die Dorfjugend in der Höhle Strohschofe, die mit Birkenreisern umwunden sind. Heute ist dieser Brauch zur Volksbelustigung abgesunken; ursprünglich war er eine heilige Handlung, die die Feldfrucht vor Hagel schützen und eine gute Ernte sichern sollte.

Beim „Furchenopfer" des altindischen Ackerkults mußten Gras und Gerstenstroh rings um das Opferfeuer ausgebreitet werden. – Das Strohfeuer konnte jedoch noch einen anderen Zweck erfüllen: Die Neger des Balubagebietes sengen gern über einem Schilfgrasfeuer die Haut des Leichnams ab, den sie verspeisen wollen. Wenn auch die Kannibalen unseres Gebietes ein solch leichtes Feuer zur Herrichtung ihrer unheimlichen Mahlzeiten benutzten, so hatte es die Berührung mit dem Opfer geheiligt. Sicher wohnte ihm ebenfalls ein Fruchtbarkeitsgedanke inne.

Nahmen nun Männer und Frauen oder nur Männer an der Kannibalenmahlzeit im heiligen Bezirk unserer Muttergottheit teil?

Heute sind, oder waren bis vor kurzem, bei vielen Naturvölkern fast nur die männlichen Geheimbund-Mitglieder an den Schmausereien beteiligt, und sehr selten durften auch die Frauen zugegen sein. Den meisten Geheimbünden ging jedoch der Sinn des kultischen Kannibalismus nahezu verloren; magische Anschauungen und Genußsucht blieben oft allein die Triebfedern der Menschenfresserei. Und beim Zaubern und Genießen wollen die Männer gern allein sein. Dort aber, wo religiöse Motive im Vordergrund stehen und die Sehnsucht nach einer Kommunion mit der Gottheit noch wach ist, erhält zwar der Priester als Stellvertreter der Gottheit das beste Stück, die übrigen Leichenteile stehen jedoch der ganzen Opfergemeinschaft, Männern und Frauen, zur Verfügung. An der sakralen Menschenfresserei im Dienste unserer Muttergöttin dürften demnach beide Geschlechter beteiligt gewesen sein, darauf deutete sogar ein Befund in den „Wohnhöhlen" des heiligen Bezirkes.

In Höhle 1, wo wir zum ersten Male bei einigen Herdstellen auf Kannibalenmahlzeitreste gestoßen waren, hatten wir nämlich neben Waffen auch viele Spinnwirtel gefunden. Die Höhle scheint, nach ihren Schichten zu urteilen, in Zeitabständen als Wohnhöhle gedient zu haben, und es müssen also auch Frauen dort gehaust haben. Die vielen Bronzefunde lassen vermuten, daß sich sozial gutgestellte Männer und Frauen in der Höhle dicht neben dem Heiligtum der Göttin aufgehalten haben; vielleicht waren es die profanen bzw. sakralen Oberhäupter einer oder mehrerer Dorfgemeinschaften. Es gab noch andere „Wohnhöhlen" in unserem Berg, aber ihr Inventar war ärmlicher als das in der Höhle 1. Alle diese zeitweise aufgesuchten Behausungen scheinen für die Teilnehmer an den Opferfeierlichkeiten, die vielleicht von weither zum heiligen Berg gewallfahrtet waren, ein vorübergehender Aufenthaltsort gewesen zu sein. In keiner anderen „Wohnhöhle" aber fanden sich so viele Menschenknochen wie in Höhle 1, deren Insassen anscheinend ein besonderes Anrecht auf Menschenfleisch gehabt haben.

Im Kessel der Höhle 7

Als wir in den Kessel der Höhle 7 vordrangen, auf deren heute offenem, einstmals überdachtem Vorplatz sich der „Kannibalenherd" erhob, stießen wir auf einen schmalen, sich nach hinten immer mehr verengenden Spalt, der sich tief in den Berg schob. Seine oberen Schichten waren mit zerschlagenen und schnittspurenbedeckten Menschenknochen angefüllt. Diese Kannibalenmahlzeitreste waren sicher nicht ohne Absicht in den abgelegenen Spalt geworfen worden! Daß man sie dort verstecken wollte, ist nicht anzunehmen, denn die Beweise für das, was vor der Höhle geschehen war, lagen ja dicht beim Herd und im vorderen Teil der Höhle. Es gab für uns zunächst nur eine Deutung: Man hatte die Überreste der rituellen Mahlzeiten zum tief in den Berg führenden Spalt gebracht, weil sie, wie die Getreidekörner, die Schmucksachen, die Tierknochen und die Menschenknochen aus Höhle 9, einem mythischen Ahnen oder einer Gottheit geweiht waren. Auch Höhle 7 war also wahrscheinlich ein Opferplatz.

Warum aber waren hier die Überreste der heiligen Mahlzeiten in der ganzen Höhle und in allen Spalten zu finden, während sie im anderen Heiligtum vorwiegend auf dem Vorplatz und im Gang, im Heiligtum selbst jedoch fast nicht in Erscheinung traten und Tier- und Getreideopfer dort vorherrschten? Das naheliegendste war es wohl, an zwei verschiedene Unterweltsmächte zu denken, die im heiligen Berg angebetet wurden, wobei die zweite Gottheit aber nicht unbedingt der Gatte unserer Muttergöttin gewesen sein muß, obgleich wir diese naturgemäß beliebte Verbindung aus vielen alten Religionen kennen. – Das andere Heiligtum kann auch den Toten, den verstorbenen Ahnen geweiht gewesen sein, die ja noch heute bei zahlreichen Völkern sehr verehrt werden. Die Grotte der Nymphen auf Ithaka zum Beispiel soll zwei Eingänge besessen haben: einen für die Götter, den anderen für die Menschen, das heißt für die Verstorbenen.

Und gleich ein neues Problem: Die germanischen und keltischen Krieger waren in Gemeinschaften zusammengeschlossen. Wahrscheinlich hatten auch die Veneto-Illyrer Kriegergemeinschaften. War Höhle 7 der Kultort einer solchen Gemeinschaft und feierten die Männer zu bestimmten Zeiten auch vor dem Höhlenheiligtum der Göttin Feste? Wüßten wir, ob die Ahlen, die wir am Vorplatz und im Zugang zum Heiligtum gefunden hatten, tatsächlich Tatauiernadeln waren, so würde die Annahme, daß eine Männergemeinschaft dort gewirkt hat, noch wahrscheinlicher werden. Es sei in diesem Zusammenhang darauf hingewiesen, daß beim Tatauieren eines vornehmen jungen Polynesiers ein Sklave erschlagen wurde, dessen Fleisch das Hauptgericht des Opfermahles lieferte.

Wir durften zufrieden sein – wenngleich manches Problem unklar oder sogar ungelöst bleiben mußte, hatten wir doch in monatelanger, gefährlicher Arbeit einen Einblick in das Geistesleben der Veneto-Illyrer gewonnen. Hätten wir jetzt die Untersuchungen abgebrochen, so wäre unsere Höhlengrabung dennoch eins der interessantesten Forschungsunternehmen auf deutschem Boden gewesen. Aber die Höhle 7 ließ uns nicht los. Wir mußten auch ihre Geheimnisse zu enträtseln versuchen. – Und wieder vergingen viele Monate, bis uns das gelungen war.

Schachtopfer

Während wir im Spalt 10 und auf dem Vorplatz zum Höhlenheiligtum der Göttin arbeiteten, barg eine andere Grabungskolonne die vielen Kannibalenmahlzeitreste aus dem schmalen Spalt im Hintergrunde der Höhle 7. Riesige Feuerbrände müssen zeitweilig im Höhlenkessel neben dem Spalt gelodert haben, denn der Boden war dort tiefrot. Daneben ruhte ein ordnungsgemäß bestatteter Toter: ein fast vollständiges menschliches Skelett mit einer urnenfelderzeitlichen Tasse. Hatte der in der Höhle 7 geübte Kannibalismus zu Ehren dieses Toten stattgefunden, der allerdings so ärmlich ausgestattet war, daß man in ihm keinen hervorragenden Stammesangehörigen vermuten kann? Warum aber war das Skelett nicht vollständig? Fanden hier Patrophagie und Ahnenkult-Kannibalismus gleichzeitig statt oder war es ein Menschenopfer für einen mythischen Ahnen oder eine Gottheit? Dieses Rätsel blieb ungelöst.

Eine Grube dicht bei der Feuerstelle enthielt Menschenknochen, eine wahrscheinlich urnenfelderzeitliche Bronzenadel und ein rundes durchbohrtes Knochenstück, eine Trepanationsscheibe aus einem Menschenschädel, die wir als große Kostbarkeit sofort gesondert verpackten. Solche Trepanationsscheiben waren einst, vor allem in der jüngeren Steinzeit, als Amulette sehr begehrt. Mit ihnen hatte es folgende Bewandtnis: Der urgeschichtliche Medizinmann behandelte Gehirntumoren, chronische Kopfschmerzen, epileptische Anfälle und Lähmungen, indem er dem Kranken den Schädel öffnete, damit der „krankmachende böse Geist" entweichen könne. Seit der jüngeren Steinzeit kannte man solche Operationen, und es ist erstaunlich, daß viele der so Behandelten mit dem Leben davonkamen, um so mehr, da noch in den dreißiger Jahren des vorigen Jahrhunderts alle Trepanierten in den Pariser Krankenhäusern starben. Doch nicht immer raffte die schwere Krankheit die Patienten dahin, noch öfter hatten die bazillenverseuchten Instrumente schuld an ihrem Tod. Das Geheimnis der urgeschichtlichen Heilerfolge aber waren die völlig keimfreien Feuersteinmesser, die man unmittelbar vor der Prozedur aus einer Feuersteinknolle schlug. Natürlich begünstigte auch die körperliche Widerstandsfähigkeit einen glücklichen Ausgang der Behandlung – eine Kleinigkeit war aber eine solche Operation wahrhaftig nicht! Die alten Peruaner, Meister der Trepanationskunst, setzten sich dabei einfach auf den bäuchlings liegenden, wahrscheinlich durch einen Trunk berauschten Patienten, drückten seinen Kopf gegen den Erdboden und begannen, das Schädeldach aufzumeißeln. Die Südsee-Insulaner, die ebenfalls sehr viel von dieser Kunst verstanden, deckten zu große Löcher in der Schädeldecke mit einer Kokosnußschale ab, bevor sie die Hautlappen wieder darüberlegten. Auf dem Balkan, wo sich mancher Serbe sieben- bis achtmal einer solchen Tortur unterzog, tat eine Kürbisschale denselben Dienst.

Starb in urgeschichtlicher Zeit jemand, der einmal eine solche Operation überstanden hatte, dann schnitt man aus seinem Schädeldach runde Scheiben; an jeder mußte aber ein Stück vernarbten Knochens zu sehen sein. Die Scheiben durchbohrte man, fädelte durch das Loch eine Schnur und besaß damit ein ausgezeichnetes, magisch wirkendes Amulett gegen allerlei Krankheiten! Warum nur hatte man eine solche Kostbarkeit in der Kannibalenhöhle vergraben? War hier, wie im Schatzspalt der Höhle 9, wo man der Göttin einen Amulettschmuck geweiht hatte, ebenfalls ein Amulett für ein göttliches Wesen niedergelegt worden, und sollte die beigegebene Nadel die magische Wirkung dieser Gabe verstärken? In jungsteinzeitlichen Gräbern bei Paris, aber auch auf den Kanarischen Inseln und in Nordfrankreich, hatten Archäologen schon öfters solche „Rondelles craniennes", wie sie dort genannt werden, gefunden. In den Marne-Grotten entdeckte man 1874 neben zwei trepanierten Schädeln sogar viele solcher Scheiben. Nun tauchte ein Stück, das allerdings jünger war als die französischen Exemplare, auch in unserer Kannibalenhöhle auf!

Unmittelbar vor dem engen Spalt, in einer kleinen Nische des Höhlenkessels, stand eine von den herrlichen Radnadeln, die den Frauen der Hügelgräberbronzezeit zum Festhalten ihrer Mäntel gedient haben und die vor rund 3500 Jahren in der Lüneburger Landschaft große Mode waren. Sofort dachten wir an die Radnadel älteren Typs aus Höhle 4a: Sollte man schon damals Weihegaben im Berge niedergelegt haben? Versteckt hatte man beide Stücke wohl nicht, denn jeder, der die Höhlen betrat, hätte sie sofort sehen müssen.

Gleich hinter der riesigen Feuerstelle des Höhlenkessels verlief parallel zum Hang ein breiter Spalt, offensichtlich eine der Randzerreißungsklüfte, die sich irgendwann im Eiszeitalter oder noch früher gebildet haben, als große Teile des Berges dort versanken, wo sich heute das Frankenhäuser Tal erstreckt. Der Spalt mit den senkrechten, wie aus Beton gebauten Wänden erinnerte an den Zugang zum Heiligtum der Göttin in Höhle 9.

In den mittleren Erdlagen der Kluft befanden sich wieder Menschenknochen – wir nahmen es gleichmütig hin, da wir glaubten, die alten Kannibalen hätten ihre Mahlzeitreste eben auch in diesem Spalt deponiert. Wir wunderten uns nur, daß hin und wieder unversehrte Menschenschädel auftauchten, denn um die Kannibalenherdstelle, im Kessel und im engen Spalt waren uns neben anderen Knochentrümmern nur in viele Teile zerschlagene Schädel in die Hände gefallen.

An einem schönen Tage arbeiteten wir wieder in unserer Kluft, überzeugt, bald auf ihr Ende zu stoßen. Ich sah zur Uhr. Es war noch nicht Frühstückszeit, aber ich verspürte plötzlich Hunger und Durst. Laut forderte ich die anderen auf, ebenfalls Frühstück zu machen. Die blickten erstaunt auf, kopfschüttelnd holte Brinkmann seine Sprungdeckeluhr aus der Westentasche und hielt sie an das Ohr, ob sie etwa stehengeblieben sei. Wir verließen den Kessel, klopften uns den Gipsstaub notdürftig aus den Kleidern und kletterten gemütlich zum Plateau empor. – Als wir gestärkt wieder an die Arbeit gehen und den Kessel betreten wollten, wichen wir entsetzt zurück – da, wo wir noch vor einer halben Stunde gestanden hatten, lag jetzt ein wüster Steinhaufen. Viele Zentner Gipsgestein waren vom Höhlendach herabgestürzt. Hätten wir unsere Frühstückspause nicht vorverlegt, dann bedeckte nun das Steinmonument die jüngsten, zwar nicht aufgefressenen, aber erschlagenen Opfer der Kannibalenhöhle! Unerklärlicherweise hatten wir vorher nichts Auffälliges, nichts Beunruhigendes am Kesselfirst bemerkt, was eine solche Katastrophe angekündigt hätte.

Vorerst waren wir bedient. Tagelang arbeiteten wir in einer anderen Höhle. Morgen für Morgen besahen wir uns den Kessel und seinen First. Am Höhlenportal hatten sich Risse gebildet; wir legten Gipsmarken an, die schon nach kurzer Zeit gerissen waren. Das Gestein arbeitete also weiter. Ganz vorsichtig schlugen wir den lockeren Gips vom Portal, behutsam und so schnell es ging, trugen oder schoben wir die abgestürzten Firststeine aus dem Kessel. Als wir endlich den letzten Stein entfernt hatten, betrachteten wir schaudernd den aufgewühlten Boden: Beinahe hätten andere die Steine abräumen müssen, um unsere zerquetschten Leiber zu bergen.

Als die Gipsmarken endlich keine Bewegung des Gesteins mehr erkennen ließen, krochen wir wieder in den Spalt. Anfangs betrachtete jeder, der die Höhle betrat, zunächst prüfend den First, dann überquerte er schnell den Kessel und schlüpfte eilig in den Spalt. Dort war er sicher. Selbst bei einem neuerlichen Einbruch konnte man hoffen, nach nicht allzulanger Zeit gerettet zu werden. Ganz Vorsichtige nahmen daher ihren Proviant mit und versicherten, das Essen halte sich dort wie in einem Eisschrank – heimlich aber mochten sie daran gedacht haben, daß man es so ausgerüstet wohl eine Weile aushalten könnte, wenn es wieder krachen sollte.

Je weiter wir in den Spalt vordrangen, um so mächtiger wurde die erdige Füllschicht. Das war sehr merkwürdig; wir konnten uns nicht erklären, woher die Erde kommen mochte. Viele Meter über uns hing der schmale First unseres Spaltes, im Scheinwerferlicht nur undeutlich zu erkennen. Sollte sich irgendwo ein Deckenverbruch befinden, durch den die Erde vom Plateau abgerutscht war? Doch wir hatten jetzt wenig Zeit, uns darüber Gedanken zu machen. Schon im Profil der Erdwand waren uns die vielen Menschen- und Tierknochen aufgefallen, die allenthalben in den Schichten steckten. Kaum war das Profil aufgemessen und gezeichnet, begannen wir, die einzelnen Erdschichten waagerecht abzutragen. Schädel, merkwürdig liegende halbe und fast vollständige Skelette und einzelne Menschenknochen lagen dort neben Tierknochen, Tierschädeln, Holzkohlebrocken und von Feuer geschwärzter Erde. Immer höher hob sich die Erdwand – schließlich erreichte sie den First. Zweifellos stammte der Boden von oben; problematisch war nur, wie man jetzt die Erde quadrantenweise abstechen sollte. Auf langen Leitern stehend, pickte die Grabungsmannschaft dicht unter dem First in den dort fundleeren Boden. Immer tiefer fraßen sich die Spitzhauen in den steinharten Erdblock. Plötzlich stieß eine Picke ins Leere, und durch ein Loch sah man die Fortsetzung unseres Spaltes. Unzählige feine Haarwurzeln hingen dort wie Riesenbärte von der Decke. Wir hatten die Spitze des riesigen Erdkegels durchstoßen ... Jenseits unserer Durchbruchstelle fiel der Boden tatsächlich wieder schräg abwärts! Nach kurzer Beratung beschlossen wir, den Spalt vom Plateau her zu öffnen. An der Stelle, wo unsere Erdkegelspitze im Innern des Berges den First berührte, erkannte man deutlich eine Mulde im Grasboden. Einige Arbeiter wurden aus Sicherheitsgründen an nahen Bäumen angeseilt. Bald war ein tiefes Loch ausgehoben, und ein mit Humuserde gefüllter Trichter – von Holzkohle durchsetzt – tat sich auf, der genau auf die Erdkegelspitze im Spalt zuführte.

Wir konnten jetzt, von der Kegelspitze aus, die Schichten waagerecht abtragen und die Erde durch den Trichter nach oben befördern. Ganz oben fanden wir zunächst viele angebrannte und zerschlagene Menschenknochen. Je tiefer wir vordrangen, um so häufiger stießen wir auf Steinlagen, unter und zwischen denen die eigentümlich zerstörten

Menschenskelette und Tierknochen steckten. Eine Steinlage bedeckte jeweils eine Knochenschicht. Zu bestimmten Zeiten müssen also Menschenkörper und Tierknochen durch den Trichter in den Schacht gestürzt und jedesmal mit Erde und Steinen zugeschüttet worden sein, so daß der Schuttkegel im Spalt immer höher wuchs.

Große Freude und Überraschung lösten die wenigen Bronzeschmucksachen aus, die wir endlich zwischen den Knochenlagen, vermengt mit Bernsteinperlen und geröstetem Getreide, fanden: Eine schöne Radnadel osthessischen Gepräges, ein Tutulus, den man als Kleiderbesatz verwendet hatte, viele kleine Ringe und ein Armring wiesen die Schichten der Hügelgräberbronzezeit zu. Waren wir hier auf einen großen Bestattungsplatz gestoßen? Die Südsee-Insulaner auf Nauru zum Beispiel stürzten ihre Verstorbenen in Schachthöhlen und warfen ihnen Steine und Feuerbrände nach – eine erstaunliche Übereinstimmung! Dazu wollte aber weniger passen, daß es in Thüringen viele Grabstellen aus der Hügelgräberbronzezeit gab, die ein ganz anderes Bild vom Bestattungswesen dieser Zeit vermittelten! Da waren die Toten in Bohlenkammern und Steinkisten beigesetzt, darüber große Hügel aufgewölbt, die ein Steinkranz umgab. Schachthöhlenbestattungen aber waren weder von ihnen noch ihren Vorgängern, den Aunjetitzern der älteren Bronzezeit, bekannt. Auch diese bestatteten ihre Häuptlinge in festen Grabhütten unter hohen Erdhügeln – die Bauern wurden in kleinen Familiengrabstätten oder in Einzelgräbern, mit verschiedenen Beigaben versehen, auf oft sehr großen Gräberfeldern zur letzten Ruhe gebettet. Aber vielleicht waren wir auf eine noch unbekannte Bestattungsart der Viehzüchter und Feldbauer aus der Hügelgräberbronzezeit gestoßen? Auf der Insel Nauru erhielten die Leichen der sozial höhergestellten Männer und Frauen ebenfalls eine schöne Erdbestattung; die toten Habenichtse aber warf man in einen Erdschacht. Vielleicht war auch in der Hügelgräberbronzezeit von 1600 bis 1400 v. u. Z. eine solche soziale Trennung bekannt? Warum aber waren dann die Skelette der Bestatteten unvollständig? Das ließe sich erklären, wenn man annimmt, daß sich auf den schrägen Hängen des

Schuttkegels die Knochen, besonders aber die Schädel der verwesenden Leichen lösten, dann verrutschten und sogar abrollten. Doch man hatte die Toten mit Steinen bedeckt; da konnten sich die einzelnen Knochen wohl verschieben, es war aber nicht gut möglich, daß ganze Skeletteile verschwanden! Das Rätsel war nur in den unteren Füllschichten des Schachtes, an der Basis des Erdkegels, zu lösen, dort, wo die Skelette unberührt liegen mußten.

Viele Monate arbeiteten wir angestrengt im Schacht, standen schon so tief, daß wir die Erde nur mit einem langen Flaschenzug nach oben befördern konnten. Immer mehr Knochen wurden geborgen. Zeichner und Fotograf hatten fieberhaft zu tun, wenn sie die jeweilige Situation festhalten wollten. Zwischen den Knochen und Steinlagen hatten wir Scherben gefunden, die im Museum zu großen Gefäßen zusammengesetzt wurden. Sie gehörten nach allem, was wir wußten, der Aunjetitzer und hügelgräberbronzezeitlichen Kultur an.

Endlich hatten wir die letzte waagerechte Steinschüttung des Schachtes erreicht. Jetzt mußte es sich herausstellen, ob die untersten Skelette vollständig waren! Aber es ergab sich das gleiche Bild: Es lagen nur einzelne Menschen- und Tierknochen nebeneinander. Und aus der letzten Fundschicht kamen einige dicht nebeneinanderliegende Schädel zum Vorschein. In ihrer Nähe fanden wir ein schönes vierbeiniges, mit Punktkreisen verziertes Döschen und andere zerbrochene Gefäße der Aunjetitzer Kultur. Die Schädel brachten unsere Theorie von einer Bestattungshöhle ins Wanken. Der eine besaß eine unverheilte Trepanation, hatte aber mit dem neben der Feuerstelle vergrabenen Amulett nichts zu tun, denn er stammte aus einer älteren Epoche. Dieser Patient hatte die Operation nicht überstanden – der Knochen zeigte keine Vernarbung. Dagegen fehlte eine Schädelhälfte, und verschiedene Bruchlinien deuteten darauf hin, daß diese Hälfte abgeschlagen worden war. Das war keine Bestattung! Alles wies vielmehr darauf hin, daß die Schädelbasis aufgeschlagen wurde, damit man das Gehirn entnehmen konnte. Ganz ähnlich machen das die Südsee-Kannibalen noch heute.

Mein Arbeitszimmer im Museum sah damals wie ein anatomisches Institut aus – Kisten, mit Knochen aus dem Schacht gefüllt, standen in allen Ecken herum. Die Schädel lagen säuberlich nebeneinander. Einige von ihnen waren uns schon während der Ausgrabung wegen ihrer Verletzungen aufgefallen. Da sah man deutliche Schlagspuren, die nach Vergleichen mit Verletzungen auf den Schädeln Ermordeter – das Universitätsinstitut für Gerichtliche Medizin in Jena hatte uns das Material zur Verfügung gestellt – von einem stumpfen, hammerartigen Werkzeug herrührten. Der steinerne Keulenkopf, den wir im Schacht gefunden hatten, konnte sehr wohl eines der Mordinstrumente gewesen sein. – Ein anderer Schädel zeigte schwere Hiebverletzungen: Ein Beilhieb hatte das Hinterhaupt so schwer getroffen, daß man meinen konnte, er sollte den Kopf vom Rumpf trennen. – Solche Verletzungen wiesen die Schädel der in den hügelgräberbronzezeitlichen und den Aunjetitzer Gräbern Bestatteten niemals auf.

Hatte vielleicht in der Nähe unseres Berges eine Schlacht stattgefunden, und wurden die Leichen der Gefallenen in den Erdschlund geworfen? Es waren aber Frauen- und Kinderknochen dabei – außerdem war die 15 Meter hohe Schachtfüllung in vielen Jahren, wahrscheinlich in vielen Jahrzehnten entstanden. Eine Schlachtfeldbestattung konnte das also ebenfalls nicht sein, und auch von einer Seuchenbestattung war wegen der schwerverletzten Schädel keine Rede.

Man mußte wohl von den Rinder-, Schaf-, Ziegen-, Schweine- und Hundeknochen, den aufgeschlagenen Markknochen und von den zerstörten Töpfen ausgehen, die nur eine Deutung zuließen: Die Knochen waren Mahlzeitüberreste, in den großen Töpfen aber hatte man den Schmaus zubereitet oder die Getränke aufbewahrt. Unsere Töpfe waren anscheinend Tabu-Gegenstände, die niemals wieder verwendet werden durften. Es waren also heilige Mahlzeiten, die man auf dem Plateau servierte. Aber zu wessen Ehren hielt man diese Mahlzeiten ab? Waren es Leichenschmäuse, die bei Bestattungen üblich waren und die heute noch üblich sind, wenn sich die Angehörigen und Freunde eines Verstorbenen nach der Beerdigung in einem Lokal oder im Hause des Toten treffen, um bei einem Umtrunk, bei Kaffee und Kuchen des Verblichenen zu gedenken? Nahm man an, daß es in der Hügelgräberbronzezeit wie auf Nauru für Arme und Reiche verschiedene Bestattungsriten gab, so ist nicht zu erklären, warum man ganze Rinder, Schweine und andere Tiere zu Ehren „armer" Leichen schlachtete. – Oder deutete alles auf „Sekundär"-Bestattungen hin, bei denen die Toten auf einem offenen Gestell, in der Erde oder in einer Höhle verwesen mußten, bis man ihre Knochen schließlich wieder hervorholte, reinigte, in einen kleinen Behälter bettete und in einer Höhle oder an einem anderen Ort festlich beisetzte? So etwas war bei manchen Naturvölkern, zum Beispiel bei den Huronen, Sitte.

In unserem Schacht lagen aber auch zwei vollständige Skelette. Das bereits bekannte Problem tauchte erneut auf: Hatte man die anderen Getöteten und teilweise Verzehrten sowie die Tierfleischreste ihnen zu Ehren in den Schacht geworfen? Dieser Gedanke drängte sich besonders beim Anblick des einen Hockers auf, dem man eine Tierfleischbeigabe zum Kopfe gelegt hatte. Dieser Hocker kann aber nicht durch die Schachtöffnung hinabgestürzt worden sein. Man muß ihn sorgfältig abgeseilt oder durch den Höhlenkessel in den Schacht getragen haben.

Es gab zunächst für das Ganze nur eine Erklärung: Die Schachthöhle muß im Ahnenkult eines hügelgräberbronzezeitlichen Siedlungsverbandes, bei dem auch das Tier- und Menschenopfer gebräuchlich war, eine Rolle gespielt haben. Hatte man diesen Ahnenkult in der Urnenfelder- und Hallstattzeit, als der Schacht längst zugefüllt war, im Kessel der Höhle 7 fortgesetzt?

In bestimmten Abständen scheinen auf dem Plateau Feste stattgefunden zu haben, bei denen Tiere geschlachtet, Menschen getötet und – auch das war nach einer genauen Betrachtung der Skelettknochen so gut wie sicher – oftmals teilweise verzehrt wurden. Zwar zeigten sich nur selten, in den obersten Schichten jedoch häufiger, die charakteristischen Schnittmarken und die kennzeichnende Zertrümmerung von Arm- und Beinknochen, wie wir sie im jüngeren Heiligtum der Höhle 9 und in den Wohnhöhlen beobachtet hatten. Aber auch in diesem Falle waren die

Leichen zerteilt worden. Beweis dafür war ein Halswirbel, ein Atlas, mit einigen waagerechten Schnittspuren – eindeutigen Spuren einer nicht sofort gelungenen Köpfung! Auch der Schädel mit dem Beilhieb und ein enthauptetes Skelett, das mit den Beinen nach oben schräg in einem Erdschichtenverband steckte, bezeugten dasselbe. Der dazugehörige Schädel war einst wahrscheinlich tiefer gerollt, so daß wir ihn nicht mehr in der Nähe des Körpers auffinden konnten.

Wen hatte man eigentlich hier erschlagen und auch teilweise verzehrt? Gehörten die Opfer der einheimischen Bevölkerung an, oder waren es Mitglieder eines feindlichen Stammes? Die Anthropologen meinen, es könnten keinesfalls Aunjetitzer Leute gewesen sein, denn diese hatten andere Schädelformen als die Schachtopfer; es müßten wohl Angehörige der hügelgräberbronzezeitlichen Kultur gewesen sein. Der Prähistoriker kann dazu bemerken: Die spätaunjetitzer Bevölkerung stand am Kyffhäusergebirge wahrscheinlich bis zur mittleren Bronzezeit auf Grenzposten. Vielleicht hatte sie hügelgräberbronzezeitliche Einwanderer in kriegerische Unternehmen verwickelt, vielleicht hatte man die Gefangenen hier geopfert? Es gab nur eine Möglichkeit, die Opferstätte allein den hügelgräberbronzezeitlichen Leuten zuzuweisen: wenn man nämlich annimmt, daß die Keramik von Aunjetitzer Töpfern bezogen wurde.

Als wir den Felsen unterhalb der Höhle 7 freigruben, fanden wir dort noch einige kleine verschüttete Höhlen und Klüfte, die fast alle von spätaunjetitzer Leuten kurzfristig bewohnt gewesen waren. Diese „Wohnhöhlen" erinnerten an die urnenfelderzeitlichen Aufenthaltsorte der Teilnehmer am Opferfest zu Ehren der Muttergottheit. So etwas gab es also bereits in der älteren Bronzezeit, in der unser Berg schon ein heiliger Berg war.

Wir hatten also das Höhlenheiligtum einer wahrscheinlich veneto-illyrischen Muttergottheit und ein gleich altes Höhlenheiligtum gefunden, das vor allem Kannibalenmahlzeitreste enthielt, und entdeckt, daß sich ein wahrscheinlich noch älteres Heiligtum im Gipsberg befand. Wir durften behaupten, daß seit 1400 bis 600 v. u. Z. Kulthandlungen dort ausgeübt wurden. Erst die Bearbeitung der vielen Funde wird eines Tages klären, ob man wirklich, wie es jetzt scheint, rund 1000 Jahre pausenlos auf und im Berge geopfert oder ob man die sakralen Handlungen jeweils längere Zeit unterbrochen hat. Ebenso wie Dorf- und Stadtkirchen viele Jahrhunderte immer an einem Fleck liegen, oftmals über alten Grundmauern neu errichtet, so war auch der heilige Höhlenberg der ruhende Pol des Kultes in der Landschaft, in der Dörfer gegründet, wieder verlassen und schließlich an andere Stellen verlegt wurden. Daß man an dem einen Berg, den ein göttliches Fluidum umgab, hartnäckig festhielt, zeigt sehr deutlich, daß immer die gleiche Bevölkerungsgruppe das Land besiedelte oder, besser gesagt, daß die einheimische Bevölkerung auch später die Oberhand behielt, als vielleicht Teile eines anderen Stammes zugezogen waren. Nach dem augenblicklichen Forschungsstand müssen wir die hallstattzeitlichen Opferer für Veneto-Illyrer halten, und es liegt nahe, auch die Angehörigen der älteren bronzezeitlichen Kulturen, die sich auf dem Berge zu kultischen Handlungen zusammenfanden, mit den Veneto-Illyrern in Verbindung zu bringen. Wir dürfen daher dem Sprachforscher Pokorny recht geben, der die Aunjetitzer als Urillyrer bezeichnete.
Und welche Rolle kam den Hügelgräberleuten in der Entstehungsgeschichte der Völker zu? Da gab es eine östliche Gruppe, die sicher auch Beziehungen zu den Urillyrern unterhielt, und eine westliche, die später im Volke der Kelten aufgegangen sein mag. Tatsächlich hat die keltische Sprache manches illyrische Wort, was zumindest auf eine spätere Verschmelzung der Illyrer mit keltischen Stämmen deuten könnte. Das alles

sind sehr schwierige Probleme, die der Prähistoriker allein nicht zu lösen vermag. Auch die Sprachforscher müssen hier noch vieles klären helfen!

Schon vor 5000 Jahren, im älteren Abschnitt der jüngeren Steinzeit, hielten sich die ältesten Feldbauer Europas, die Bandkeramiker, in unseren Höhlen auf! Eine winzige Wohnhöhle, gefüllt mit wunderbaren bandkeramischen Gefäßscherben und anderen Gegenständen, hatten wir entdeckt. Auch im jüngeren Heiligtum der Göttin und in verschiedenen Spalten spürten wir ihnen nach. Stand diese bandkeramische „Wohnhöhle" ebenso wie die jüngeren „Wohnhöhlen" mit dem Kultwesen in Verbindung? Das Bruchstück eines sonderbar verzierten Gefäßes legte den Gedanken an eine kultische Verwendung nahe; noch mehr das Teil einer rotbemalten kultstabartigen Knochenschnitzerei, die wir in einem Spalt fanden. Und unter einer verstürzten Höhle lagen bei bandkeramischen Scherben Menschenknochen! Ob diese Knochen aber wirklich jungsteinzeitlich oder ob sie jünger waren, das mußte erst der Anthropologe feststellen.

Heute wissen wir, daß der Berg noch längst nicht alle seine Geheimnisse preisgegeben hat. Vielleicht verbirgt sich irgendwo noch ein Spalt oder Schacht, der ähnliche Überraschungen birgt, wie sie dem Prähistoriker Kunkel zu entdecken vergönnt waren. In der „Jungfernhöhle" bei Bamberg grub Kunkel einen Kultort der Bandkeramiker mit zertrümmerten Menschenknochen Erwachsener und Jugendlicher, mit Tierknochen und zerschlagenen Gefäßen aus. Die dort geopferten Menschen waren durch Schläge auf die Schädelstelle getötet worden, an der sich Scheitel-, Schläfen- und Hinterhauptsbein berühren. Form und Aussehen der Schädel paßten jedoch nicht zum Schädeltyp der Bandkeramiker, der durch die Untersuchung von Gräbern sattsam bekannt ist. Der Ausgräber glaubt daher, die Bandkeramiker haben mittelsteinzeitliche Jäger und ihre Familien gefangengenommen und geopfert. In den alten Fundberichten, die Kunkel zusammengetragen hat, ist verhältnismäßig oft von ähnlichen Menschenopfern in den von Bandkeramikern und Rössener Leuten aufgesuchten Höhlen die Rede – es muß also viele solcher jungsteinzeitlichen Kulthöhlen gegeben haben. Immer waren zusammen mit vorwiegend weiblichen Erwachsenen vor allem Kinder geopfert worden. Tierknochen lagen daneben. Freilich genügten viele der alten Untersuchungen keineswegs den Anforderungen einer kunstgerechten Ausgrabung, und viele Fragen mußten offenbleiben. Sicher war, und das konnte man vor allem im Hinblick auf die neue Grabung bei Bamberg sagen, daß die alten Feldbauer einen Höhlenkult besaßen, bei dem Menschen geopfert und auch verzehrt wurden, einen Höhlenkult, der sich nach vielen Einzelheiten und Vergleichen als Fruchtbarkeitskult auswies! Ob die Triebfeder der Kulthandlungen nur Magie und Zauberei waren oder ob der Kult einer Gottheit galt, das ist heute nicht mehr feststellbar. Jedenfalls verehrten die Bandkeramiker eifrig eine Muttergottheit, wie ihre vielen hinterlassenen weiblichen Idole deutlich zeigen.

Seit der jüngeren Steinzeit überschwemmten die kulturellen und geistigen Strömungen des donauländischen Kulturkreises mit seinem Mutterkult, zu denen offenbar auch der Höhlenkult und das Höhlenopfer für die Muttergottheit gehörten, von Zeit zu Zeit die westlichen Gebiete. Allerdings ist zu bedenken, daß die Verehrung einer Erdenmutter als Verkörperung des göttlichen Weibes und der großen Gebärerin, als Inbegriff der Fruchtbarkeit für alle Pflanzen und Lebewesen, auch ein Menschheitsgedanke ist, der sich an vielen Stellen unserer Erde unabhängig voneinander entwickeln konnte.

Die gleichen Vorstellungen veranlaßten die Bandkeramiker, die Illyrer, die Griechen und andere Völker des Südostens immer wieder, die Eingänge zur Unterwelt, zum Wohnsitz der unterirdischen Gottheiten und mythischen Stammesahnen aufzusuchen, bewogen sie, nicht nur Feldfrüchte und Tiere als Bitt- und Dankopfer darzubringen, sondern auch durch Kannibalenmahlzeiten die Fruchtbarkeit der Felder zu sichern. –

Später, als wir nach und nach etwa zwanzig Höhlen im heiligen Berge entdeckt und untersucht hatten, stiegen wir ins Tal, um die Reste der vermutlich urnenfelderzeitlichen Siedlung auszugraben, deren letzte Spuren wir von oben als dunkle Erdverfärbungen schon lange beobachtet hatten. Dabei fanden wir außer den Hausresten noch tiefer in der Erde einige Steinplattenlagen, auf denen viele Wildpferdzähne und Feuersteingeräte Zeugnis von einer Jägersippe gaben, die vor rund 8 bis 10 000 Jahren, am Ende der jüngeren Altsteinzeit, ihre primitiven Zelte darauf errichtet hatte. Feuersteingeräte hatten wir auch auf unserem Berg gefunden; die altsteinzeitlichen Wildpferdjäger waren demnach dort oben gewesen, und die vielen Holzkohleflocken in den tiefen Geländeschnitten ließen vermuten, daß sie durch angelegte Brände auf dem Plateau das Wild zum Steilabfall getrieben haben, wo es in Todesangst hinabstürzte und so leichte Beute wurde. – Wie oft mögen die Jäger vom Tale zum Berg emporgeblickt haben, der ihnen immer wieder reiche Beute brachte! Und später schickten andere Menschen flehende Blicke zum Berg ihrer Göttin, die sie durch reiche Opfergaben bewegen wollten, ihnen gute Ernten und Fruchtbarkeit zu schenken.

Es ist verwunderlich, daß die Volksüberlieferung nichts mehr von der einstigen Bedeutung des heiligen Höhlenberges weiß und daß es keine alten Sagen und Erzählungen von Unholden, menschenfressenden Riesen, Drachen, Zwergen oder geheimnisvollen Frauengestalten gibt, die dort angeblich ihr Unwesen trieben. Aber das kann folgenden Grund haben: Um 600 bis 400 v. u. Z., in der späten Hallstatt- und frühen Latènezeit, wurde die einheimische Bevölkerung des Kyffhäusergebietes durch die langsam anrückenden Germanen zum Auswandern gezwungen – und allmählich scheint sie ihnen auch ihr Land völlig überlassen zu haben. In Süddeutschland gibt es Höhlen, in denen auch nach der germanischen Landnahme der einheimische Kult bis zur Merowinger Zeit weiter geübt wurde. Dort waren die Germanen wohl die Eroberer und die neuen Herren, doch die alte Bevölkerung blieb. Die Höhlen-Fruchtbarkeitsgottheiten der Einheimischen waren auch den Germanen nicht mehr fremd, und so konnte es sein, daß man gemeinsam zur heiligen Höhle zog und opferte, obwohl die Germanen im allgemeinen keine Höhlenheiligtümer kannten, denn in ihrer vorwiegend flachen Heimat gab es, außer im skandinavischen Raum, keine Höhlen. Dort erstreckten sich weite, tückische Moore, in die man von unsichtbarer

Gewalt in die Tiefe und in den Tod gezogen werden konnte, und in denen man sich die Wohnsitze der unterirdischen Toten und der Fruchtbarkeitsgottheiten dachte – ein Glaube, der vordem schon von anderen Völkern, auch von den Illyrern und Veneto-Illyrern, geteilt wurde.
Die Kulthandlungen auf unserem heiligen Berge wurden in germanischer Zeit nicht fortgesetzt. Die Germanen verehrten ihre eigenen Gottheiten an anderen Orten. Aber sie wußten sicher von den heiligen Höhlen, vielleicht durch zurückgebliebene veneto-illyrische Bevölkerungsreste, vielleicht hatten sie beim Umherstreifen im Höhlengebiet auch noch Spuren des alten Kults entdeckt. Vielleicht aber hatten veneto-illyrische Salzhändler bereits zu einer Zeit, da die Kulthöhlen noch aufgesucht wurden, den im Grenzgebiet nördlich des Harzes seßhaft gewordenen Germanen vom heiligen Kyffhäusergebirge berichtet.
Als die Germanen später das Frankenhäuser Tal, die Goldene und Diamantene Aue besiedelten, wurde der in der Landschaft so auffallende Höhenzug sicher auch in ihre Glaubenswelt einbezogen, vielleicht nicht zuletzt weil sie wußten, daß bereits ihre Vorgänger chthonischen Mächten und Totenseelen in diesem Berg geopfert hatten.
Noch später, als die mittelalterliche Burg auf dem Kyffhäuser erbaut wurde und als die Sage vom Kaiser im Berg entstand, da zog sie das alte, ursprünglich heidnische Gedankengut des nunmehr christlichen Volkes auf sich. Manche zuerst auf andere Teile des Gebirges gerichtete Überlieferung ging jetzt auf den Berggipfel über und sammelte sich um die Gestalt des Kaisers, des Streiters gegen die Kirchendiktatur. Gedanken aus dem heidnischen Vorstellungskreis vom Königsgrabhügel, vom Totenberg und von geisterhaften Gestalten des Volksglaubens verquickten sich mit jüngeren kirchlich-heiligen, antikirchlichen, politischen und sozialpolitischen Zügen.
Niemand kann sagen, ob die auf dem Kyffhäuser „umgehenden" weiblichen Wesen letzten Endes aus germanischer oder aus noch älterer heidnischer Überlieferung erwachsen sind. Denn die alte veneto-illyrische Muttergottheit war der germanischen wesensähnlich. Können wir annehmen, daß man in den germanischen Dörfern um den Kyffhäuser

noch manches über die Höhlenheiligtümer der alten Bevölkerung, von den dort verehrten Gottheiten wußte und daß man sich Dinge erzählte, die sich mit den eigenen Anschauungen über mythologische Gestalten des Berges verwoben? Wir wissen es nicht, aber wir dürfen es annehmen.

Die Zeiten, da veneto-illyrische Gottheiten in den Gipshöhlen des südlichen Kyffhäusergebirges verehrt wurden, waren endgültig vorbei! Vergeblich warteten sie auf die ihnen zustehenden Tribute. Doch waren sie wirklich einsam zurückgeblieben? Wollten die Auswanderer ihres Schutzes im fremden Lande entbehren? Hielten sie die Gottheit für allgegenwärtig, so daß man ihren alten Kultort verlassen und an anderer Stelle neu einrichten konnte? Oder glaubte man, daß auch die Gottheit bei Abzug ihrer Opferer ihren Wohnsitz verlassen und die ihr ergebenen Frauen und Männer auf der Reise begleiten konnte, um in der neuen Heimat ein anderes Heiligtum zu beziehen und dort weiterhin Opfer zu empfangen?

Die griechischen Erdgottheiten waren an bestimmte Stätten gebunden. Andererseits sehen wir, wie zum Beispiel die rührige Priesterschaft des ursprünglich im Erdinnern hausenden Askleipios, die sich mit ihren Stammesgenossen auf Wanderschaft befand, den Kult des Gottes weit verbreitete und ihn so an vielen Orten heimisch machte.

Wir möchten meinen, daß man sich die Erdenmutter allgegenwärtig dachte. Doch sicherlich wird es Kultorte gegeben haben, an denen man ihr besonders eifrig diente und an denen ihr segensreiches Wirken besonders spürbar wurde. Gehörten unsere heiligen Höhlen dazu?

Fünf Jahre nachdem wir unsere Grabung im Eschentälchen begonnen hatten, untersuchten wir in einem Moor bei Mühlhausen, nicht allzu weit von unseren Höhlenheiligtümern entfernt, ein Heiligtum, das westgermanische Bauern im 3. Jahrhundert u. Z. an einem Kultsee angelegt hatten. Große Opferpfähle, beschnittene Ruten, Zeremonialstäbe und Flechtwerkzäune, die den geweihten Bezirk umgaben, kamen dort, durch die Moorsäure gut erhalten, zum Vorschein. Und dann fanden wir eine kleine Holzfigur – die Göttin! Sie war unbekleidet, deutlich

hoben sich ihre Brüste ab. Wie ein Heiligenschein umgab ihr Kopfschmuck das Haupt. Vor ihr stand ein Tonkessel, der aufgeschlagene Knochen von Tieren enthielt, die in den Dörfern der Germanen gehalten wurden. Die Heiligkeit dieser Mahlzeitreste kennzeichnete ein beigegebener Pferdehuf. Im ganzen Heiligtum lagen Tierknochen verstreut, daneben – die Knochen und der Schädel eines etwa 15jährigen Mädchens! Nicht weit vom Mädchenschädel entfernt lag ein hölzerner Spinnwirtel, genauso wie der aus unserem Höhlenheiligtum von der Eichenhöh – das Symbol der spinnenden Unterweltsgottheit, der Fruchtbarkeitsgöttin aus dem Kreise der Nerthus-Gottheiten, in deren unterirdische Behausung der heilige See und das heilige Moor führten!
Mein Assistent Barthel, der begeistert und eifrig an den letzten Forschungen in unserem Gipsberg mitgewirkt hatte, sah mich an. Einen Augenblick unterbrachen wir die Arbeit und dachten an die schönen Tage auf dem heiligen Berg bei Bad Frankenhausen, wo uns zum ersten Male in den Spuren des veneto-illyrischen Kultes die Muttergottheit begegnet war. Und nun war uns das Glück zuteil geworden, daß wir ihr Bildnis, zwar als fast tausend Jahre jüngere Gestalt einer germanischen Gottheit, in unseren Händen halten durften! Werden wir eines Tages auch ein Heiligtum der Kelten, in denen große Stammesteile der Veneto-Illyrer aufgegangen sind, im südthüringischen Raum entdecken? Und werden wir dann Ähnliches antreffen, wie wir es von unserem Kyffhäuserberg schon kennen?

ANHANG

Die Höhle im Volksglauben als Wohnort von Geisterwesen

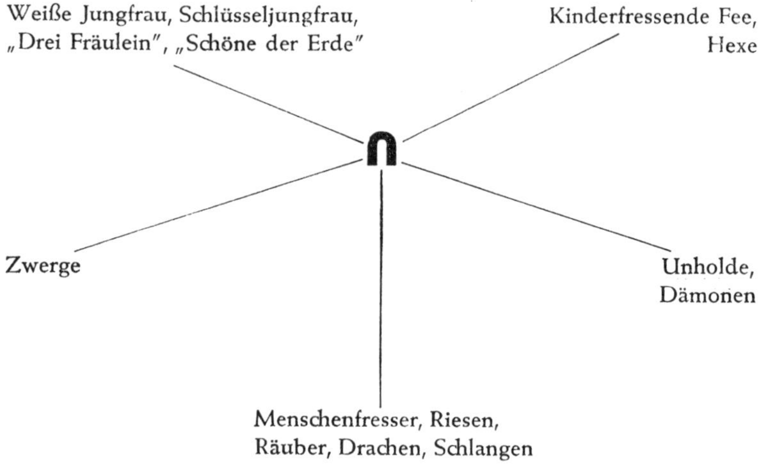

Die Höhle in der antiken griechischen Religion

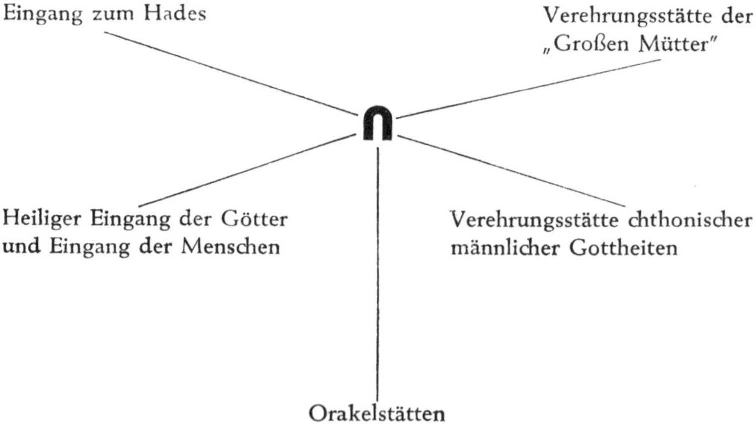

Arten und Entwicklungsstadien des Kannibalismus

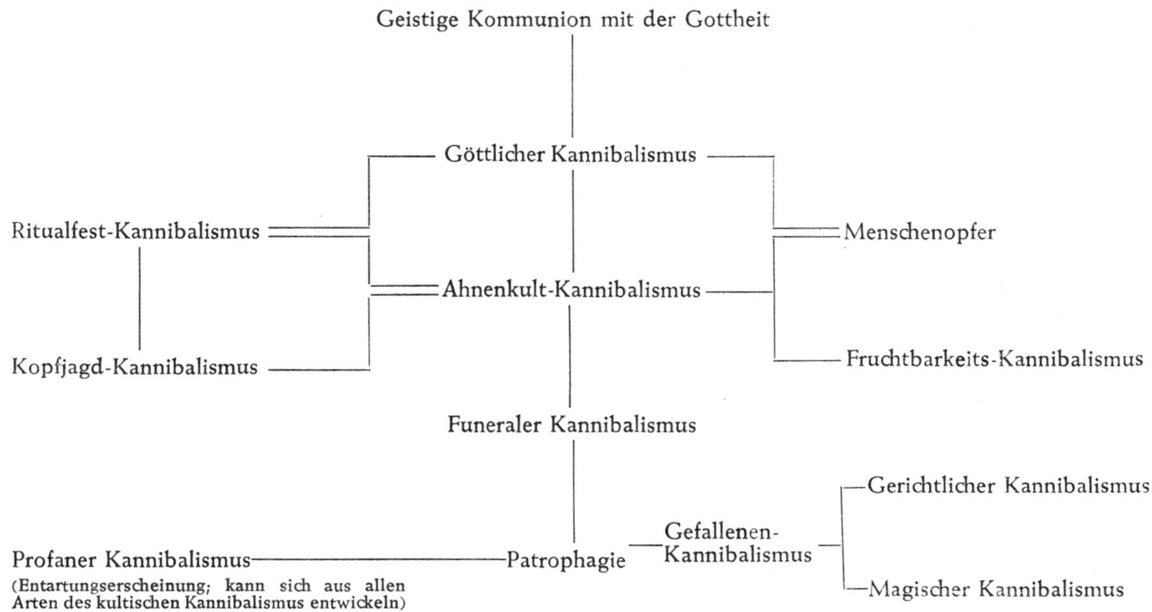

Gerichtlicher Kannibalismus

Motive

- Bestrafung eines Verbrechers vom eigenen Stamm als Ausdruck eines Gemeinschaftswillens. (Der Verachtete soll mit Körper und Geist völlig ausgetilgt werden.)
- Vollständige Vernichtung des Feindes aus Wut, Rachgier (Blutrache) und Haß.

Magischer Kannibalismus

Motive

- Übernatürliche und zauberische Kräfte sollen erworben werden.
- Bestimmte Eigenschaften (Mut, Kraft, Zeugungsfähigkeit, Geist, Tapferkeit) sollen erworben werden. Bestimmte Körperteile denkt man sich als Sitz dieser Eigenschaften und bevorzugt sie beim Mahl.

Opfer: Gefallene Krieger, besonders hervorragende Männer des eigenen oder feindlichen Stammes.

Profaner Kannibalismus

Motive

- Gleichgültigkeit (Menschenfleisch als gewöhnliches Nahrungsmittel)
- Hunger (Mangel an Nahrungsmitteln und Salz)
- Genußsucht (Gier nach Menschenfleisch)

Opfer: vorwiegend Fremde; Feinde, Gefangene, Sklaven, zuweilen auch eigene Stammesgenossen.

Der kultische Kannibalismus und seine Entwicklung

Geistige Kommunion mit der Gottheit

Symbolischer Verzehr des göttlichen Leibes (Sakrament der Kommunion als ursprünglich magische Handlung). Christliche Religion!

Höherer Kannibalismus

Göttlicher Kannibalismus

Mystische Vereinigung der Opfernden mit dem heiligen Kannibalen, der menschen- und seelenfressenden Gottheit, durch Nachahmung ihrer Tätigkeit und gemeinsames Mahl. Erneuerung der göttlichen und eigenen Lebenskraft, die der Fruchtbarkeit dient. Daraus erwächst das Menschenopfer ohne Kannibalismus (kosmologische Gründe, göttliches Kennzeichen der Macht, bestes Opferfleisch).

Niederer Kannibalismus

Mythischer Ahnen-Kannibalismus

Nachahmung des mythischen und kosmischen Geschehens, das mit dem sagenhaften Stammesahnen verbunden ist. Initiationszeremonien: Tod und Wiedergeburt – durch Tod zum Leben.

Kopfjagd-Kannibalismus

Kopfjagd: Fruchtbarkeitsfördernd durch Vermittlung von Schädelopfer empfangenden Ahnengeistern und Gottheiten sowie durch magische Kraft des Schädels.
Tötung und Kopfabschneiden als Voraussetzungen für die Zeugung und Namensgebung der Kinder.

Funeraler Kannibalismus

Bei Tod und Begräbnis, zu Ehren und zum Gedächtnis der toten Ahnen und der hervorragenden Männer des Stammes (Häuptling, Priester). Opfer: Kriegsgefangene und Sklaven. Mystische Vereinigung der Lebenden mit den Toten durch gemeinsames Essen. Totenverspeisung fördert Fruchtbarkeit und Glück.

Fruchtbarkeitsmagischer Kannibalismus

Stärkung der Vegetationsfruchtbarkeit, indem die nicht verzehrten Opferteile vergraben oder verbrannt werden (Asche des koagulierten Blutes, des Gehirns und des Schädels). Auch einzelne Knochen werden vergraben und die Fruchtbäume mit Blut bestrichen. Vergrabung eines zerstückelten menschlichen Stellvertreters der Erdgottheit auf den Feldern.
Ferkelopfer (Ersatz für Menschenopfer?) zusammen mit Brot- und Fruchtopfer in Kulthöhlen der Demeter und der Kore. Überreste der verwesten Opfer werden, mit Saatgut vermischt, aufs Feld gestreut.

Ur-Kannibalismus

Patrophagie

Wiederkehr der toten oder zeremoniell getöteten Verwandten: Fortleben in der Nachkommenschaft (die Eltern leben in den Kindern). Verzehr um der Toten willen (Ehrung) und als Pietätspflicht der Überlebenden wird ausgedehnt auf den Freundeskreis. – Sekundär: Gewinnung von Schutzgeistern für die eigene Person, Stärkung der eigenen Lebenskraft.

Gefallenen-Kannibalismus

Ursprünglich Verzehr der eigenen Toten nach dem Kampf durch Kriegergemeinschaft. Sekundär: Tapferkeit soll dem Stamm erhalten bleiben. Später nur Tote des Feindes.
(Im niederen und höheren Kannibalismus kann der getötete Feind einem hervorragenden Ahnen oder einer Gottheit geopfert werden. Teilverzehr durch die Kriegergemeinschaft.)

Das Menschenopfer bei den Germanen

Das Opfer der Kriegergemeinschaft		*Das Opfer in der bäuerlichen Gemeinschaft*			*Das Einzelopfer*	
Bittopfer	Gelübdeopfer	Seuchenbekämpfung	Mißwuchs- und Hungersnotbekämpfung	Periodische Bitt- und Dankopfer, Abwehropfer	Selbstweihung	Lebensverlängerung
Bitte um den Sieg: Tötung eines Menschen vor der Schlacht. *Gute Schiffahrt:* Vor der Ausfahrt: „Rollenrötung". Bei Heimfahrt aus fremdem Land: Tötung von Kriegsgefangenen. *Erlangung günstigen Windes, Sturmabwehr, Seenot:* Orakel aus dem Herzen des Opfers und Blutbestreichung der Opfernden (Blutsgemeinschaft zwischen Gott und den Opfernden). Bestimmung eines Opfers aus der Schiffsmannschaft durch das Los. Knabenertränkung.	Nach dem Siege werden Kriegsgefangene und Beute dem Totengott geopfert. (Aufhängen, Dornenwerfen, Ritzen des Blutaars, Töten und Verbrennen.)	Erstickungstod von Kindern in Gruben.	1. Gewöhnliches Menschenopfer (Unfreie, Geächtete). 2. Tötung eines kräftigen Knaben aus hervorragendem Geschlecht. 3. Tötung des Königs als Vertreter der Gottheit in besonderer Notzeit. 4. Tötung eines fremden Königs mit Gefolge (Blutbespritzen der Idolpostamente). Letzter Nachklang: Leiche eines verstorbenen nordischen Königs wird zerstückelt und an verschiedenen Orten vergraben.	Saat und Ernte, Fruchtbarkeit für Mensch und Vieh. (Chthonischer Kult.) 1. *Nertbus-Opfer:* Alljährliche Ertränkung von Unfreien. 2. *Freyrs-Opfer:* Opferung von neun Menschen, Pferden und Hunden in Alt-Uppsala. 3. *Opfer für die Unterirdischen:* Alle neun Jahre Opferung von 99 Menschen, Pferden, Hunden und Hähnen auf Seeland (Lethra).	Glück und Wohlstand für das eigene Geschlecht.	Knabenopfer, Sohnesopfer.

Literaturverzeichnis

Der Kyffhäuser

Berg, A., Höhlen und andere Karsterscheinungen in unseren Gipsbergen. (Heimatkalender für Kyffhäuser und Hainleite 1921, S. 53 ff.)

Engelhardt, E., Das Kyffhäusergebirge. Seine Natur- und Kulturgeschichte. Bad Frankenhausen 1930

Grube-Einwald, L., Geognostisch-geologische Exkursionen in der Umgebung Frankenhausens. 1. Teil. Frankenhausen 1894

Lemke, P., Der deutsche Kaisertraum und der Kyffhäuser. Sangerhausen, Magdeburg und Leipzig 1887

Winckler, G., Der Sagenkranz des Kyffhäusers. Querfurt 1927

Magie und Religion in den Kulturen der Frühzeit und der Naturvölker

Clemen, K., Religionsgeschichte Europas. Bd. I. Heidelberg 1926
Urgeschichtliche Religion. Die Religion der Stein-, Bronze- und Eisenzeit. Bonn 1932/33

Frazer, J. G., The golden Bough. A Study in Magic and Religions. Part II: Taboo and the perils of the soul. London 1911, S. 293 ff.

Heigl, B., Antike Mysterienreligionen und Urchristentum (Biblische Zeitfragen, 13. Folge, Heft 11/12), Münster 1932

Hillebrandt, A., Ritual-Literatur. Vedische Opfer und Zauber. (Grundriß der Indo-Arischen Philologie und Altertumskunde, Bd. III, Heft 2), Straßburg 1897

Jensen, A. E., Das religiöse Weltbild einer frühen Kultur. Stuttgart 1949 (2. Auflage)

Kerenyi, K., Kore, zum Mythologen vom göttlichen Mädchen. (Paideuma I), Leipzig 1938

Nilsson, M. P., Geschichte der griechischen Religion. München 1941

Scheftelowitz, J., Das Schlingen- und Netzmotiv im Glauben und Brauch der Völker. Gießen 1912

Visser, M. W. de, Die nicht menschengestaltigen Götter der Griechen. Leiden 1903

Walters, H. B., Catalogue of Bronces, Greek, Roman and Etruscan in the British Museum. London 1899, No. 3191

Wilke, G., Die Religion der Indogermanen in archäologischer Beleuchtung. (Mannus-Bibliothek Nr. 31), Leipzig 1923
Die Heilkunde in der europäischen Vorzeit. Leipzig 1936

Wunsch, R., Antikes Zaubergerät aus Pergamon. (Jahrb. d. Kaiserl. deutschen archäolog. Institutes, 6. Erg.-Hft., Tafel 1 und 3, S. 43), Berlin 1905

Leichenzerstückelung, Kannibalismus und Menschenopfer

Andree, R., Die Anthropophagie. Leipzig 1887

Beninger, E., Die Leichenzerstückelung als vor- und frühgeschichtliche Bestattungssitte. (Anthropos 26, 1931, S. 769 ff.)

Gieseler, W., Schädelverletzungen, Kannibalismus und Bestattungen im europäischen Paläolithikum. (Naturwiss. Monatsschrift „Aus der Heimat" 60)

Jelínek, J., Anthropophagie und Bestattungssitten der Bronzezeit nach Funden aus Mähren und benachbarten Ländern (in tschechischer Sprache). (Časopis Moravského Musea. Acta Musei Moraviae, Bd. XLII), Brno 1957

Lehmann, E., Knovicer Kultur in Thüringen und vorgeschichtlicher Kannibalismus. (Mannus VII, Ergänzungsband), Leipzig 1929

Matiegka, H., Anthropophagie in der prähistorischen Ansiedlung bei Knovice und in der prähistorischen Zeit überhaupt. (Mitteilungen der Anthropologischen Gesellschaft in Wien, Bd. XXVI, 1896, S. 129 ff.)

Mogk, E., Die Menschenopfer bei den Germanen. (Abhandlungen der philologisch-historischen Klasse der Königl. Sächsischen Gesellschaft der Wissenschaften, Bd. XVII), Leipzig 1909

Rutot, A., Le cannibalisme à l'époque des cavernes en Belgique. (Bulletin préhistorique 4, S. 318 ff.), 1907

Schaaffhausen, E., Die Menschenfresserei und das Menschenopfer. (Zeitschrift für Naturgeschichte und Urgeschichte des Menschen. Bd. IV, S. 250), Braunschweig 1870

Schwenn, Fr., Die Menschenopfer bei den Griechen und Römern. (Religionsgeschichtliche Versuche und Vorarbeit, Bd. XV, Heft 3), Gießen 1915

Steinmetz, R. S., Endokannibalismus. (Mitteilungen der Anthropologischen Gesellschaft in Wien, Bd. XXVI, S. 1 ff.), Wien 1896

Volhard, E., Kannibalismus. (Studien zur Kulturkunde) Stuttgart 1939

Wernert, P., L'Anthropophagie rituelle et la chasse aux têtes aux époques actuelles et paléolithiques. (L'Anthropologie 46, S. 33 ff.), 1936

Kulthöhlen und Opferglauben

Behm-Blancke, G., Bronze- und hallstattzeitliche Kulthöhlen im Gipsgebirge bei Bad Frankenhausen. (Ausgrabungen und Funde, Nachrichtenblatt für Vor- und Frühgeschichte, Bd. I, Heft 6, S. 276 ff.), Berlin 1956

Erl, J. R., Die Dietersberghöhle bei Egloffstein. (Abhandlungen der Naturhistorischen Gesellschaft zu Nürnberg, Bd. XXVI, Heft 5), Nürnberg 1953

Kunkel, O., Die Jungfernhöhle bei Tiefenellern. Eine neolithische Kultstätte auf dem Fränkischen Jura bei Bamberg. (Münchener Beiträge zur Vor- und Frühgeschichte, Bd. V), München 1955

Szombathy, J., Altertumsfunde aus Höhlen im österreichischen Küstenlande (bei Triest). (Mitteilungen der prähistorischen Kommission der Akademie der Wissenschaft, Wien 2, 1937, S. 127 ff.)

Wankel, H., Bilder aus der Mährischen Schweiz und ihre Vergangenheit. Wien 1882, S. 382 ff.

Opfer-, Weihe- und Totenbeigaben

Cloß, A., Das Versenkungsopfer. (Kultur und Sprache, Bd. IX, S. 66 ff.) Wien 1952

Kossack, G., Studien zum Symbolgut der Urnenfelder- und Hallstattzeit Mitteleuropas. (Römisch-Germanische Forschungen, Bd. XX), Berlin 1954

Moschkau, R., Nußbeigaben in vorgeschichtlichen Gräbern im Lichte volkskundlicher Überlieferungen. Forschungen zur Vor- und Frühgeschichte. (Varia Praehistorica, Bd. II, S. 137 ff.), Leipzig 1957

Muttergottheiten und ihre Opfer

Barb, A. A., Noreia und Rehtia. (Beiträge zur älteren europäischen Kulturgeschichte, Bd. I., Festschrift für E. Egger, S. 159 ff.) Klagenfurt 1952

Campi, L. de, Ein Depotfund von Haarnadeln aus Cles. (Jahrbuch für Altertumskunde III, S. 161 ff. und Tafel X.), Wien 1909

Conway, R. S., Some votive offerings to the Venetic Goddess Rehtia. (Journal of the Royal Anthropolog. Institute XLVI, S. 221 ff.), London 1916
The Sanctuary of Artemis Orthia at Sparta. Ed. by R. M. Dawkins. London 1929

Franz, L., Die Muttergöttin im Vorderen Orient und in Europa. (Der alte Orient 35,3) Leipzig 1937

James, E. O., Prehistoric Religion. London 1957

Whatmough, J., Rehtia, the Venetic Goddess of Healing. (Journal of the Royal Anthropolog. Institute LII, S. 212 ff.), London 1922
s. e. XI, S. 245 ff.

Die Illyrer und ihre Götter

Bourgeaud, W., Les Illyriens en Grèce et en Italie. (Etude linguistique et mythologiques), Genève 1943

Petrikovits, H., Zur Religionsgeschichte der Adrialänder im Altertum. Wien 1933 (Dissertation)

Treimer, K., Zur Erschließung der illyrischen Götterwelt und ihre Bedeutung für die südslawische Philologie. (Archiv sa Arbanesku Starinu, Heft 1), Beograd 1923

Volksbräuche als Nachklang heidnischer Riten

Jahn, U., Die deutschen Opfergebräuche bei Ackerbau und Viehzucht. (Germanistische Abhandlungen, 3. Heft), Breslau 1935

Sagen und Märchen

Hahn, J. G., Griechische und albanische Märchen. 2. Teil. Leipzig 1864

Lambertz, M., Albanische Märchen. (Akademie der Wissenschaften in Wien, Schriften der Balkan-Kommission, Linguistische Abteilung XII), Wien 1922
Die geflügelte Schwester und die Dunklen der Erde. Albanische Volksmärchen. (Das Gesicht der Völker), Eisenach 1952

Quensel, P., Thüringer Sagen. (Deutscher Sagenschatz), Jena 1926

Spezielle Literatur für die Bronze-, Hallstatt- und Latènezeit

Brunn, W. A. v., Steinpackungsgräber von Köthen. Ein Beitrag zur Kultur der Bronzezeit Mitteldeutschlands. (Schriften d. Sektion f. Vor- u. Frühgeschichte der Deutschen Akademie der Wissenschaften zu Berlin, Bd. III), Berlin 1954

Claus, M., Die Thüringische Kultur der älteren Eisenzeit — Grab-, Hort- und Einzelfunde. Irmin. Jena 1942

Holste, Fr., Die Bronzezeit im nordmainischen Hessen. Berlin 1939

Kersten, W., Der Beginn der La-Tène-Zeit in Nordost-Bayern. (Prähistorische Zeitschrift, Bd. XXIV, S. 96 ff.), Berlin 1933
Die Späthallstattzeit in Nordost-Bayern. (Bayrische Vorgeschichtsblätter 12, 1934, S. 12 ff.)

Morton, F., Hallstatt und die Hallstattzeit. 4000 Jahre Salzkultur. Hallstatt 1953
Salzkammergut. Die Vorgeschichte einer berühmten Landschaft. Hallstatt 1956

Völker und Stämme der urgeschichtlichen Kulturperiode

Pittioni, R., Die urgeschichtlichen Grundlagen der europäischen Kultur. Wien 1949

Allgemeine prähistorische und völkerkundliche Literatur

Birket-Smith, Geschichte der Kultur. Zürich 1948

Dittmer, K., Allgemeine Völkerkunde. Braunschweig 1954

Stokar, W. v., Die Urgeschichte des Hausbrotes. Ein Beitrag zur Entwicklungsgeschichte der Nahrung. Leipzig 1951

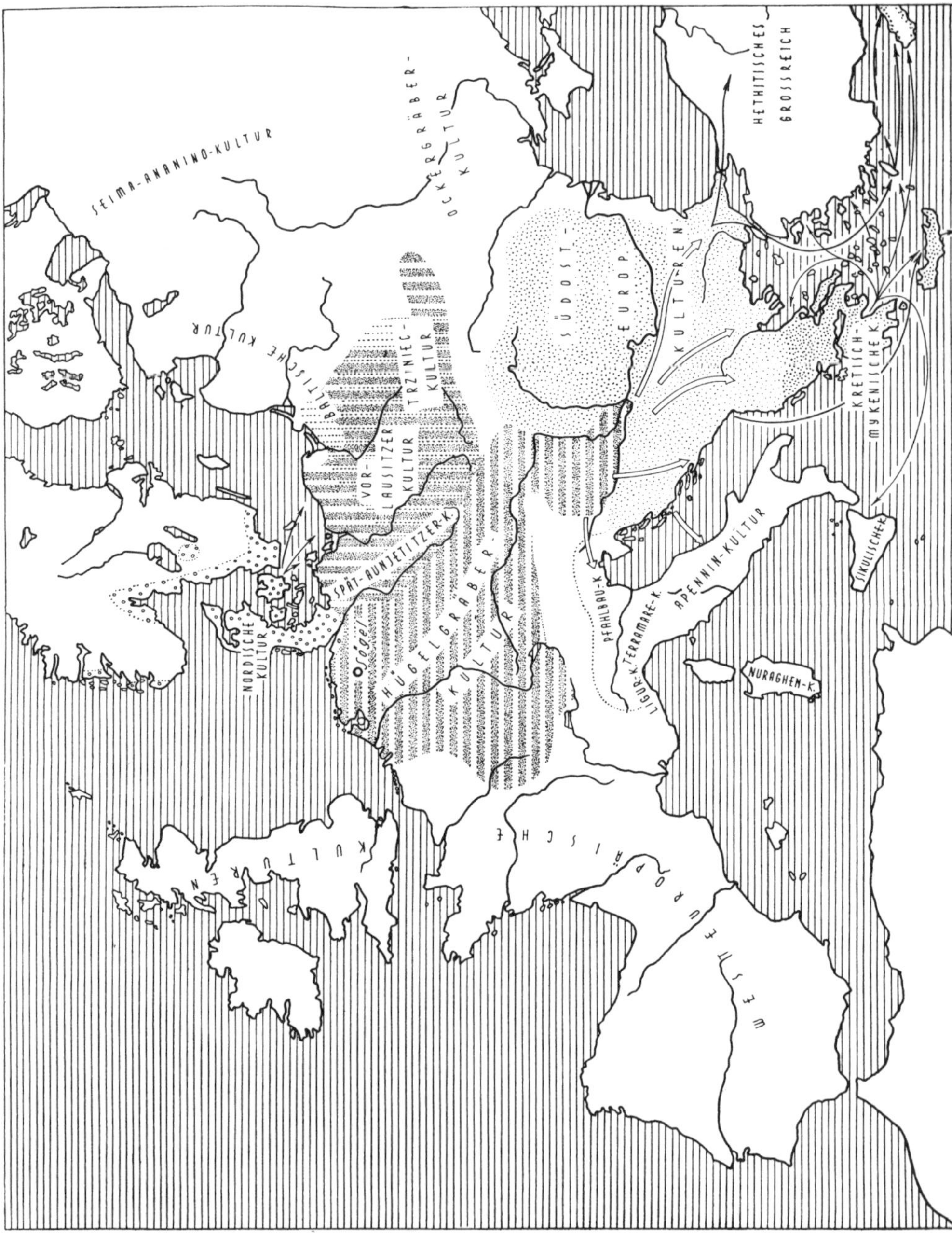

Hochbronzezeitliche Kulturen in Europa etwa 1600 – 1300 v. d. Z.

Urgeschichtliche Kulturen am Ausgang der Bronzezeit
und am Beginn der Eisenzeit 1200 – 900 v. d. Z.

Erschienen im DINGSDA-VERLAG

Der 23. Mai 1968 ist als Schicksalstag in die Geschichte der Stadt Leipzig eingegangen. An diesem Tag faßte die Leipziger Stadtverordnetenversammlung den Beschluß, die alte Universitätskirche zu sprengen. Nur ein einziger Abgeordneter wagte es, gegen diesen barbarischen Akt, mit dem ein bedeutsames Kulturdenkmal vernichtet wurde, zu stimmen: der Pfarrer Hans-Georg Rausch. Für diese couragierte Tat wurde er später als „unser letzter Held" gerühmt. Der Schriftsteller Erich Loest machte den Vorschlag, ihm die Ehrenbürgerschaft der Stadt Leipzig zu verleihen. Als jedoch bekannt wurde, daß Rausch als informeller Mitarbeiter mit der Staatssicherheit der DDR zusammengearbeitet hatte, ging die öffentliche Meinung auf Distanz zu ihm.

Im Mittelpunkt der literarischen Darstellung, die auf der Grundlage umfangreichen authentischen Quellenmaterials entstand, stehen jene verschiedenen Leben, die für Rauschs Biografie charakteristisch sind. Breiten Raum nimmt der Konflikt mit der Sächsischen Landeskirche ein, der im Jahre 1955 zur Verselbständigung der Probstheidaer Kirchgemeinde und zur Ausrufung des achtundzwanzig Jahre währenden kirchlichen Notstands sowie zum Ausschluß des Pfarrers aus der Sächsischen Landeskirche führte – ein widerspruchsvoller Vorgang, der seinesgleichen sucht.

Reinhold Andert
Der fränkische Reiter

256 Seiten, geb., EUR 24,80

Das Buch „Der fränkische Reiter" verfolgt die Spuren des berühmten Reitersteins von Hornhausen. Er entstand um das Jahr 700 herum und ist ein sichtbares Zeichen für die Frankenherrschaft in Thüringen, Sachsen-Anhalt und Sachsen. Diese Epoche reichte vom Untergang des Thüringer Königreiches 531 bis zur Machtübernahme Heinrichs I. im Jahre 919. Sie wird oft als „dunkle Zeit" bezeichnet, so dunkel, daß sogar behauptet wurde, sie habe gar nicht existiert. Alle Zeugnisse aus diesen vierhundert Jahren seien Erfindungen und Fälschungen. Die These ist genial, aber unsinnig. Sie setzt einen weltweiten Fälscherring im Mittelalter voraus, den es nicht einmal heute in der Zeit der absoluten Medienherrschaft gibt. Sie zwingt aber Geschichtsschreiber dazu, Beweise zu bringen, statt nur Behauptungen aufzustellen, auch für die Geschichte Mitteldeutschlands.
Das Buch „Der fränkische Reiter" enthält viele Zeugnisse, die dieses Dunkel erhellen. Es sind Schriftquellen wie Kloster- und Reichsannalen, Chroniken, Briefe, Urkunden und Heiligenlegenden. Daneben behandelt es archäologische Funde, Orts- und Flurnamen, spätere Besitzverhältnisse, alte Verkehrswege, Weihenamen von Kirchen sowie Sagen und Bräuche. Die schriftlichen Quellen werden in diesem Buch sehr kritisch beleuchtet, denn sie sind gerade für Mitteldeutschland oft sehr unzuverlässig, weil sie von Fremden stammen, von Angehörigen und Sympathisanten der fränkischen Besatzungsmacht aus weit entfernten Klöstern. Bei näherem Hinsehen erweist sich manches als Ideologie, Mißverständnis oder sogar Fälschung. Letzteres betrifft vor allem Urkunden, in denen es um den Besitz der Klöster Hersfeld und Fulda geht. Das ist heute noch wichtig, da die meisten Orte Mitteldeutschlands diesen Urkunden ihre erste schriftliche Erwähnung verdanken. Durch sie treten diese Dörfer und Städte in das Licht der Geschichte, und folglich sind sie der Anlaß für zahlreiche Volks- und Heimatfeste. Etliche Jubiläumszahlen stimmen nicht, weil die Urkunden gefälscht sind. Das sollte aber, meint der Autor, beim Feiern nicht stören, sondern vielleicht ein Grund sein, nach den Ursachen der Fälschungen zu forschen.
„Der fränkische Reiter" ist dabei ein kundiger Führer.

Neue Chursächsische Postcharte von 1753

Vierfarbig, 96 x 57,8 cm, EUR 13,00, ISBN 3-928498-20-7

Diese kartographische Arbeit stammt von dem „Königlichen Land- und Grenzkommissar" Adam Friedrich Zürner, der im Auftrag August des Starken die kursächsischen Straßen vermaß.

Das Stift Naumburg und Zeitz

Vierfarbig, 56,8 x 49,4 cm, EUR 13,00, ISBN 3-928498-21-5

Nach der um 1760 entstandenen Originalkarte von Johann Georg Schreibern. Mit 120 Kirchenabbildungen.

Geschichtliche Karte des Kreises Querfurt aus dem Jahre 1908

Vierfarbig, 53 x 45 cm, EUR 7,90, ISBN 3-928498-51-7

Dr. Willi Ule
Die Mansfelder Seen

und die Vorgänge an denselben im Jahre 1892

86 Seiten, 5 Abb., 2 Karten, geb., EUR 12,90, ISBN 3-928498-29-0

Clara Förstner
Aus der Märchenwelt des Harzes

Band 1

184 Seiten, broschiert, EUR 11,00, ISBN 3-928498-08-8

Band 2

176 Seiten, broschiert, EUR 11,00, ISBN 3-928498-10-X

Clara Förstner (1850–1907) besitzt einen feinen Sinn für alles Märchenhafte und zum Fabulieren nicht nur Luft, sondern auch Talent. Ihr Prosabuch „Aus der Sagen- und Märchenwelt des Harzes" ist sinnig und anmutig und findet auch den verdienten Beifall.